Frühneuhochdeutsch

60 0365575 3

Germanistische Lehrbuchsammlung

Herausgegeben von Hans-Gert Roloff

Band 9

PETER LANG

Bern · Frankfurt am Main · Nancy · New York

Herbert Penzl

Frühneuhochdeutsch

PETER LANG

Bern · Frankfurt am Main · Nancy · New York

NOTTINGHAM UNIVERSITY LIBRARY

CIP-Kurztitelaufnahme der Deutschen Bibliothek

Penzl, Herbert:
Frühneuhochdeutsch / Herbert Penzl.
Bern; Frankfurt am Main; Nancy; New York: Lang 1984
(Germanistische Lehrbuchsammlung; Bd. 9)
ISBN 3-261-03204-9

6003655753

© Verlag Peter Lang AG, Bern 1984
Nachfolger des Verlages der Herbert Lang & Cie AG, Bern

Alle Rechte vorbehalten
Nachdruck oder Vervielfältigung, auch auszugsweise, in allen Formen wie
Mikrofilm, Xerographie, Mikrofiche, Mikrocard, Offset verboten

Satz: Graphische Anstalt Schüler AG, Biel
Druck: Lang Druck AG, Liebefeld/Bern

Inhaltsverzeichnis

Vorwort

Die Forschung neigt immer mehr dazu, außer dem Althochdeutschen, Mittelhochdeutschen, Neuhochdeutschen auch das Frühneuhochdeutsche als besonderes Stadium und als Periode in der Geschichte der deutschen Sprache zu behandeln. Diachronische Beschreibung der Sprachentwicklung, also äußere und innere Sprachgeschichte, kommt ja ohne Periodisierung nicht aus; eine verfeinerte Einteilung kann auch genauere Einsichten mit sich bringen.

Dieser Band enthält in systematischer Anordnung eine Darstellung der sprachlichen Hauptzüge des Frühneuhochdeutschen (Frühnhd.), die sich auf ausgewählte Texte aus der Zeit zwischen ungefähr 1400 bis etwa 1750 gründet. An Hand dieser Beispiele, die selbst ausnahmslos Teile eines größeren Korpus oder Textes sind, wird versucht, die wichtigsten phonologisch-phonetisch-graphischen, dann die morphologischen, syntaktischen, schließlich lexikalischen Eigenheiten der frühnhd. Periode zu beschreiben. Das Hauptgewicht fällt so auf die innere, d. h. rein sprachliche Geschichte. Die Texte wurden aber so ausgewählt, daß ihre Pragmatik auch Hauptfaktoren der äußeren Sprachgeschichte miteinschließt. Die landschaftliche, textliche und zeitliche Vielfalt und der Umfang des frühnhd. Gesamtkorpus bewirken, daß durch die notwendige Einschränkung, trotz aller Sorgfalt der Auswahl, nur der repräsentativste Teil der Gesamtentwicklung und nicht viele Einzelheiten landschaftlicher Sonderentwicklung gebracht werden konnten.

Der Hauptzweck dieser neuen Lehrbuchreihe wäre verfehlt, wenn nicht auch in diesem Teilband didaktische Faktoren besonders berücksichtigt worden wären. Die Darstellung will durch die Hervorhebung der Methodologie der Analyse dem Leser außer den Tatsachen auch die Fähigkeit vermitteln, sprachliche Züge der Periode auch an anderen frühnhd. Texten zu erkennen und zu beurteilen. Synchronisch bedeutet das z. B. die Deutung von Eigenschaften als landschaftlich oder von der Textsorte mitbedingt. Diachronisch ergibt sich das Verständnis der Beziehung zur vorhergehenden Periode (Mittelhochdeutsch) und zum Folgestadium (Neuhochdeutsch).

Für die Lautlehre (Phonologie) (2.), die Morphologie und Syntax (3.), den Wortschatz (4.) folgen einer allgemeinen Darstellung der Haupttatsachen je fünf frühnhd. Texte, an denen im besonderen die entsprechenden Eigenheiten der Periode durch eine genaue Analyse hervorgehoben und beschrieben werden.

Ein Leser, der nach Durcharbeiten des Phonologiekapitels und der fünf

«Phonologietexte» (§ 66–103) noch weitere Beispiele zur frühnhd. Orthographie (Graphemik) und Phonologie durchzunehmen wünscht, kann diese bei jedem der übrigen zehn Texte (§ 169–191, 217–240) in Abschnitten zu diesem Thema finden. Und ein Leser, der nach dem Morphologie- und Syntaxkapitel und den fünf Texten zur Morphologie und Syntax noch einschlägiges Material in den übrigen fünf Texten (§ 217–240) durchnehmen will, wird dort entsprechende Abschnitte finden. Das Personen- und Sachverzeichnis ermöglicht es, auch weitere Anmerkungen zu den einzelnen behandelten Textstellen in früheren oder folgenden Kapiteln zu finden, z. B. zur Morphologie im *Ackermann,* zum Wortschatz bei Brant, Fischart, Luther usw.

Es ist mir eine angenehme Pflicht, für mannigfache Unterstützung meiner Arbeit zu danken: den Beamten der Universitätsbibliothek und der Bancroft Library in Berkeley, ferner R. Armstrong (Berkeley), W. Fleischer (Leipzig), A. Kracher (Graz), G. Lipold (Wien), H. Moser (Bonn), I. Reiffenstein (Salzburg), G. Schulz-Behrend (Texas), H. Seeba (Berkeley), B.L. Spahr (Berkeley), H. Tatzreiter (Wien), D. Brink (Tempe) und besonders dem Herausgeber der Reihe, H.-G. Roloff.

Berkeley, California   Herbert Penzl

1. Einleitung

1.1 Das Frühneuhochdeutsche: Chronologie und Kennzeichen

§ 1   1.1.1 Innere und äußere Sprachgeschichte

Die Darstellungen der Geschichte der deutschen Sprache haben stets, wenn auch meist ohne klare theoretische Unterscheidung, Tatsachen der inneren und äußeren Geschichte des Deutschen zusammen behandelt. Alle Wandlungen von Lauten, Lautsystemen, Formen, syntaktischen Regeln, Wortbildungen und Wortbedeutungen gehören dabei zur sprachinternen, inneren Geschichte. Die äußere Geschichte einer Sprache ist mit der ihrer Sprecher verbunden und als solche ein Ausschnitt aus der allgemeinen Geschichte. Die Verteilung der Sprachträger im Raum mit ihren Abwanderungen, Um- und Ansiedlungen und ihre politischen wie kulturellen Schicksale gehören dazu. Jede Art von Gruppenbildung und Gruppenverschiebung unter den Sprachträgern, ob sie nun durch ethnische, soziale, kulturelle, landschaftliche Schichtung, Beruf, Religion, staatliche oder kirchliche Territorialbildung, gesellschaftliche Umstrukturierung bewirkt ist (Penzl 1975, S. 30), ist als Rahmen und Hintergrund für innere Sprachwandlungen selbst ein Teil der äußeren Sprachgeschichte. Die Verwendung der Sprache und ihrer Varianten durch Sprachträger und Sprachfremde in Verwaltung, Mission, Unterricht, allen Arten von Literaturgattungen und Texten ist ein Teil der pragmatischen (äußeren) Sprachgeschichte.

Das gegenseitige Verhältnis von innerer und äußerer Sprachgeschichte wird deutlich, wenn wir die Geschichte einer Sprache in Perioden einteilen wollen. Sprachgeschichtsschreibung ohne alle Periodisierung, also zeitliche Anordnung, erscheint beinahe unmöglich (dazu Wolf 1971). Die Forschung hat seit Jakob Grimm eine chronologische Dreiteilung der deutschen Sprache in Althochdeutsch (Ahd.), Mittelhochdeutsch (Mhd.) und Neuhochdeutsch (Nhd.) angenommen. Die Grenzlinie zwischen Althochdeutsch und Mittelhochdeutsch ist dabei durch die innere Sprachgeschichte gegeben: ein Lautwandel, der allgemeine frühmhd. Zusammenfall der unakzentuierten ahd. Vokale in Nebensilben, ergibt ein deutliches, d. h. auch graphisch faßbares Kriterium.

§ 2   1.1.2 Mittelhochdeutsch und Frühneuhochdeutsch

Wilhelm Scherer (1878², S. 13f.) war der erste Sprachforscher, der, durch A. Kobersteins Literaturgeschichte angeregt, von einer «Übergangs»- oder frühneuhochdeutschen Zeit vor dem eigentlichen Neuhochdeutschen schrieb. Konrad Burdach und Virgil Moser haben diesen Gedanken einer frühneuhochdeutschen Vor- und Übergangsstufe zwischen Mhd. und Nhd. aufgegriffen und verwendet. Hermann Paul und V. Michels hielten jedoch an der alten Dreiteilung fest; Paul bezeichnete vieles als «anhd.». Behaghel (1928, S. 149 f.) nahm etwas zögernd eine «Übergangszeit» um 1250 bis 1650 an, wollte aber zur Abgrenzung ein Merkmal haben, das auch für die Mundarten, nicht nur für die Schriftsprache gelte.

In der Gegenwart scheint sich die nützliche Annahme einer chronologischen Vierteilung der deutschen Sprachgeschichte immer mehr durchzusetzen. Schirokauer (1957, Sp. 1016) nannte das Frühnhd. eine «souveräne Sprachepoche». Hugo Moser aber (Moser 1969[6], S. 100 f.) kennt nach dem Altdeutschen ab Mitte des 8. Jhs. von 1250 bis 1500 «spätmittelalterliches Deutsch», dem ab 1500 das Deutsch der Neuzeit folgt. Auch für P. von Polenz (1970, S. 84 f.) gilt noch die Dreiteilung, wobei es das Neuhochdeutsche nach 1450, dem Beginn des Buchdrucks, gebe. Eine terminologische Unterscheidung zwischen Epochen und Perioden in der Sprachgeschichte erscheint nicht allen Forschern wesentlich.

Wenn wir eine frühnhd. Periode (Epoche) annehmen, ist die praktische Frage der Abgrenzung nicht unwichtig und auch von theoretischem Interesse. Sollen irgendwelche Tatsachen der inneren oder äußeren Sprachgeschichte vorzugsweise herangezogen werden? Zur Klärung wollen wir die vorgeschlagenen Zeitpunkte für die Trennung prüfen. Für die Scheidung vom Mittelhochdeutschen findet sich eigentlich kein Lautwandel, der als «inneres» Kriterium dienen könnte: die sogenannte frühnhd. oder nhd. Diphthongierung (unten § 45) beginnt teilweise schon in mhd. Zeit, ist aber in manchen Schriftdialekten erst im 16. Jh. durchgeführt. Die sogenannte frühnhd. Monophthongierung (§ 46) oder die Dehnung von mhd. Kurzvokalen im Silbenauslaut (§ 47) beginnen mundartlich früh, sind aber graphisch erst viel später erfaßbar, eignen sich also nicht zur Grenzziehung. In der Forschung finden wir recht verschiedene Jahreszahlen als Anfang der frühnhd. (bzw. nhd.) Periode: z. B.

1250: Behaghel (1928, S. 149);
1300: A. Bach (1965), Eggers (1969, S. 18, 60);
1350: V. Moser (1929), W. Scherer (1878), Schirokauer (1957),
     W. Schmidt (1969, S. 64, 81), Waterman (1966), Keller (1978);
1350–1450: Sonderegger (1979, S. 170 ff.);
1400: Brooke (1955);
1450: Polenz (1970);
1500: Hugo Moser (1969).

Es erscheint durchaus möglich, auch in der Sprachgeschichte zur Einteilung «annalistisch» eine «absolute» Chronologie wie etwa Anfang, Mitte,

Ende eines Jahrhunderts ohne weitere sprachgeschichtliche Motivierung zu verwenden, d. h. ohne dabei behaupten zu wollen, daß sich aus der allgemeinen Geschichte zu dem Zeitpunkt auch spezifisch sprachliche Folgen ergeben hätten. Daß aber die oben angeführten Annahmen des Periodebeginns doch bis zu 250 Jahren auseinanderliegen, zeigt an, daß jedenfalls nicht ein bestimmtes einmaliges historisches Ereignis als entscheidend angenommen wird, sondern es der landschaftlich nicht beschränkte, aber chronologisch verschiedene allgemeine Niedergang der feudalen Ordnung des Rittertums seit dem Mittelalter, der Aufschwung der Städte und des Bürgertums und eine Neuordnung des intellektuellen Lebens gewesen sind, die auch zu neuen schriftlichen Verwendungen des Deutschen in früher kaum belegten Textsorten geführt haben, was innerhalb der äußeren Sprachgeschichte wichtige Tatsachen darstellt. Die häufige Erwähnung von 1350, dem Anfang der Regierung Karls IV., als Grenzdatum beruht übrigens keineswegs nur auf einer angenommenen Bedeutung der Prager Kanzlei (§ 3.2 unten) für die äußere Sprachgeschichte. In Prag wurde 1348 auch die erste deutsche Universität gegründet.

§ 3.1 1.1.3ᵗa Das Ende der frühnhd. Periode

In der Grenzziehung zwischen Frühnhd. und dem eigentlichen Neuhochdeutsch zeigt die Forschung ebenso große Verschiedenheit. Wir finden z. B. folgende Jahreszahlen:

1500: Hugo Moser (1969) (Ende des «spätmittelalterlichen Deutsch», § 2);
1600: A. Bach (1965), Brooke (1955), Bebermayer (1958);
1600–1650: Sonderegger (1979);
1620: Schirokauer (1957);
1650: Behaghel (1928), Eggers (1969), V. Moser (1929), Scherer (1878), Schmidt (1969), Keller (1978);
1700: Stopp (1976, S. 27 f.), Reichmann (1978).

1500 als Datum der Trennung zwischen Mittelalter und Neuzeit ist in der Geschichtsforschung nicht ohne Widerspruch geblieben, weil die historischen Ereignisse zu diesem Zeitpunkt, etwa die Entdeckung Amerikas im Jahre 1492, nicht erst dann oder schon sofort einen geschichtlichen Umschwung oder Einschnitt in der allgemeinen Geschichte bewirkten. Bei Übertragung auf die Perioden der deutschen Sprache würde hier ein Einschnitt angenommen, der zwar nicht vor Luthers Geburt (1483), aber vor Luthers sprachlicher Einwirkung läge. Wie wir sehen werden, zeigt Luthers Schriftdialekt in Orthographie und Syntax durchaus frühnhd. Züge (§ 81).

Bei der Zahl 1620 als Grenzdatum denkt man wohl eher an 1624, das Erscheinungsjahr von M. Opitz' *Buch von der deutschen Poeterey* (§ 186).

Das Erscheinen eines bestimmten Textes, der entweder als Muster oder durch programmatische Zielsetzung wirkt, auch wohl als Symptom für die sprachliche Lage gelten kann, könnte ein Teil der (äußeren) Sprachgeschichte werden. Der poetologisch-metrische Einfluß von Opitz' Buch sei unbestritten, aber seine Sprache hat noch frühnhd. Züge.

Für das Jahr 1650 spräche die bequeme absolute Chronologie, nämlich Mitte des Jahrhunderts. Inwiefern das geschichtliche Ereignis der Zeit, nämlich das Ende des 30jährigen Krieges (1648), auch zur äußeren deutschen Sprachgeschichte gehört, bleibe dahingestellt. Die Niederlande wurden allerdings dann politisch selbständig, doch zeigte das Niederländische ohnehin schon seit dem Mittelalter eine eigene Entwicklung als Sprache. Durch den Beginn der Tätigkeit der Sprachgesellschaften, deren Wirken erst nach Kriegsende möglich war, wird kein Periodenende angezeigt. Eggers erwähnt das Erscheinen von J. G. Schottels Grammatik von 1641 als Argument für die 1650-Grenze. Aber auch Schottels (§ 89) Sprache zeigt noch frühnhd., d. h. schriftdialektische Züge.

V. Moser (1929, S. 1f.) schlägt eine weitere Unterteilung der frühnhd. Periode vor, nämlich

(1) vom 14. Jh. bis etwa 1520 als älteres Frühnhd. (äfrnhd.), zu dem die Hss. des 14. und 15. Jhs. und die älteren «Druckersprachen» (ca. 1470–1520) gehören;

(2) die eigentliche Übergangszeit vom Beginn der Reformation bis auf die Sprachgesellschaften und die Schlesier (1520–1620) und

(3) das ausgehende Frühnhd., d. i. die Zeit der älteren Schlesier und der Grammatiken des Schlesiers Gueintz und des Hannoveraners Schottel (ca. 1620–1650).

Eine Unterscheidung von «äfrnhd.», frühnhd. und «jüfrnhd.» (jüngerem Frühnhd.) könnte nützlich sein. Nur sollte man die Grenze gegen das Nhd. auf jeden Fall erst später ansetzen.

Für diesen Band nehme ich an, daß die «Grenzen» des Frühnhd. gegen das Ende des 14. Jhs. und am Anfang des 18. Jhs., etwa 1730, anzusetzen sind. Auch ein späterer Text, z. B. Dornblüths (§ 98), kann natürlich noch schriftdialektische Züge aufweisen. Was sind nun die Kriterien für die Grenzziehung? Für den Anfang der Periode geben alle Texte, die gewisse allgemeine Lautwandlungen, z. B. die erwähnte nhd. Diphthongierung, graphisch widerspiegeln, Beweise eines frühnhd. Charakters. Gleichzeitige und «gleichsortige» Texte aus Landschaften, deren Mundart noch heute die mhd. Langvokale unverschoben zeigt und die noch nicht Diphthongierung (§ 45) aufweisen, beweisen die Verwendung von Mundart als Schriftdialekt, was für das klassische Mhd. keineswegs galt. Die Hss. der höfischen Dichtungen zeigten vor allem eine Mischung von alemannischem und ostfränkischem Lautstand (Paul-Moser-Schröbler 1969, S. 11). Ich halte die Aufspaltung in Schriftdialekte für das wichtigste

12

Merkmal der frühnhd. Periode. Mit deren Vereinheitlichung, mit der Entwicklung einer mehr oder weniger einheitlichen Schriftsprache mit minimaler landschaftlicher Variation ist das Ende der frühnhd. Periode erreicht. Das trifft noch nicht auf die Zeit Luthers oder die von Opitz, Schottel, Grimmelshausen zu, erst etwa auf die Zeit des jungen Gottsched (1730?) am Anfang des 18. Jhs. Von einer Einigung der deutschen Aussprache kann auch am Ende der frühnhd. Periode noch nicht die Rede sein.

§ 3.2   1.1.3b Zur Entstehung der nhd. Schriftsprache

Die Forschung hat sich nur schwer zur Erkenntnis durchgerungen, daß die nhd. Schriftsprache weder eine einzige Wiege noch einen einzelnen Schöpfer gehabt hat. Rudolf Raumer (1856) und Karl Müllenhoff (1864) schrieben die Entstehung einer «Reichssprache» im 15. Jh. der Prager kaiserlichen Kanzlei der Luxemburger (Lützelburger) zu (§ 17 unten). Diese Idee griff Konrad Burdach auf, wobei für ihn Syntax und Stil im Mittelpunkt standen (Burdach 1925, S. 244). Alois Bernt, Burdachs Mitarbeiter, behauptete, daß die «Zerdehnung der alten Längen» (§ 45) von der Kanzlei Karls IV. im 14. Jh. nach Schlesien, der Lausitz und Obersachsen gedrungen sei: sprachliche Übereinstimmungen im Bamberger Druck des *Ackermann* (§ 66) mit dem Gebrauch der Kanzlei führte er als Beweis dafür an, daß die «luxemburgische Kanzleisprache mit Fug und Recht die wesentliche Grundlage unserer Schriftsprache gewesen ist» (Bernt 1934, S. 121). Ernst Schwarz betonte gegen Bernt, daß nicht einmal die Brünner Kanzleisprache sich nach der Prager gerichtet habe, die östliche deutsche Kolonisation habe Mundarträume, Kanzleisprachräume und die neuhochdeutsche Schriftsprache geschaffen (Schwarz 1936, S. 9). Ludwig Erich Schmitt, der die sprachlich keineswegs einheitlichen Urkunden der Prager Kanzlei genau untersuchte, nimmt gegen Bernt für die neuen Diphthonge (§ 45) der Kanzlei der Wettiner nicht Prag, sondern Nürnberg als Quelle an (Schmitt 1936, S. 208). Die Ursache der Verwandtschaft der Kanzleisprache Karls IV. mit der «werdenden nhd. Schreibsprache» sei die mainisch-mitteldeutsche Herkunft zahlreicher Schreiber (S. 219). Schmitt stimmt mit Th. Frings überein, daß die Entstehung der nhd. Schriftsprache als eines «überlandschaftlichen Schriftzeichen- und Formensystems» sich nur auf Grund der lebenden Mundarten und ihrer Geschichte erhellen lasse (Schmitt 1936, S. 220). Frings sah in mundartlicher Mischung und Ausgleich der Siedlersprachen in Meißen, dem Staat der Wettiner, die Grundlage zur sprachlichen Einigung in einer neuen deutschen Hochsprache (Frings 1936, S. 21). Dialektgeographische Untersuchungen im ostmd. Raum von P. von Polenz, R. Große, H. Protze bestätigten Frings' Annahme einer kolonialen Ausgleichssprache keineswegs, sondern ergaben «eine äußerst kleinräumige Dialektlandschaft» (Wiesinger 1978, S. 855).

H. Bindewald (1928) sah nur die Kanzleisprache unter König Wenzel (1378–1400) ganz in der (gar nicht einheitlichen) Tradition seines Vorgängers, Karls IV. E. Skála (1967) wies nach, daß sich die Egerer Kanzleisprache ohne Einfluß der Prager Kanzlei entwickelt hatte. D.G. Noordijk hatte schon 1925 keinen besonderen Einfluß der Kanzleisprache Friedrichs III. (1440–1493) auf andere Kanzleisprachen feststellen können. Im allgemeinen ergab der Vergleich mit anderen gleichzeitigen Schriftdialekten, z. B. dem der Prager Stadtkanzlei, dem Nürnbergs, des Vogtlandes, keinen Einfluß einer Prager «Norm», aber ebenfalls Verbindung von oberd. und md. Merkmalen (Guchmann 1970, S. 137).

Erst für die Zeit Maximilians I. (1493–1519) wird die oberdeutsche Sprache der kaiserlichen Kanzlei (§ 230) ausdrücklich als Muster (§ 9) genannt, auch von Luther, dem Manne, dessen ostmd. Schriftdialekt für Prägung und Verbreitung der nhd. Schriftsprache so wichtig war (§ 82). Besch (1967) wies auf schon frühere süddeutsche schriftdialektische Einflüsse im ostmd. Raum über Nürnberg und Regensburg hin. Skála (1970) betonte besonders auch die Rolle der Regensburger Urkundensprache, M.M. Guchmann (1969) die Wichtigkeit der Augsburger Druckersprache im 15. Jh.: *gemein deutsch* bezeichne im 15. Jh. praktisch «die Variante der Literatursprache, die sich in Augsburg herausgebildet hatte» (Guchmann 1969, II, S. 74). Straßner (1977, S. 57–77) konnte zahlreiche Hinweise auf Nürnbergs Rolle zusammenstellen.

Unsere Textbeispiele zeigen, daß sich in ihrer Sprache im 15. Jh. noch nahe Bezüge zur heimischen Mundart, wenig fremddialektische Züge und maximale Unterschiede zur nhd. Schriftsprache vorfinden: man vgl. die bairischen Texte Wittenweilers (§ 217), der Kottannerin (§ 225), Nürnbergs Mentelintext (§ 169), den ostfränkischen und den schwäbischen des *Ackermann* (§ 66f.), den schwäbischen Steinhöwels (§ 177), den hochalemannischen Brants (§ 76). Im 16. Jh. überwiegen schon die grammatischen Gemeinsamkeiten im bairischen Text der kaiserlichen Kanzlei (§ 230), dem Nürnberger Text des Hans Sachs (§ 235), dem niederalemannischen Fischarts (§ 181), dem ostmd. Luthers (§ 82). Der Eindruck größerer Einheitlichkeit verstärkt sich noch bei dem Vergleich der Texte des 17. Jhs.: dem westmd. (pfälzischen) der Liselotte (§ 191), dem ostmd. Schottels (§ 89) und Opitz' (§ 186), Grimmelshausens wohl md. (§ 240) und Dornblüths oberd. (badischem) Text aus dem 18. Jh. (§ 98). Die einheitliche nhd. Schrift- und Literatursprache hat sich innerhalb von drei Jahrhunderten aus gegenseitiger Beeinflussung der landschaftlichen Schriftdialekte entwickelt.

14

§ 4 1.1.4 Hochdeutsch und Niederdeutsch

Die mundartliche Zersplitterung in Schriftdialekte ist ein charakteristisches
Merkmal unserer Periode, in dem sich äußere Sprachgeschichte, nämlich
landschaftlicher Sprachgebrauch, und innere Sprachgeschichte, nämlich
die dialektischen Beiträge zur Entwicklung der Hochsprache (Literatursprache), überhaupt der «Nationalsprache» (Guchmann 1970, S. 17f.)
vereinigen. Zur äußeren Sprachgeschichte des Hochdeutschen gehört ein
weiteres Merkmal unserer Periode, die Verbreitung hochdeutscher Schriftdialekte auf niederdeutsches Gebiet, was allmählich zum Untergang der
niederdeutschen Schriftdialekte führt, die noch am Anfang der frühnhd.
Periode in der Blütezeit der Hansa landschaftlich fest verankert schienen.
Die Forschung hat mit Recht im Vordringen des Hochdeutschen die Rolle
eines Textes als Sprachmuster, nämlich von Luthers Bibelübersetzung,
hervorgehoben, es aber kaum je als Periodenkriterium verwendet. Luthers
Neues Testament erschien von 1523 an in 15 niederdeutschen Ausgaben
(Kluge 1918, S. 122), noch 1621 wurde in Goslar eine Übersetzung der
Lutherbibel veröffentlicht. Aber die protestantischen Kirchenordnungen
waren zum Teil schon um 1530 hochdeutsch, die Predigtsprache wurde
es ab 1600. Doch hat schon vor der Reformation das Hochdeutsche als
Urkunden- und Verwaltungssprache auf niederdeutschem Gebiet Verwendung gefunden. Als Kanzleisprache findet es sich in Königsberg seit
1520, in Pommern seit 1532, in Schleswig-Holstein seit 1533 (Hugo Moser
1961, S. 27, 33). Die akademisch ausgebildeten Notare, Richter, Kanzlisten auf niederdeutschem Gebiet sprachen und schrieben Hochdeutsch.
Henzen (1954², S. 99) stellt fest, was (nach Schirokauer 1957, Sp. 1069)
schon Agathe Lasch sagte: «Das Römische Recht, nicht die Reformation
hat Norddeutschland dem Hochdeutschen unterworfen.»

Es finden sich Anzeichen, daß mit dem Vordringen als Schriftdialekt
auch der Gebrauch des Hochdeutschen in Sprechhandlungen der sozialen
und kulturellen Oberschicht Hand in Hand ging. Es hat aber andrerseits
zweifellos das niederdeutsche Lautsystem, wo es in der Schrifttradition
Unterstützung fand, auf die nhd. «Hochlautung» gewirkt, z.B. in der
Lenis/Fortis-Unterscheidung der Verschlußlaute (§ 56) und der Erhaltung
der Umlautsvokale (§ 51).

§ 5 1.1.5 Deutsch gegen Lateinisch, Französisch

Für die ganze frühnhd. Periode gilt, daß das Deutsche noch in seiner
schriftlichen Verwendung in Deutschland mit Lateinisch und Französisch
im Wettbewerb stehen muß. Lateinisch wird zwar immer mehr durch
Deutsch als Sprache von Verwaltung und Urkunden ersetzt. Im 13. Jh.
standen 2500 deutsche noch einer halben Million lat. Urkunden gegenüber
(Schirokauer 1957, Sp. 1021); es war vor allem der niedere Adel, weniger

die Kaufherren und Kanzlisten der großen Städte mit ihrer Ausbildung in Lateinschulen, der lateinische durch deutsche Urkunden (Wilhelm 1931 ff.) ersetzte. Latein bleibt aber nicht nur die Sprache der Theologie, der katholischen Kirche und des katholischen Gottesdienstes, sondern auch die der mittleren und hohen Schulen, des Rechts, ja bis weit ins 18. Jh. hinein die der Wissenschaft im allgemeinen. Deutsche Fachprosa und deutscher akademischer Unterricht sind große Ausnahmen, keineswegs die Regel. Der Humanismus auf deutschem Boden verzögerte die Verdrängung der lateinischen Schriftsprache. Noch 1520 sind 90% aller deutschen Drucke lateinisch, erst 1681 erscheinen mehr deutsche als lateinische Drucke (Kluge 1918, S. 11; Schirokauer 1957, Sp. 1052f.). Der Einfluß der neu gegründeten Universitäten auf das intellektuelle Leben war überaus groß in der frühnhd. Periode, aber die Unterrichtssprache war lateinisch. Kluge (1918, S. 19) nennt mit einiger Übertreibung das Latein im 16. Jh. den «gefährlichsten Feind der nationalen Bildung und eines gedeihlichen Fortschritts». Wir dürfen nie vergessen, daß hinter der deutschen Kunstprosa des Ackermann (§ 66f.), dem Kanzleistil des 16. Jh. (§ 210), den noch Dornblüth (§ 98) bewundert, ebenso das Lateinische steht wie hinter den frühnhd. Bibelübersetzungen aus der Vulgata (Mentelin, § 169) und der Übersetzungsprosa eines Steinhöwel (§ 177). Noch bis zur Mitte des 18. Jhs. bestand heftiger Widerstand gegen den Gebrauch des Deutschen als Sprache der Wissenschaft. Dornblüth war deswegen sogar gegen die Übersetzung einer Rhetorik aus dem Französischen, anscheinend aus «sozialpolitischen» Gründen (§ 98).

Der Einfluß des Französischen trat im 17. Jh. zu dem des Lateinischen. Hinter dieser Sprache stand das Ansehen einer reichen Literatur und einer für deutsche Höfe und Aristokratie vorbildlichen Hofhaltung. Es wurde beinahe zur Standessprache norddeutscher Adeliger. Wir können besonders im Wortschatz des Deutschen (§ 203) die inneren Folgen dieser äußeren Sprachenlage beobachten.

1.2 Mundarten und Schriftsprache

§ 6   1.2.1 Die Schriftdialekte

Unser Band könnte auch «Einführung in die frühneuhochdeutschen Schriftdialekte» heißen, da die frühnhd. Periode gerade durch die Vielfalt der geschriebenen Formen charakterisiert ist. Die Beziehung der Schriftdialekte zu den gesprochenen Mundarten ist für ihre Beschreibung wesentlich. Dieses Thema wird auch deswegen besonders wichtig, weil z. B. die rheinische Dialektforschung feststellen konnte, daß es die spätmittelalterlichen und frühneuhochdeutschen Territorialbildungen gewesen sind, die

Karte zur Dialektgeographie der frühneuhochdeutschen Textbeispiele

zu den Mundartgrenzen der Gegenwart geführt haben müssen. Die schriftlichen Quellen (§ 11 f.) reichen leider nicht aus, um die mundartlichen Verhältnisse des Frühnhd. vollständig erfassen zu können. Schriftdialekte sind nie mit landschaftlichen Dialekten in allen Zügen identisch, weil, abgesehen von spezifischen (oder «privaten») Entlehnungen der Schreibenden, jede graphische Tradition auch einen überlandschaftlichen, d. h. im gegebenen Dialektgebiet fremdlandschaftlichen Charakter hat. Das können wir schon in ahd. Zeit beobachten (vgl. Penzl 1971).

Landschaftliche Züge sind aber in jedem Schriftdialekt erfaßbar. Eine soziologische Schichtung ist selten, eine stilistische je nach Korpus und Textsorte oft zu erkennen. Es wäre verfehlt, sich einen Schriftdialekt als homogenes, einheitliches System vorzustellen, aber gewisse sprachliche Züge bleiben seinen Texten, im Vergleich zu denen anderer Schriftdialekte, gemeinsam.

Lücken im verfügbaren Korpus können dazu führen, daß sprachliche Eigenheiten eines Textes denen keines anderen vollständig entsprechen. Schon im Ahd. mußte der fränkische Dialekt des sogenannten «ahd. Isidor» im Grunde wie ein isolierter ahd. Schriftdialekt beschrieben werden (Penzl 1971, S. 57ff.). Bei Hss. des 14. und 15. Jhs. sind wir öfter ohne gleichdialektische Parallelen; das gilt auch für H. Wittenweilers *Ring* (§ 217), ein Werk eines alemannischen Verfassers in einem bairischen Schriftdialekt. Die Überlieferung kann öfter dazu führen, daß ein Text eine Mischung aus mehr als einem Schriftdialekt darstellt.

Wenn auch jeder Schriftdialekt in erster Linie ein Produkt einer landschaftlichen Mundart ist, ist es, wie erwähnt, typisch für fast alle frühnhd. Schriftdialekte, daß wir, allerdings oft nur unbedeutende, fremddialektische (außerdialektische) Züge in den Texten finden. Diese treten zu den eigendialektischen (innerdialektischen) dazu, oft als Nebenformen, aber auch als Ersatzformen. Solche Nebenformen können rein orthographisch sein, z. B. ⟨i⟩ in einer [ɪ‖ə]-Landschaft, auch phonemisch-distributiv wie *komen* in einem *kumen*-Dialekt, «morphophonemisch» wie *Gnad* in einer *Gnade*-Gegend, lexikalisch, wie z. B. *zweiter* für einheimisches *anderer*. Die Übernahme fremddialektischer Formen mit etwas mehr Ansehen, Verbreitung oder Anziehungskraft in den Schriftdialekt geht auf die Tendenz zu einem überlandschaftlichen Kompromiß in der Kommunikation zurück. Das ist es, was letzten Endes überhaupt zur Schaffung einer einheitlichen Schriftsprache geführt hat.

§ 7 1.2.2 Schriftdialekt und Druckersprachen

Mit der Bezeichnung «Druckersprachen» (Plural!) ist nicht etwa die Fachsondersprache (§ 11) der Drucker gemeint, sondern die einzelnen Schriftdialekte der Veröffentlichungen frühnhd. Offizinen des Buchdrucks. Rein äußerlich ergeben somit die Druck- und Verlagsorte (vgl. Benzing 1936, 1952) eine Liste der vorhandenen Druckersprachen. Eine weitere Unterteilung ergäbe sich für manche Orte wie etwa Augsburg, Basel, Straßburg durch die verschiedenen Offizinen am selben Ort, deren Gebrauch ja schwankt (vgl. Götze 1905), wenn auch manche Unterscheidungsmerkmale recht unbedeutend erscheinen. Nützlicher erweist sich eine Einteilung der Druckersprachen nach den Großmundarten der Gegenwart: bairisch-österreichisch (Druckorte München, Ingolstadt, Wien), schwäbisch (Augsburg, Tübingen, Ulm), niederalemannisch («oberrheinisch»: Basel, Straßburg); hochalemannisch («innerschweizerisch»: Bern, Zürich), ostmitteldeutsch (Wittenberg, Leipzig), westmitteldeutsch (Frankfurt, Köln, Mainz, Worms). Die Nürnberger Schriftdialekte hat man als oberdeutsch (bairisch-ostfränkisch) mit Zügen des Ostmitteldeutschen (Omd.) bezeichnet.

Zum Erfassen der Reichweite der synchronischen und diachronischen Variation und Verschiedenheiten ist es besonders lehrreich, ein und dasselbe Textstück bei verschiedenen Schreibern und Druckern zu vergleichen. Solches Material finden wir z. B. bei Volz (1963), Besch (1967), im Lesebuch von G. Kettmann (1971), schon bei W. Kurrelmeyer zur frühnhd. Bibelübersetzung (Mentelin, § 169). Wir bringen die *Acker-mann*stelle im Drucke von Pfister, Bamberg (§ 66) und von Fyner, Esslingen (§ 67). Gewisse frühnhd. Varianten (z. B. *-nis/-nus* § 196.3) hat man dabei als «Kennformen» für die Schriftdialekte verwendet. Die gegenseitigen Abweichungen bleiben im allgemeinen innerhalb eines bestimmten Ausmaßes, also gut beschreibbar. Schirokauer (1957, Sp. 1013) scheint vor übertriebener Reaktion des modernen Forschers zu warnen, wenn er etwas ironisch schreibt: «War das nicht das Kennzeichen des Frnhd., seine heillose Unordnung und Regellosigkeit, sein Formendickicht und Lautgestrüpp, in krassem Gegensatz zu der gepflegten Sauberkeit im ausgekämmten Gehege des klassischen Mhd.?»

Es steht außer Zweifel, daß im Zeitalter des Buchdrucks Überlegungen des Lesermarktes, also der Rezeption bei lokalen und fremddialektischen Lesern, Eigenheiten der Schriftdialekte in Drucken beeinflußt haben. Oft wirkte sich dies vor allem graphisch aus. Die frühnhd. Variation in den einzelnen Schriftdialekten zeigt mundartlich neutrale, landschaftliche und auch überlandschaftliche, ja geradezu gegenlandschaftliche Züge (z. B. die «verschobenen» Diphthonge *ei au eu* in späteren Schweizer Drucken). In der Verbreitung dieser letztgenannten Züge hat man mit Recht eine Tendenz zur Vereinheitlichung der Schriftdialekte, also Schritte vom Frühnhd. zum Nhd., gesehen.

Die Sprecher unserer Periode wie früherer und folgender Zeiten sind sich der mundartlichen Verschiedenheiten des Deutschen wohl bewußt: das geht aus ihren Äußerungen hervor. Eine viel zitierte Stelle bei S. Helber (1593, S. 24) zeigt, daß auch die Verschiedenheit der mundartlich bedingten Schriftdialekte des 16. Jhs. nicht unbeachtet blieb. Er kennt 1593 drei «*Weisen: Mitter Teútsch, Donawisch, Hôchst Reinisch*». Zu den erstern mit den nhd. Diphthongen *ai ei au* rechnet er die Drucker von «Mainz, Speier, Franckfurt, Würzburg, Heidelberg, Nornberg, Straßburg, Leipsig, Erdfurt, ... Colen», zum Höchstrheinischen nur die Schweizer Drucker von Konstanz, Chur und Basel. Dem *mitter teútschen* und *donawischen ei* (= mhd. *î*) entspreche *Hôchst Reinisch y*. Schon L. Albertus (1573, S. 38f.) erwähnte Schriftdialekte der Offizinen von «Mainz, Ingolstadt, Nürnberg, Augsburg, Basel, Frankfurt, Wittenberg». Wie vor ihm die Lese- und Schreibmeister trennt er das Hochdeutsche (oft «Oberländisch» genannt) streng vom Niederdeutschen in Schriftdialekt und Mundart. Er erwähnt übrigens auch die Siebenbürger (*Septemcastrenses*). Das *Exercitium puerorum* (1491), in Antwerpen erschienen, das zum

Übersetzen vom Lateinischen ins Deutsche (vgl. oben § 5) anregt, unterscheidet als Teile des *Almanicum* oder *teutonicum: altum* (Hochdeutsch), *bassum* (Niederdeutsch), *medium* (Mitteldeutsch!).

Der Niederdeutsche Schottel, der übrigens bedauert, daß in Pommern nur mehr hochdeutsch gepredigt wird (Schottel 1663, S. 157), spricht von den hochdeutschen (und niederdeutschen) Dialekten der beiden Sprachen, kennt keine Schriftdialekte mehr, aber Verschiedenheiten der Aussprache.

Mit der verhältnismäßigen Einigung der Schriftdialekte durch gegenseitige Auswahl, Ausgleich, Übernahme von lautlichen, morphologisch-syntaktischen, lexikalischen Zügen in eine nhd. Schriftsprache ist die frühnhd. Periode zu Ende (§ 3 oben). H. Stopp (1976, S. 25) ist zuzustimmen, daß die wichtigsten historischen Fragen im Frühnhd. wohl sind, was die Schöpfer der Schriftsprache woraus und weshalb ausgewählt haben. Wir wollen diese Fragestellung stets im Auge behalten.

§ 8   1.2.3 Sprachpflege und Sprachkritik

Die gebildeten Spracher waren sich, wie oben erwähnt (§ 7), der Verschiedenheit der mundartlichen Formen in den Landschaften durchaus bewußt, wenn ihnen auch nur bestimmte Züge besonders auffielen. Die Reaktion darauf schwankt von deren mehr oder weniger starken Ablehnung bis zu deren Nachahmung und Übernahme. Die textliche Überlieferung zeigt durch die Änderungen eines Originaltexts von Schriftdialekt zu Schriftdialekt auch die Grade der Annehmbarkeit sprachlicher Züge in den einzelnen Dialektgebieten. Lesemeister und frühnhd. Grammatiker bezeugen in ihren Äußerungen und Beschreibungen ihre Einstellung zur eigenen Mundart (oder dem Schriftdialekt) und zu fremden. Johannes Kolroß, dessen *Enchiridion* 1530 bei Wolff in Basel erschien, verwendet zwar im Text durchaus die mhd. Langvokale der Mundart (*schryben, tütsch, uß*), gibt aber zu (Kolroß 1530, S. 69f.), daß im größeren Teil Deutschlands (*den meererntheyl tütsch lands*) *ey* (*schreyben*) üblich sei, ebenso *au* in *hauß, mauß* usw. Er empfiehlt die Wahl zwischen Diphthong und Langvokal je nach Aussprache des Sprechers: «*darnach sy dann jr vßsprechen vß dem mund haben / darnach sol mans setzen*».

In den Grammatiken der Frühzeit handelt es sich bei angegebenen Doppelformen oder Nebenformen eher um für den Verfasser fremddialektische Formen als etwa um stilistische Variation, denn die Empfehlungen und Beschreibungen der Grammatiker beziehen sich, wenn einschränkende Angaben fehlen, stets auf Schriftdialekte oder rhetorische Sprechhandlungen, selten auf umgangssprachlichen Stil oder Verwendung in Sprechhandlungen des Alltags (so aber bei den Kurzformen der Pronomen, § 118.1).

20

Beurteilung und Kritik, Spott und Lob sprachlicher Züge in grammatischen Quellen sind Anzeichen und Ansätze zu einer Sprachpflege und Sprachkritik, die ihren Einfluß nicht nur auf die Weiterentwicklung der Schriftdialekte, sondern auch auf die der Umgangssprache ausgeübt und im 17. Jh. bei den Sprachgesellschaften ihren Höhepunkt gefunden haben. Für die Umgangssprache verurteilt Hans Fabritius (1532, S. 32 f.) im Schwäbischen weniger *brauch* für *brach,* aber sehr die Hyperform *staub* für *stuben* 'Stube'. Man vgl. die Äußerungen von Opitz (1624, unten § 186, 60–143) zum reinen Deutsch.

Gelegentlich finden wir anscheinend auch Hinweise auf unzulängliche Sozialdialekte. Grimmelshausen ([1943], S. 201 ff.) meint, daß «*überhalb Durlach und Baden hinauff*» man «*bey manchen Bauern/besser Teutsch finden*» wird als «*in vilen vornehmen Stätten*». Das gute Deutsch der Prager führt er darauf zurück, daß hier Deutschsprachige «*keine baurische Nachbarn auff den umbligenden Dörffern haben*». Mit dem Dialekt der Bauern ist wohl die rein landschaftliche, unveränderte Mundart gemeint.

§ 9 1.2.4 Die frühnhd. Sprachmuster

Im Zusammenhang mit der frühnhd. Kritik an mundartlichen Eigenheiten werden Vorbilder, Sprachmuster genannt, denen oft ein besseres oder gar «das beste Deutsch» zugeschrieben wird. Selten wird erwähnt oder aus dem Zusammenhange deutlich, welche spezifischen sprachlichen Züge in erster Linie gemeint sind. Schon aus der Vielfalt der genannten Vorbilder selbst ergibt sich ein Bild der Mannigfaltigkeit der frühnhd. Schriftdialekte. Die äussere Situation in Deutschland war so ganz anders für die Sprache als die in England oder in Frankreich, wo früh die politische, wirtschaftliche und kulturelle Konzentration in e i n e r Dialektgegend und e i n e r Großstadt, nämlich London bzw. Paris, stattgefunden hatte.

Der Schlesier Fabian Frangk (1531, S. 92 ff., 388 ff.) empfiehlt zur Aneignung eines reinen richtigen Deutsch das Lesen und Nachahmen der Sprache guter deutscher Bücher «*vnd verbriefungen*», also z. B. aus «*Keiser Maximilianus Cantzeley vnd dieser zeit / D. Luthers schreiben / neben des Johan Schonsbergers von Augsburg druck/*». J. H. Meichßner (1538, S. 160) nennt keines «*gûter exemplar*», deren man «*yetzo vil im truck findt*» mit dem Titel als Muster. Der Ingolstädter Professor Dr. Johann Eck (1486–1543) gibt im Widmungsschreiben seiner (katholischen) Bibelübersetzung nach Luther an, er folge wirklich der Orthographie, in der «*Herr Niclas Ziegler bey Kaiserlicher Maiestat hochlôblicher vnd vntôdtlicher gedâchtnuß Kaiser Maximilian das Teütsch … her für bracht hat*» (Kluge 1918, S. 33). Schon der Titel der Erstauflage der Grammatik des Clajus (1578) gibt Luthers Sprache als Muster an.

Außer diesen positiven Empfehlungen finden wir auch Warnungen vor bestimmten Dialektformen. Grimmelshausen ([1943], S. 188f.) meint von den Österreichern, die andersdialektische Sprecher «Schwaben» schimpfen, daß sie ihre Sprache für das beste Teutsch halten und nicht wissen, was sie «*vor Mängel und Kranckheiten hat*». Im übrigen lobt er (S. 201f.) das Deutsch von Speyer und Umgebung, das der Prager Kleinseite, besonders das der *Fürstlichen Cantzleyen*, tadelt das von Köln als *läppisch*, das der Meißner als mit zuviel «*überflüssigen Wörtern und Buchstaben*». Vom ostmitteldeutschen Dialekt und Schriftdialekt der Meißner wird sonst selten etwas Schlechtes gesagt. Er wird gerühmt, ohne daß bestimmte sprachliche Eigenheiten genannt und zur Nachahmung empfohlen werden. Schottel (1663, S. 159) nennt die «*Meißner Aussprache von Leipzig, Merseburg, Wittenberg, Dresden*» lieblich und wohllautend. Das Hochdeutsche sei die Sprache in den «*Abschieden / in den Canzeleyen / Gerichten und Trükkereyen*» (S. 174, 7). Der oberdeutsche Widerstand gegen das ostmitteldeutsche Muster scheint vor allem auf größere Verbreitung von *e*-Schwund in den Wortformen, also Beseitigung des «Lutherischen *e*», zu dringen (Penzl 1978).

Wie ist nun Luthers vielzitierter Ausspruch beim Tischgespräch zu verstehen: «*Ich habe keine gewisse, sonderliche, eigene Sprache im deutschen, sondern brauche der gemeinen deutschen sprache, das mich beide. Ober- und Niederländer verstehen mögen. Ich rede nach der sechsischen cantzleÿ, welcher nachfolgen alle fürsten und könige in Deutschland. Darumb ists auch die gemeinste deutsche sprache. Kaiser Maximilian und churfürst Friderich, hertzog von Sachsen, haben im römischen reiche die deutschen sprachen also in eine gewisse sprach gezogen*» (Weimarer Ausgabe, Tischreden I, 524f., II, 639f.). Haben wir hier eine Tatsachenanalyse eines prominenten Schriftstellers? Ist es eher ein programmatischer Ausspruch? Diese Absicht steht wohl im Vordergrund. Luther meint mit «*ich rede*» seinen eigenen Schriftdialekt, nahe dem seiner Wittenberger Drucker, mit der kaiserlichen und kursächsischen Kanzlei sein Vorbild für Orthographie und grammatische Formen. Mit «*gemeinster sprache*» (weitverbreitetster) erkennt er das Bestehen anderer Schriftdialekte an. Opitz schreibt (Opitz 1624, S. 35) von «*Cancelleyen (welche die rechten lehrerinn der reinen sprache sind)*». Auch Dornblüth (1755) sieht noch in der Kanzleisprache, besonders deren Syntax, das Muster (§ 98).

§ 10 1.2.5 Die Sprachnorm im 18. Jh.

Der Streit um die Sprachnorm, um das «beste Deutsch» geht noch im 18. Jh. weiter. Manche Grammatiker lehnen ein bestimmtes landschaftliches Muster ab und weisen auf den Gebrauch der «besten Schriftsteller» hin, andere vertreten die Ansicht, Norm und Muster sei das Meißnische, dessen hoher Ruf sich seit dem 17. Jh. erhalten hat. Seit den ersten Jahrzehnten des 18. Jhs. gibt es eigentlich keine Schriftdialekte mehr, es handelt sich nur darum, ob innerhalb der anerkannten deutschen Schriftsprache etwa noch mehr oberdeutsche Eigenheiten annehmbar sein sollen. Das in vielem ostmitteldeutsche Gepräge der Schriftsprache ist nicht das Resultat eines politischen oder wirtschaftlichen Übergewichts oder eines auf Kolonialboden entwickelten sprachlichen Kompromißcharakters der omd. Landschaft, sondern eher das eines literarisch-kulturellen Vorherrschens von Literatur, Buchproduktion, intellektuellem Leben seit dem 16. Jh. Daß die nhd. Schriftsprache nur als «protestantischer Dialekt» gelten könne, wie J. Grimm meinte, geht wohl zu weit, aber die Verwendung des Hochdeutschen einerseits gegenüber dem Latein, andrerseits gegenüber niederdeutschen Schriftdialekten hat zweifellos durch die Reformation einen starken Auftrieb erfahren, und die Kernlandschaft für die Einwirkung war die ostmitteldeutsche.

1.3 Die Quellen des Frühneuhochdeutschen

§ 11 1.3.1a Textsorten: die Fachprosa

Die direkten Quellen für die sprachliche Erforschung des Frühnhd. sind die Texte dieser Periode (siehe auch § 16–20). Je nach der Textsorte gewinnt man Einblick in andersartige Aspekte und verschiedene Merkmale. Die deutschen Urkunden und Schriften der Kanzleien von Reich, Fürsten, Städten stehen syntaktisch unter dem Einfluß ihrer lateinischen Muster, verwenden nur einen Teil des zeitgenössischen Vokabulars, zeigen aber in ihrer relativen Beschränktheit besonders deutlich in Orthographie und Formen oft Anzeichen von systematischer Regelung durch die Berufsschreiber und auch diachronische Veränderungen. Deswegen konnten in dieser Hinsicht diese «Kanzleisprachen» oder «Geschäftssprachen» öfter als Muster wirken (oben § 9).

Neben Unterhaltungsprosa wird im Frühnhd. die Fachprosa im weitesten Sinn zahlreicher und vielfältiger. Dazu können wir auch das theologisch-religiöse Schrifttum rechnen, wie es Stammler (1966²) in allen Einzelheiten beschrieben hat. Kommentare zu Glaubenslehren, Beichtbücher und Beichtspiegel, wie Heinrich von Langensteins *Erkantnuzz der Sund* (1394, gedruckt 1494), Auslegungen des Vaterunsers, wie die von Thomas Peuntner, Ulrich von Pottenstein (starb 1420), die des Rosenkranzes von Markus von Weida, Tugendlehren, Bibelübersetzungen (§ 169), Perikopenbücher, Ordensregeln, wie die der Augustiner durch Stephan von Landskron (um 1450), Predigten, wie z. B. die von Heinrich Jäck (um 1480), von Geiler von Kaisersberg (1445–1510), Heiligenleben, Erbauungsschriften sind hier zu nennen. Auch Texte der Geschichtsschreibung und des Rechts enthalten Fachprosa im weiteren Sinne. Zu den ersteren gehören Chroniken der deutschen Städte und z.B. die Geschichte des Bauernkrieges in Ostfranken (um 1530; Volk 1967) des Würzburgers Lorenz Fries (1491–1550).

Im engeren Sinne betrifft die Fachprosa, wie G. Eis (1966²) ausführt, die freien Künste (artes liberales), nämlich Trivium (Grammatik, Rhetorik, Dialektik) und das Quadrivium (Arithmetik, Geometrie, Musik, Astronomie) und die Eigenkünste (artes mechanicae), wie Schneiderei, Alchemie, Baukunst, Kriegswesen, Seefahrt, Erdkunde, Handel, Landwirtschaft, Haushalt, Jagd, Heilkunde, Sport und Spiel. Meister Gottfried von Franken schrieb um 1350 sein «Pelzbuch» über die Obstkultur. Ein *Buch der Cirurgia* (Straßburg 1497) erschien von Hieronymus Brunschwig, ein *Spiegel der Arznei* (1518) von Lorenz Frisius (oder Fries, 1490–1532). Meister Eberhart schrieb im 15. Jh. ein Kochbuch (über andere vgl. Feyl 1963, S. 33ff.). Von Johann Kepler (1571–1630) erschienen mathematische, von Albrecht Dürer (1471–1528) einige theoretische, von Theophrast von Hohenheim, gen. Paracelsus (1493–1541) medizinische Schriften (Assion 1973). Texte der Fachprosa sind eine reiche, noch nicht voll ausgewertete Fundgrube für die Lexikologie (vgl. Haage 1975). Handbücher verwenden vielfach die Bezeichnung «Sondersprachen» für den besonderen Wortschatz der Berufe und Stände, der sich in den Texten zeigt: Druckersprache (§ 7), Bergmannssprache, Weidmannssprache, Kaufmannssprache usw. Es ist hier aber nur vom Wortschatz die Rede, nicht etwa von Sozialdialekten.

§ 12 1.3.1b Textsorten: Literaturtexte

Texte der Lyrik, (Volkslieder, Kirchenlieder) und des Kunstepos sind für die frühnhd. Periode nicht von derselben Bedeutung wie für die Analyse des Mhd. Die Reime können aber phonologisch interpretiert werden (§ 43). Satire, Komik, Propaganda haben sich auch in poetischen Texten auf Wortbildung und die literarische Einbeziehung von Wortschatz und Idiomen sozial niedriger Schichten («Grobianismen», § 212) ausgewirkt. Im stärkeren Ausmaß zeigt sich das in der Prosa; hier ist die typologische Spanne besonders weit. Außer der oben erwähnten (§ 11) Fachprosa finden wir z.B. im *Ackermann* des Johann von Tepl (§ 66f.) ausgesprochene Kunstprosa, in der alle rhetorischen Mittel eingesetzt sind. Die spätmittelhochdeutsche Sprache der Mystik reicht bis an den Anfang unserer Periode. Unterhaltende Texte werden zahlreich. Darunter finden wir z.B. Jörg Wickrams *Rollwagenbüchlein* (1553), ferner die Schützenbriefe und die sogenannten «Volksbücher», z.B. *Fortunatus* (1504), das *Lalebuch* (1597). Übersetzungen klassischer und moderner

24

Literaturwerke (Worstbrock 1976) erscheinen von Niklas von Wyle, H. Steinhöwel (§ 177), Simon Schaidenreißer (Odysee, 1537), Johann Spreng (Ilias, 1610), durch Johann von Schwarzenberg (Cicero, 1531).

Von der religiösen Erbauungsliteratur ist die religiös-politische Prosa der Flugschriften und Propagandaliteratur der Reformation und ihrer Gegner im Stile sehr verschieden. Die große Verbreitung von Luthers Schriften hat zur Nachahmung seines Stils und Wortschatzes sogar bei seinen Gegnern geführt. Wirkungsvoll im katholischen Lager waren die Schriften von Thomas Murner.

Im Drama ergibt sich durch die Charakterisierung der sozialen Stellung der Personen oft ein Einblick in die soziale Sprachschichtung, also z. B. im Gebrauch von gesprochener Mundart gegenüber Hochdeutsch (§ 4) in den Dramen von Herzog Heinrich-Julius von Braunschweig.

§ 13   1.3.1c Textsorten: Privattexte

Von den Literaturtexten, bei deren äußerer Form nicht nur der Verfasser, sondern auch die Mitwirkung des Setzers oder Abschreibers in Betracht gezogen werden muß, sind gewisse «Privattexte» zu trennen, die nicht zur Verlautbarung oder Veröffentlichung bestimmt und oft nicht von Berufsschreibern verfaßt wurden. Dazu gehören Briefe, Schreiben, Konzepte, Tagebucheintragungen und ähnliche schriftliche Aufzeichnungen, die ein Bild der sprachlichen Entwicklung außerhalb der Literatur im engeren Sinne ergeben können. Die Entwicklung von solchen Privatnotizen zu Privatchroniken, Reisebeschreibungen wie z. B. die Balthasar Springers (Götze 1942, 62 ff.) u. dgl. kann auch einen Schritt in die Öffentlichkeit bedeuten. Dann aber neigt der verwendete Schriftdialekt zu mehr mundartlichen Zügen als in anderen Texten, vgl. z. B. des Kaufmanns Hans Ulrich Krafft (1550–1621) autobiographische Schrift oder die Denkwürdigkeiten der Kottannerin (1450; unten § 225). Lehrreich ist der Vergleich zwischen dem Stil zweier Privatbriefe Kaiser Maximilians I. von 1490, von denen einer eigenhändig geschrieben wurde, der andere Kanzleistil darstellt (Eggers 1969, S. 101 ff.).

§ 14   1.3.1d Grammatische Texte

Für die Analyse der Sprache besonders wichtig sind die zeitgenössischen Beschreibungen (§ 42). Aus der Verwendung des Deutschen als Geschäftssprache ergab sich nach lateinischem Muster die Abfassung von orthographischen und rhetorischen Anweisungen (Jellinek 1913, S. 40 f.). Ende des 15. Jhs. beginnen die Angaben der Lese- und Schreibmeister über Laute und Schreibung, im 16. Jh. erscheinen die ersten, noch lateinisch geschriebenen vollständigen drei Grammatiken, erst im 17. und 18. Jh. solche auf deutsch. Die frühnhd. Anleitungen zum Verfassen von

Gedichten, die Poetiken, geben auch durch ihre Besprechung von Akzent, Metrum und Reimen Material für die Lautlehre (§ 42). Von Opitz' berühmtem Buch (Opitz 1624, unten § 186) war bereits die Rede. Andere Poetiken stammen von August Buchner (1591–1661), einem Professor in Wittenberg, von G.Ph. Harsdörffer (1607–1658) und von den Schlesiern J.P. Titz (1619–1689) und Andreas Tscherning (1611–1659). Titz und Philipp von Zesen (1619–1689) schrieben Reimwörterbücher.

In diesen Beschreibungen der Lesemeister werden Aussprachen der Buchstaben beschrieben, empfohlen oder verurteilt. Aus der Herkunft und Mundart des Verfassers und dem Druckort ergibt sich meist die Einstellung zu den verschiedenen Schriftdialekten. Auch aus Quellen, die selbst keine weiteren Beschreibungen liefern, z. B. Vorreden oder gelegentlichen Anmerkungen, lassen sich Äußerungen zur sprachlichen Lage der Zeit und den Schriftdialekten verwenden, z.B. Niklas von Wyles (1410?–1478) Brief an einen ehemaligen Schüler, der in seinen *Translatzen* (1478) abgedruckt ist. Die Beiträge der Lesemeister finden wir bequem in dem Band von Johannes Müller (1882) zusammengestellt, z. B. das *Exercitium puerorum grammaticale* (1491), die Angaben von Joh. Coclaeus (1511), Johannes (Turmair) Aventinus (1512), die auch Morphologisches als Hilfe zum Lateinunterricht geben, Ch. Huebers *Modus legendi* (1477), die Beschreibungen von Valentin Ickelsamer, Johann Kolroß, Fabian Frangk, Peter Jordan (1533), J.H. Meichßner, Ortholph Fuchßperger (1542). Zu diesen Quellen gehören auch *Eyn Nutzlich buchlein* von Meister Hans Fabritius (1532) und *Teutsches Syllabierbuchlein* von Sebastian Helber (1593).

Die drei vollständigen Grammatiken des Deutschen im 16. Jh. sind die des Straßburgers Albert Ölinger von 1573, des Ostfranken Laurentius Albertus (Ostrofrancus) von 1573, des Johannes Clajus (Hirtzbergensis) von 1578. Die 1607 in Basel erschienene *Teutsche Orthographey vnd Phraseologey* von Johann Rudolf Sattler empfiehlt nicht mehr die Basler Mundart.

Das 17. Jh. bringt die lateinisch geschriebenen Grammatiken des Deutschen von Stephan Ritter (1616), Heinrich Schöpf (1625), Johann Becherer, Christoph Helwig (1619); auf deutsch die Grammatiken von Johannes Kromayer (1576–1643), der den Einfluß der Ideen des Wolfgang Ratichius zeigt, von Jacob Brücker (1620), Johannes Werner (1629), Tilemann Olearius (1630), Christophorus Achatius Hager (1639, 1640). Im Rahmen der Bestrebungen der Fruchtbringenden Gesellschaft erschien Christian Gueintz' (1592–1650) *Deutscher Sprachlehre Entwurf* (1641), die von der Köthener *Allgemeine Sprachlehr* von 1619 beeinflußt ist. Am einflußreichsten waren die grammatischen Werke von Justus-Georgius Schottelius (1612–1676; unten § 89). Später erschienen Werke von Johannes Girbert (1653), Christian Pudor (1672), Johann Ludewig

Prasch (1637–1690), Johann Bellin (1618–1660), Johann Bödiker (1641–1695); Kaspar Stielers *Kurze Lehrschrift* (1691) folgt im allgemeinen Schottel.

Wertvolles Material zur phonologischen Interpretation liefern die «Reformorthographen», da sie zum Teil bewußt eine Rechtschreibung mit ihrer eigenen und anderer Lautung als Grundlage durchsetzen wollten. Zu ihnen gehören z. B. Paul Schede Melissus (1539–1602; vgl. Jellinek 1913, S. 57f.) und Philipp von Zesen.

Für die Wortforschung (§ 194ff.) sind wichtige Quellen die frühen lateinisch-deutschen Glossare und Wörterbücher, wie im 16. Jh. die von Petrus Dasypodius von 1535 und 1537, Petrus Cholinus und Johannes Frisius von 1541, Frisius von 1556, Joannes Serranus von 1539, Erasmus Alberus von 1540. Für das 15. Jh. vgl. man Guchmann (1969), S. 94f. Das erste ausführliche alphabetische deutsche Wörterbuch, das vom Deutschen ausgeht, war, wie Gilbert de Smet in der Einleitung zum Neudruck ausführt, Josua Maalers *Die Teütsch spraach* (Zürich 1561). Im 17. Jh. ging Georg Henischs Werk, das in Augsburg 1616 erschien, nur bis zum Buchstaben G. Schottel (1663) veröffentlichte als 6. Teil *«Die Stammwörter der Teutschen Sprache»*, dem Kaspar Stielers Wörterbuch (1691) als Muster folgte.

§ 15   1.3.2 Bemerkungen zum Stand der Forschung

In grammatischen Werken, deren Verfasser nicht eine eigene frühnhd. Periode anerkennen, sind trotzdem natürlich die Laute, Formen, Syntax und der Wortschatz des 14., 15., 16., 17. Jhs. behandelt. Das gilt von solchen Handbüchern wie H. Paul (1916–1920), O. Behaghel (1923–1928), auch für W. Wilmanns (1911³) und für das *Deutsche Wörterbuch* (1854–1961) der Brüder Grimm. Systematisch geordnetes Material zur Periode findet sich bei J. Kehrein (1854–56). In den geschichtlichen Darstellungen der deutschen Sprache sind die einzelnen frühnhd. Jahrhunderte, ihre äußere und innere Geschichte behandelt, z. B. bei A. Bach, O. Behaghel, Hugo Moser, F. Tschirch usw., in meinem Buch (Penzl 1975) die Phonologie.

Eine vollständige grammatische Behandlung der ganzen frühnhd. Periode ist noch ausständig. Eine anregende Charakterisierung der Gesamtperiode gab A. Schirokauer (1957), eine wertvolle, gut mit Beispielen illustrierte Beschreibung H. Eggers (1969). Virgil Moser hat eine allgemeine Einführung (Moser 1909) und in einer von H. Stopp und Hugo Moser (1970ff.) fortgesetzten Lautlehre (Moser 1929) überaus reiches phonetisch-orthographisches Material geliefert. Eine gute Beschreibung einzelner frühnhd. Texte gab M.M. Guchmann (1969f.), eine der Sprache des 16. Jhs. R.E. Keller (1978, S. 336–468). Fragen der Lautlehre behandelte K. von Bahder (1890), auch den frühnhd. Wortschatz (Bahder 1925). Eine ausführliche frühnhd. Morphologie, besonders des Verbs, ist das Ziel des von H. Moser, W. Besch, H. Stopp geleiteten Forschungsprojektes in Bonn.

Anthologien haben eine charakteristische Textauswahl gegeben, z. B. A. Götze (1942[3]), K. Brooke (1955) mit englischem Kommentar, J. Erben (Ostmitteldeutsch, 1961); reichlichen Lesestoff bietet G. Philipp (1980). Eine lehrreiche vergleichende Zusammenstellung derselben Textstelle aus dem Propheten Daniel in verschiedenen Schriftdialekten finden wir bei Hans Volz (1963), die Erben (1970) als Grundlage für seine geschickte Beschreibung der sprachlichen Züge des Frühnhd. nimmt. Für das 15. Jh. verwendet W. Besch (1967) die Schriftdialekte der Hss. von Otto von Passaus «Die vierundzwanzig Alten» (1386). N.R. Wolf (1975) vergleicht Graphien und Wortschatz in bairischen, schwäbischen, ostmd. Übersetzungen der Franziskanerregel.

Immer mehr grammatisch kommentierte Ausgaben machen frühnhd. Texte zugänglich. Zarnckes Ausgabe (1854) des *Narrenschiffs* (§ 76) kann immer noch vorbildlich sein. Spezialuntersuchungen haben Aspekte der Kanzleisprache Egers (E. Skála 1967), Kursachsens (G. Kettmann), Kaiser Maximilians (Hans Moser 1977), der Geschäftssprache Dresdens (Fleischer 1966), einer Berliner Hs. aus dem 14. Jh. (G. Feudel), von einzelnen Autoren, wie z.B. Thomas Murner (Philipp 1968), behandelt; bei H. Moser, W. Fleischer, M. Philipp steht hier die Phonologie im Mittelpunkt. Piirainen (1968) verglich die Grapheme von H.U. Krafft mit dem normalisierten Mhd. Bei Luther sind fast alle Aspekte seiner Sprache untersucht worden (Franke 1908, H. Bach 1934, J. Erben 1954).

Es fehlt noch an einem frühnhd. Wörterbuch, dessen Quellen über die von A. Götzes *Glossar* (1967[7]) und sogar Grimms *Deutsches Wörterbuch* hinausgingen. Eine Forschungsgruppe in Heidelberg unter O. Reichmanns Leitung wird diese Lücke füllen können (Anderson u. a. 1977).

Für die Beurteilung zeitgenössischer grammatikalischer Beschreibungen und ihres Materials (§ 14) ist M.H. Jellineks klassisches Werk (Jellinek 1913f.) vorbildlich und grundlegend. Wir sehen, es mangelt nicht an Hilfsmitteln, die für die Erforschung des Frühnhd. bereits zur Verfügung stehen, doch sind noch manche Lücken zu verzeichnen. Es fehlen z.B. umfassende Darstellungen der einzelnen frühnhd. Schriftdialekte, also der landschaftlichen Entwicklung im Bairischen, in Österreich, in der Schweiz usw. Zur gesamten Forschungsliteratur über das Frühnhd. vgl. man Roloff (1979), S. 66ff.

1.4 Die Texte des Bandes

1.4.1 Zur Texttypologie

§ 16 1.4.1a Grammatische Fachprosa

Wir haben oben ausgeführt, daß einzelne Textsorten für verschiedene sprachliche Aspekte des Frühnhd. besonders wichtig sein können. Wir wollen deshalb unsere Auswahl begründen, schon um die Eigenheiten unserer Beispieltexte im Gesamtrahmen besser hervortreten zu lassen. Als «Fachprosa» (vgl. § 206) ist nur die Grammatik vertreten, zu der wir in einem weiteren Sinne auch Äußerungen zur Sprachkritik und Sprachpflege rechnen können: die Texte von Opitz (§ 186), Schottel (§ 89), Dornblüth (§ 98). Die Annahme ist berechtigt, daß durch solche Texte die innere Entwicklung der Sprache durch negative und positive Muster beeinflußt werden konnte. Das geht weit über etwa eine Bereicherung des Wortschatzes durch die Bildung und Verwendung von grammatischen Kunstwörtern hinaus. Von diesen bemerken wir z. B. bei Opitz: *eigentliche Namen, endung, zierligkeit, zusammensetzung* (§ 186); bei Schottel *Ausrede, Buchstabe, Haubtsprache, Laut und Tohn, Lehrsatz, Muttersprache, Sprachkunstmässig* (§ 89); bei Dornblüth *Böcke, Französßlen, Redkunst* (§ 98). Schon die Anwendung dieser Worte auf deutsche Textteile zeigt eine Änderung der spätmittelalterlichen Einstellung zum Deutschen.

§ 17 1.4.1b Kanzleisprache

Wir bringen nur e i n Beispiel der Geschäfts- und Kanzleisprachen der Zeit, nämlich einen späteren Text aus Maximilians Kanzlei (§ 230). Weitere Beispiele der kaiserlichen Kanzleisprache finden sich (vgl. oben § 15) bei Götze (1942), Eggers (1969), H. Moser (1977). Die Rolle der kaiserlichen Kanzlei ist als Faktor in der Entwicklung einer Gemeinsprache oder einer Schriftsprache aus den Schriftdialekten zuerst von der Forschung überschätzt worden (§ 3.2). Das mag mit der Beziehung eines wohlgeformten Typs in der Prager kaiserlichen Kanzlei zu der Kunstprosa eines Heinrich von Mügeln, Johann von Neumarkt und Johannes von Tepl (vgl. *Ackermann* § 66), der damaligen Unkenntnis des Gebrauchs anderer Kanzleien, etwa der von Eger, Nürnberg oder in Sachsen, oder damit zusammenhängen, daß man vielleicht unbewußt der Verwaltungssprache des Regierungssitzes des Reiches eine parallele Rolle zu der von Paris oder London in der französischen und englischen Sprachgeschichte zuschreiben wollte. Aus gewissen heterogenen, d.h. oberdeutschen und mitteldeutschen Zügen ergab sich die Annahme eines Kompromißdialektes. Dann konnte man darauf hinweisen, daß auch später die Sprache einer anderen kaiserlichen Kanzlei, nämlich Maximilians, öfter als Muster hingestellt wurde (oben § 9). Die für einen Habsburger ungewöhnliche, dem Deutschen freundliche Einstellung Maximilians und seine literarische Tätigkeit, wie die Mitarbeit am *Teuerdank,* regten wohl mit zu dieser Einschätzung an. Luthers Ausspruch in den *Tischreden* paßte gut zu dieser Bewertung: seine Erwähnung der kursächsischen und der kaiserlichen Kanzlei als Muster bezog sich natürlich nur auf die äußere Form, auf Orthographie und Formenlehre, aber nicht auf Syntax und Wortschatz.

§ 18 1.4.1c Gereimte Denkmäler

In lyrischen Texten zeigen sich im Zeitalter des Barock, also im 17. Jh., charakteristische Züge des Frühnhd., vor allem in der Wortbildung (§ 211). Die mhd. Tradition des Minnesangs fand im frühnhd. Meistersang ihre Fortsetzung. Ein Dichter wie Oswald von Wolkenstein (um 1377–1445) führte formal die mittelalterliche Tradition weiter, doch sind seine Gedichte in Inhalt und Wortschatz, auch phonologisch schon recht neuzeitlich. Nicht nur phonologisch gehört Heinrich Wittenweilers «*Ring*» (§ 217) in unsere Periode. Die satirisch-komische Behandlung und bäuerliche Parodierung der Institutionen des Rittertums, wie z. B. des ritterlichen Zweikampfs, Turniers, des «Minne»dienstes, macht sein Epos mit den heroischen Reimpaaren recht unmittelalterlich. Das gleiche gilt von Brants *Narrenschiff* (§ 76), dessen mundartlicher Schriftdialekt trotz mhd. Langvokale und Reimpaare durchaus nicht an die gepflegte mhd. Hochsprache erinnert. Das gereimte Kurzepos Fischarts (§ 181) ist auch phonologisch schon frühnhd.

Das Drama, eine im klassischen Mhd. noch nicht vertretene Gattung, gibt durch die Wiedergabe von Sprechakten handelnder Personen verschiedenen Standes Gelegenheit zum Einbeziehen der Alltagsprosa in ihrer sozialen Schichtung. Das ist der Wert der Stelle aus einem Fastnachtsspiel von Hans Sachs (§ 235), in dem aber wohlgemerkt die Personen als Bauern, nicht also etwa als Stadtbewohner, als Bürger, gekennzeichnet sind.

§ 19 1.4.1d Weitere Prosatexte

Außer der oben genannten Fachprosa (§ 16) haben wir unter unseren Texten nur Beispiele von Kunstprosa. Rein äußerlich in Druckbild und Interpunktion wirkt besonders der Fynerdruck des *Ackermann* aus Esslingen (§ 67) noch etwas primitiv, inhaltlich zeigt die rhetorisch gegliederte Syntax und kunstvolle Wortbildung einen frühen, später selten erreichten Höhepunkt des Prosastils. Auf viel frühere Vorlagen aus dem 14. Jh. geht die von Mentelin (1466) gedruckte Bibelübersetzung zurück, die die Reihe von frühnhd. Bibeldrucken eröffnet (§ 169). Die Übersetzungsprosa Steinhöwels (§ 177) kann die lateinische Vorlage nicht verleugnen. Stark mundartliche Züge zeigen sich im Schriftdialekt von Grimmelshausen (§ 240).

Die Einwirkung der Mundart ist in Privatbriefen, Tagebüchern und ähnlichem (vgl. oben § 13) zu erwarten. Die autobiographische Erzählung der Helene Kottannerin (§ 225) hat stark landschaftliche Züge, wenn auch das Schriftbild der Hs. es unmöglich macht anzunehmen, daß wir hier ihre eigenen Aufzeichnungen erhalten haben. Der Fall der Herzogin Liselotte von der Pfalz (§ 191), der kein deutschsprachiger Sekretär zur Verfügung stand, ist deswegen interessant, weil ihre persönliche Geschichte bei ihr den in der Zeit üblichen Einfluß der Fremdsprache, nämlich des Französischen (§ 5), noch verstärken mußte.

Unter den in unseren Texten vertretenen Schriftdialekten (§ 6) fehlen einige Typen. Zwei davon stehen außerhalb der Hauptentwicklung, nämlich der westmitteldeutsche, z. B. der Kölner Typ, auch der hochalemannische Zürichs und Berns, z. B. der von Niklaus Manuel (1484–1530). Zur Erforschung aller Einzelheiten der frühnhd. Sprachgeschichte müßte man ein Textkorpus wie das des Bonner Projekts von Moser-Besch-Stopp verwenden (vgl. Graser und Hoffmann 1973 und H. Stopp 1976, S. 27ff.), das nach 5 Großräumen, 7 Zeitperioden von 1350 bis 1700 und 9 Textgattungen eingeteilt ist.

§ 20   1.4.2 Die Überlieferung der Texte

Textkritik zur Wiederherstellung des vom Verfasser gewollten Texts ist mehr eine literaturwissenschaftliche Aufgabe. Für sprachliche Interpretation können Abweichungen vom ursprünglichen Text durch landschaftliche Eigenheiten der Schreiber oder Setzer genauso wichtig sein wie die ursprüngliche Originalversion. Jede Art von Änderung oder «Normalisierung» eines Textes durch einen Herausgeber ist aber für den Sprachforscher nur eine Verschlechterung des sprachlichen Beobachtungsmaterials, die ihm bloß eine neuerliche, diesmal gar nicht produktive Schwierigkeit in der Analyse bereitet, denn die Praxis und Vorurteile mancher modernen Herausgeber können sich nur negativ auswirken. Es können bei der Veröffentlichung typographische, also finanzielle und technische Faktoren zu gewissen Änderungen zwingen. Man könnte freilich behaupten, daß didaktisch ein falsches Bild des Korpus gegeben wäre, wenn man dem Leser ausnahmslos etwa nur photographisch genaue Reproduktionen der frühnhd. Texte gäbe. Man muß ja in der frühnhd. Periode auch mit veränderten Texten arbeiten können, denn so stehen sie meist am bequemsten zur Verfügung. In der Übertragung von Handschrift zum Druck oder vom Druck zum Neudruck sollten natürlich keine irgendwie wichtigen Züge des Textes verlorengehen.

Wir sind beim *Ackermann* (§ 66, 67), dem *Narrenschiff* (§ 76), bei Luther (§ 82), Opitz (§186), Schottel (§ 89) Faksimiledrucken gefolgt. Für den Dornblüthtext (§ 98) konnte ich das Original selbst, das die Bancroft Library der Universität in Berkeley (Kalifornien) besitzt, heranziehen. Die Texte von Mentelin (§ 169), Steinhöwel (§ 177) beruhen auf den Originalen, die von Fischart (§ 181), Hans Sachs (§ 235), Grimmelshausen (§ 240), Liselotte (§ 191) auf Neudrucken. Die Hss. von Wittenweilers «Ring» (§ 217), der Kottannerin (§ 225) und des kaiserlichen Schreibens (§ 230) konnten mit dem Druck verglichen werden. Herausgeber von Neudrucken haben leider stets geglaubt, wenigstens die Interpunktion der Texte «verbessern» oder hinzufügen zu müssen (§ 23).

2. Frühneuhochdeutsche Phonologie

2.1 Frühnhd. Orthographie und Laute

§ 21   2.1.1 Allgemeines zur Anordnung

Die Untersuchung der Sprache einer Periode erfordert die Analyse und Beschreibung der sprachlichen Merkmale ihrer Texte. Wir haben oben (§ 16–19) unsere Auswahl frühnhd. Texte beschrieben und zu begründen versucht.

Die synchronischen Beschreibungen der Sprache dieser Texte können wir miteinander vergleichen und so auch eine diachronische Beschreibung gewinnen, in der wir die Veränderungen von Schreibung und Lautung, von Formen, Formgruppen, Satzstruktur, Wortschatz behandeln. Die Annahme einer «Periode» verlangt schon die diachronische Eingliederung in die Gesamtentwicklung der Sprache. Als Ausgangspunkt haben wir die Sprache der mhd. Handschriften, als absoluten Endpunkt das Nhd. unserer Zeit, das wir direkt beobachten können. Das Nhd. des 18. Jhs. ist der unmittelbare Endpunkt des Frühnhd. Wir wollen so verfahren, daß wir zunächst Phonologie (2.), dann Morphologie und Syntax (3.), zuletzt den Wortschatz (4.) in den frühnhd. Texten behandeln, wobei wir zuerst die allgemeine Entwicklung beschreiben, dann an Hand von Textbeispielen auf die einzelnen Erscheinungen genauer eingehen.

Wir beginnen mit dem Lautsystem, der Phonologie. Die wichtigste, oft einzige Quelle der historischen Phonologie sind die Schreibungen, also müssen wir zuerst die «Graphematik» der Texte untersuchen. Im Frühnhd. sind ja Orthographie als System (§ 22) und die individuellen, d. h. gelegentlichen und «umgekehrten» Abweichungen davon oft die charakteristischsten Merkmale der verschiedenen Schriftdialekte. Schreibungen und ihre Veränderungen ermöglichen uns die Erkenntnis der Lautwandlungen (§ 37 ff.). Weitere Beobachtungen zu Lautsystem und Lautwandel liefern uns die orthoepischen Zeugnisse der Grammatiker (§ 42) und die Reime in der Poesie (§ 43). Nach dieser Besprechung von Quellen und Behandlungsmethoden folgen die Beschreibungen der wichtigsten vokalischen (§ 44 ff.) und konsonantischen (§ 55 ff.) Lautwandlungen innerhalb der frühnhd. Periode. In fünf zeitlich auseinanderliegenden Texten von 1400 (*Ackermann,* § 66 f.), 1494 (Brant, § 76), 1524 (Luther, § 82), 1663 (Schottel, § 89), 1755 (Dornblüth, § 98) werden dann die besprochenen Methoden, Eigenheiten und historischen Ereignisse näher ausgeführt und behandelt.

Aus der Schreibung kann man zur Lautung vordringen. Zuerst müssen wir also alle orthographischen Eigenheiten der Texte untersuchen, bevor wir phonologische Folgerungen ziehen können. Das prinzipielle Verhältnis von «Graphematik» und Phonologie wird erörtert (§ 22). Für die Syntax ist die Interpunktion der Texte wichtig (§ 23). Graphische Eigenheiten in Texten sind die Worttrennung (§ 24), auch die Verwendung von Abkürzungen (§ 25) und die Großschreibung (§ 26). Dann werden die Vokalzeichen (§ 27) und Konsonantenzeichen (§ 32–34) des Frühnhd. besprochen. Allgemeine Bemerkungen über das Verhältnis von Schreibung und Lautsystem in den Schriftdialekten schließen das Kapitel (§ 35f.).

§ 22   2.1.2 Graphematik und Phonologie

Die Forschung der letzten Jahrzehnte hat sich auch aufs neue mit dem Verhältnis Schriftzeichen : Phonem beschäftigt (Penzl 1972, S. 43ff.), was wohl die wichtigste Frage der historischen Phonologie darstellt. Das von der transformationellen Generativistik («TG») totgesagte Phonem erfreut sich natürlich eines blühenden Lebens. Nach der klassischen Theorie der Phonologie (z. B. bei N. S. Trubetzkoy) verstehen wir unter Phonem distinktive, gegenseitig kontrastierende Einheiten im Lautsystem einer Sprache. Die Definition enthält also den Bezug auf ein System, eine Struktur (engl. *pattern*). Die Opposition im System erfolgt durch distinktive Merkmale wie lenis/fortis, stimmhaft/stimmlos u. dgl. Die «Realisierung» der Phoneme erfolgt in phonetischen Varianten, den sogenannten Allophonen. Diese sind phonotaktisch, also durch die Phoneme der Umgebung, die Stellung in Silbe, Morphem, Satz und Text, auch prosodisch oder durch die Kommunikationsabsicht des Sprechers bestimmt. Was der Hörer und Instrumente in der Gegenwart direkt erfassen können, ist uns für die Vergangenheit nur durch den Niederschlag in Schreibungen verfügbar. Die Annahme, daß, abgesehen von «freier Variation», einer Folge von Allophonen immer eine einzige, einmalige Folge von Phonemen und einer Folge von Phonemen eine einmalige Folge von Allophonen entsprechen, hat man auf die Beziehung der alphabetischen Grapheme zu den Phonemen übertragen. Es stellt eine meist nicht ausgesprochene Arbeitshypothese für die relativ ältesten Sprachperioden ohne starke Schreibtradition dar, daß die Schreiber die gleichen Phoneme, d. h. für sie distinktiven Lauteinheiten, im allgemeinen mit denselben Schriftzeichen schreiben wollten. Psycholinguistische Erwägungen, die hervorheben, daß sich naive Sprecher der Allophone trotz starker phonetischer Verschiedenheit überhaupt nicht bewußt sind, haben dazu geführt, daß man die Wiedergabe von Allophonen durch andere Schriftzeichen nur als große Ausnahme gelten läßt, etwa unter dem Einfluß von Zweisprachigkeit mit fremdsprachiger Schreibgewohnheit. Das bedeutet vielleicht, daß wir überhaupt darauf verzichten müssen, auch historische Allophone allein aus der Schreibung erkennen zu wollen.

Die jüngste Forschung hat die Schriftzeichen meist nach ihrer Beziehung zu Phonemwiedergabe und Phonemsystem klassifiziert. Schon die Terminologie wie «Graphetik» neben «Graphemik» (Graphematik), «Graph» neben «Graphem» zeigt die Parallele zu Phonetik und Phonemik (Phonologie), Phon und Phonem. Es wäre natürlich durchaus möglich, alphabetische Schriftzeichen überhaupt nur rein graphisch, ohne Bezug auf ihre Lautung zu beschreiben und zu untersuchen. Wir können wohl das rein Graphische von der Funktion der Zeichen trennen, dürfen uns aber damit nicht begnügen. Unter einem «Graphem» eines Textes (also «homographisch») verstehe ich alle Varianten desselben Buchstabens mit gleichem Lautwert: also alle «graphotaktischen» Varianten wie Anlauts-, Inlauts- und Auslautsform, Majuskel und Minuskel, Fraktur- und Antiquaform im Druck usw. Was als der gleiche Laut zu lesen ist, ist dasselbe Graphem. Deutlich ausgeprägte Stellungsvarianten zeigte z.B. das deutsche ⟨s⟩: das «runde» Schluß-s im Auslaut und das «lange» s im Anlaut und Inlaut. Ich betrachte es, nebenbei bemerkt, als überflüssig, die traditionellen Stellenbezeichnungen Anlaut, Inlaut, Auslaut etwa durch Neuerungen wie Anschrift, Inschrift, Ausschrift oder gar durch fremde Umschreibungen wie «initiale, mediale, terminale Stellung» zu ersetzen; terminologischer Purismus gegenüber einer maßvollen wissenschaftlichen Metaphorik ist nicht immer eine Tugend.

Die Parallele Graphem:Phonem ist nützlich, schon da dies unterstreicht, daß auch Grapheme bei jedem Schriftdialekt ein System mit Einheiten und Varianten darstellen. Oft stellen gerade in der frühnhd. Periode solche orthographischen Zeichenstrukturen in den Texten charakteristische Merkmale dar, denen nicht immer in der phonemischen Ebene Paralleles entspricht. Im folgenden wollen wir stets die verwendeten Zeichen für Vokale (§ 27 ff.) und Konsonanten (§ 32 ff.) untersuchen. Von der diachronischen Interpretation ihrer Verschiedenheiten ist auch unten (§ 37 ff.) die Rede. Unsere phonemischen Deutungen beruhen stets auf graphemischer Analyse, mit der wir uns aber nicht begnügen können.

§ 23 2.1.3a Die Interpunktion

Die Interpunktion, d.h. die Verwendung von «Satzzeichen» wie Punkt (.), Beistrich (,), Strichpunkt (;), Doppelpunkt (:), Fragezeichen (?), Ausrufezeichen (!) drückt in nhd. Texten die syntaktische Gliederung nach Wortgruppen, Haupt- und Nebensätzen und dem Satztypus (Fragesatz, Aussagesatz) aus. Es werden auch so Hinweise auf die gewünschte Intonation des Lesers gegeben, ob sie weiterweisend oder abschließend, fragend, emphatisch oder feststellend sein soll. Ein typisch frühnhd. Satz-

zeichen ist die Virgel (/), die in Hss. und Drucken des 14., 15. Jhs. über-
wiegt (vgl. zu Luther § 83). Der Beistrich (Komma) kommt in deutschen
Drucken erst ab Mitte des 16. Jhs. an Stelle der Virgel vor allem nach
Wörtern im Antiquadruck vor.

Texte früherer Perioden sind vielfach mit der Interpunktion der Herausgeber versehen worden (vgl. § 20), die nach ihrer Interpretation des
Inhalts Satzteile und Satzreihen zusammenfügten oder trennten, um Lese-
hilfen zu schaffen. Wie bei allen Normalisierungen bringt auch dieses die
Gefahr des Mißverstehens und der Unterdrückung oder Vergröberung
sprachlicher Züge des Originals. Niklas von Wyle († 1478) besprach in
Vorreden zu seinen *Translatzen* (1462, 1478) den Gebrauch der frühnhd.
Satzzeichen (Götze 1942, S. 16ff.), ebenso Heinrich Steinhöwel (§ 177)
im Schlußkapitel seiner Übersetzung von Boccaccios *De claris mulieribus*
(Götze 1942, S. 22f.).

Der Pfisterdruck des *Ackermann* (§ 66) zeigt nur Punkte, die besonders
rhetorische Pausen anzuzeigen scheinen, und Abteilungszeichen (=) am
Zeilenende. Die Stelle aus dem Basler Druck des *Narrenschiffs* (§ 76)
hat in ihren Verszeilen nur elf Virgeln. Im Wittenberger Druck von Luthers
Sendschreiben (§ 82) und bei Schottel (§ 89) haben wir vor allem Virgeln
neben dem Punkt. Mentelin (§ 169) und Steinhöwel (§ 177) zeigen
Punkt, Virgel, Doppelpunkt, Fragezeichen; Dornblüth (§ 98) hat Beistrich, Strichpunkt, Punkt.

§ 24 2.1.3b Worttrennung

Ein wichtiger Typ der deutschen Wortbildung ist die Zusammensetzung
(Komposition) (§ 200). Als sichtbares Zeichen für die abgeschlossene
Entwicklung aus einer Wortgruppe zu einem einheitlichen Wort kann die
Zusammenschreibung gelten, die auch einen einheitlichen Wortakzent
nahelegt. Aber das selbständige Vorkommen der Teilformen oder die
Akzentuierung läßt oft frühnhd. getrennte Schreibung bestehen: z. B.
wider red (*Ackermann*, § 66), *vmb keren* (Brant, § 76). Zusammenschreibung und Trennung von Wortformen zeigen noch bis ins 17. Jh. keinen
geregelten Gebrauch (Moser 1929, S. 10). Das gilt übrigens auch für die
Morphemtrennung am Zeilenende: z. B. bei Mentelin (§ 169) *gehei=ligt,
versûch=ung*.

§ 25 2.1.3c Abkürzungen

In lateinischen und auch in mhd. Hss. war es üblich, gewisse häufige Wörter abgekürzt zu schreiben. Das hat sich noch in frühnhd. Drucken erhalten: z. B. *vñ* für *vnd*, *vm̄* für *vmb*, *dz* für *daz (das)* u. dgl. Ein nachgesetzter
Punkt oder Doppelpunkt bei einem Wort bedeutet, daß es abgekürzt

36

wurde. Konzepte zu Urkunden zeigen besonders viele Kürzel (vgl. Kettmann 1967, S. 149).

Ein Strich oberhalb der Zeile bedeutet Nasal: *spottē* 'Spotten', *dē* 'dem' (*Ackermann,* § 66, 4, 182). Die Phonemfolge *er* wird manchmal durch ein *s*-artiges Zeichen über der Zeile oder eine kleine Wellenlinie ausgedrückt: d^s 'der'. Auch *-en* wird oft in Hss. abgekürzt (vgl. § 226.1, 231.1). Man vergleiche auch dazu Cappelli (1901), Sturm (1961), Grun (1966).

§ 26 2.1.4 Großschreibung

Im Laufe der frühnhd. Zeit wird die Wahl von Großbuchstaben (Majuskeln, Versalien) statt Kleinbuchstaben (Minuskeln) zu einem charakteristischen Merkmal der Texte. Die Entwicklung läßt sich gut verfolgen (vgl. Hagemann 1876). Zuerst finden wir die syntaktische Großschreibung: das erste Wort eines Satzes oder Satzgefüges, auch eines Satzteils, vor dem ein Satzzeichen steht (§ 23 oben), wird groß geschrieben. Mittelalterliche Hss. gaben oft Strophenanfängen der Lieder solche Großbuchstaben, auch wenn die Strophen sonst nicht abgeteilt geschrieben waren. In den Drucken stehen Großbuchstaben am Anfang der Verszeilen (bei Brant, § 76). Manchmal erscheint eine Majuskel als rein graphische, nichtdistinktive Zeichenvariante, z. B. im Inlaut: *kungInn* in der Hs. der Kottannerin (§ 226.1).

Als nächste Phase finden wir die Großschreibung von Gott, von Eigennamen, besonders bedeutender Personen, auch von Ländern, Ortsbezeichnungen, später von Titeln der Texte. Andere Substantive werden nun groß geschrieben, wenn sie hervorgehoben werden sollen.

Die letzte Phase ist die regelmäßige Großschreibung aller Substantive. Hier besteht noch Schwanken bis ins 18. Jh., zum Teil noch länger, wenn es sich um Substantivierungen handelt (vgl. Penzl 1980, S. 201, 254), z. B. beim Infinitiv (*das Lesen*), Adjektiven (*das Böse*) oder umgekehrt bei Pronomen in substantivischer Funktion oder wenn das Wort in festen Wendungen seinen Substantivcharakter verloren hat.

Syntaktische Großschreibung finden wir im Pfisterdruck des *Ackermann* (§ 66), bei Mentelin (§ 169), auch im allgemeinen bei Steinhöwel (§ 177). Der Fynerdruck des *Ackermann* (§ 67) hat selten Großbuchstaben, mit Ausnahme des Buchstabens F. Bei Brant (§ 76) steht die Majuskel außer dem Anfang der Verszeilen auch bei Eigennamen.

2.1.5 Die Vokalzeichen

§ 27 2.1.5a Zeicheninventar und Lautsystem

Seit ahd. Zeit sind die Vokalzeichen des lateinischen Alphabets mit ihren traditionellen Werten ein Teil der deutschen Rechtschreibung. Wir finden also ⟨i e a o u y⟩. Die Variation der Grapheme, wie sie die Schreiber-hände der Hss. zeigen, ist mit der Erfindung beweglicher Lettern durch Gutenberg im 15. Jh. eigentlich nicht beseitigt: wir finden Drucktypen mannigfacher Größe und Gestalt (vgl. § 22 oben). Die Wahl von Groß-buchstaben ist syntaktisch, dann auch lexikalisch (§ 26 oben), die von Antiqua statt Fraktur im deutschen Text nur lexikalisch bedingt (§ 204).

Als Zeichenvariante wird ⟨v⟩ neben ⟨u⟩, ⟨j⟩ neben ⟨i⟩ frühnhd. regelmäßig im Anlaut gebraucht: *vff, jn* (Brant, § 77.2). Für die Wieder-gabe deutscher Laute reichen aber die einfachen lateinischen Vokalzeichen nicht aus: das Deutsche hat mehr als sechs Vokalphoneme und hat Vokal-typen, die dem Lateinischen unbekannt sind. Die Zeichenvermehrung im Ahd. und Mhd. beruhte auf Modifizierung von fünf Grundzeichen und auf deren Verbindung. ⟨y⟩, ein griechischer Fremdling im lateinischen Alpha-bet, wurde vor dem Frühnhd. nur gelegentlich verwendet. Die Bezeich-nungen, auf die es ankommt, sind die von Lang- gegenüber Kurzvokalen, von Umlautvokalen, von Diphthongen (§ 28, 29, 31 unten).

§ 28 2.1.5b Langvokale

Zur Bezeichnung des Langvokals in Opposition zum Kurzvokal finden wir Akzentzeichen, z. B. Zirkumflex, schon bei Notker im Ahd. und oft in mhd. Hss. ⟨â ê î ô û⟩, auch Zeichenverbindung, nämlich Doppelschrei-bung ⟨aa ee oo⟩. Bei Wittenweiler (§ 217) gibt es noch Schreibungen mit Zirkumflex: *spât.* Sonst findet sich im Frühnhd. Akzentuierung als Längebezeichnung nur ganz ausnahmsweise, z. B. in der «Reformortho-graphie» eines Philipp von Zesen; von Doppelschreibung (*aa ee*) wird gelegentlich Gebrauch gemacht. Die Bezeichnungsmittel sind vor allem für die Kürze Verdopplung des Folgekonsonanten (§ 34.1), für die Länge Verwendung von ⟨h⟩ und von ⟨ie⟩ für [i :].

§ 29 2.1.5c Umlautvokale

Die mittleren und hohen Umlautvokale, d. h. lang und kurz *ö ü* allein und in Diphthongen, wurden ahd. ganz ausnahmsweise und unsystematisch, mhd., vor allem in den normalisierten Textausgaben, durch Modifizierung der Grundzeichen ⟨o u⟩ und «umgekehrt» durch das Resultat des Zusammen-falls (von ü:) mit *iu* als ⟨iu⟩ (für [ü:]) wiedergegeben. Modifizierung ist auch im Frühnhd. vor allem üblich: wir finden für mhd. *ü* z. B. *ú ů ü,* oft *u v* (*vber, vbel*). Mangel an distinktiver Umlautbezeichnung, z. B. in Pfisters *Ackermann* (§ 66), ist natürlich nicht mit Nichteintreten des Umlauts zu verwechseln: obd. *brucke* neben md. *brücke, nutze* neben *nütze* (Penzl 1975, S. 104). ⟨y⟩ wurde meist nur für [i], [i:] verwendet.

§ 30 2.1.5d *e*-Laute

Zur Unterscheidung der *e*-Laute (§ 50) bot sich neben dem Grundzeichen ⟨e⟩ seit mhd. Zeit modifiziertes *a* ⟨å ä⟩ oder die Verbindung *ae*, auch als Ligatur ⟨æ⟩ an. In der Rechtschreibung gerät die Tendenz zu einer morphologischen «etymologischen» Schreibung mit modifiziertem *a* bei dem Wechsel mit *a*-Formen (nhd. *Gast/Gäste, war/wäre*) teilweise in Konflikt mit einer phonetisch bedingten Tendenz zur Verwendung von ⟨å⟩ für den offeneren gegenüber ⟨e⟩ für den geschlosseneren Laut (historischen Umlautvokal!). Weder Mentelin (§ 169) noch die Drucke des *Ackermann* (§ 66 f.), nicht einmal Luther (§ 82) zeigen irgendwelche *ä*-Schreibungen. Brant (§ 76) hat vereinzeltes *Måtzen*, aber *werens* 'wären sie' usw., Steinhöwel (§ 177) dagegen hat *trågi, kåme* usw.

Die Notwendigkeit der Unterscheidung auch von offenen und mehr geschlossenen velaren Mittellauten, z. B. von lang [ɔ:] und [o:], war mundartlich sehr beschränkt (vgl. § 52).

§ 31 2.1.5e Diphthonge

Bei der Schreibung der ahd. Diphthonge konnten die Schreiber zunächst die beiden vokalischen Grundzeichen in ihrem traditionellen Wert verwenden, also ⟨ie⟩ als [ie], ⟨iu⟩ als [iu], ⟨uo⟩ als [uo]. Mit der späteren Veränderung der zweiten Komponente, z. B. *uo* zu [uə], ging der eindeutige Zusammenhang zwischen Zeichen und Diphthongteilen verloren, und die Digraphie wurde mehr zu einem Zeichen für den ganzen Diphthong. Frühnhd. finden wir bei der Entwicklung der neuen Diphthonge (§ 45) vielfach die graphische Unterscheidung des neuen Diphthongs aus mhd. *î* gegenüber mhd. *ei:* z. B. bei Fischart (§ 181) *leib* und *Rais* usw. Die nhd. Lautwerte [ae] [ao] [oö] stimmen keineswegs mit den Zeichen der Rechtschreibung ⟨ei au eu⟩ überein. Für die zweite, nichtakzentuierte Komponente von Diphthongen findet frühnhd. ⟨y⟩ (*ey ay*), besonders im Silbenauslaut, vielfach Verwendung (Brant: *schleyfft, eyn, eym,* § 76). Auch ⟨w⟩ kommt vor (*aw ew*).

2.1.6 Konsonantenzeichen

§ 32 2.1.6a Das lat. Alphabet im Ahd.

Schon im Ahd. verwendeten die Schreiber die Konsonantenzeichen der lateinischen Orthographie zur Wiedergabe der ahd. Phoneme. Ich gab (Penzl 1971, S. 30) folgende Liste der Zeichen, deren Lautwert sich unmittelbar aus dem des Lateinischen ergibt: Liquide *l r;* Nasale *n m* (oder Strich oberhalb der Zeile, § 25); palataler Halbvokal *i* (*e*); labialer Halbvokal *u uu v*. Die Zeichen der Halbvokale drücken die Beziehung zu den betreffenden Vokalen *i u* aus. Bei den Geräuschlauten (Obstruenten) haben wir Zeichen für die «Medien»: *b* (labial), *d* (dental oder alveolar), *g* (velar), für «Tenues»: *p t c k q* und für stimmlose Reibelaute *f s* und *h*. Die lateinischen Zeichen der Verschlußlaute (Medien und Tenues) deuteten ursprünglich auf Stimmbeteiligung (stimmhaft, stimmlos), nicht auf Artikulation als Lenis oder Fortis.

Für Lautwerte, die das Lateinische nicht kannte, waren an einfachen Buchstaben nur ⟨z k⟩ verfügbar. Auch im Romanischen wurde ⟨z⟩ zum Teil das Zeichen für eine Affrikata. ⟨zz⟩ war bis ins Spätmhd. das Zeichen für den Zischlaut. Zum Lautwert von ⟨k⟩ (Otfrid: *káritas*) im Ahd. vgl. Penzl (1971, S. 87).

Digraphien wie ⟨ph th ch⟩ waren schon ein Teil der lateinischen Schreibtradition, allerdings nur zur Wiedergabe griechischer Entlehnungen. Ihre Verwendung für die labiale Affrikata (ahd.), bzw. dentalen Reibelaut (ahd., altsächs., altengl.), die palatale oder velare Spirans oder die velare Affrikata lag nahe. Doppelschreibung für lange oder Fortislaute ergab sich aus der phonotaktischen Verwendung für zwei Phoneme, z. B. als Nachbarlaute in einer Zusammensetzung: also entstand ⟨ff⟩ aus wirklichem /ff/.

§ 33   2.1.6b Lateinische Zeichen im Mhd., Frühnhd.

Während der mhd. und frühnhd. Periode konnten fast alle, die auf deutsch schrieben, gleichzeitig auch lateinisch schreiben, also bleiben wie im Ahd. die Lautwerte der lateinischen Buchstaben der Ausgangspunkt für die Wiedergabe der deutschen. Ein Faktor tritt z. T. schon im Ahd. bei der Zeichenwahl hinzu, nämlich die Lautwerte der lat. Buchstaben in romanischen Sprachen, besonders im Französischen. Die Verwendung von ⟨z⟩ und ⟨s⟩ für zwei Zischlaute in Opposition zeigt Parallelen mit dem Altfranzösischen.

Auch bei den Konsonanten finden wir natürlich die gleiche graphische Variation wie bei den Vokalen (oben § 27). Von Stellungsvarianten des ⟨s⟩ war schon die Rede (§ 22); zur Ligatur von ⟨s⟩ und ⟨z⟩ vgl. § 34 unten. Das Zeichen ⟨v⟩ wurde seit mhd. Zeit statt ⟨f⟩ in vielen Wörtern vor Vokal im Anlaut verwendet (nhd. *Vater, viel, ver-*).

Die im Lateinischen belegbare Digraphie ⟨th⟩ wird in deutschen Wörtern im späteren Frühnhd. besonders vor oder nach Langvokal verwendet, was eine Beziehung zur Längebezeichnung des Vokals nahelegte (vgl. § 28): z. B. bei Grimmelshausen (§ 240) *verthan, thue, außtheilen*. Für Kolroß (1530, S. 74) war ⟨th⟩ (wie *dt*) «*nit gantz starck / ouch nit gar lind*». Die Aussprache von ⟨g⟩ im In- und Auslaut als Verschlußlaut war frühnhd. mundartlich begrenzt.

§ 34   2.1.6c «Konsonantenhäufung»

§ 34.1   Doppelschreibung

Schon die ahd. Rechtschreibung kennt die Bezeichnung der Fortis bei Reibelauten durch Doppelschreibung: ⟨ff zz hh⟩. ⟨ss⟩ könnte gegenüber ⟨zz⟩ eine geminierte Lenis sein. Die frühnhd. so überaus häufige Doppelschreibung ist nicht, wie manche Handbücher behaupten, eine sinnlose «Konsonantenhäufung», auch kaum mehr außerhalb von Zusammensetzungen die Bezeichnung phonetischer Konsonantenlänge. Bei Verschlußlauten kann ⟨tt⟩ oder ⟨ck⟩, selteneres ⟨pp⟩ einfach die Fortis bedeuten, genau wie bei Reibelauten ⟨ff⟩ und frühnhd. ⟨ss⟩. Mit dem Verlust der Opposition /f(v)/:/ff/ verliert ⟨ff⟩ seine phonemische Bedeutung, die wir z. B. noch bei Brant (§ 81) finden. Bei Geräuschlauten und Sonorlauten kann sonst Doppelschreibung einfach die Kürze des Vokals in geschlossener Silbe anzeigen (vgl. § 28). Schreibungen wie ⟨kch⟩ in *rokch, schikchat* bei der Kottannerin (§ 225) stehen für die Werte von ⟨k⟩ und ⟨ch⟩, also eine velare Affrikata.

§ 34.2   Sibilanten

Durch den phonemischen Zusammenfall der Zischlaute /s/ und /z/ könnten ⟨s⟩ und ⟨z⟩ orthographisch mit dem gleichen Lautwert verwendet werden, was aber, abgesehen von gelegentlichen Schreibungen, nicht geschieht, da bei ⟨z⟩ in Variation mit ⟨tz⟩ der Affrikatenwert [ts] erhalten bleibt. Dagegen werden ⟨s⟩ und ⟨z⟩ als Digraphie oder als Einheitszeichen ⟨ß⟩ kombiniert, um die stimmlose Fortis auszudrücken (vgl. Moser 1929, S. 54). Es bleibt in vielen Texten eine Variante mit ⟨ss⟩ im Inlaut, ⟨s⟩ im Auslaut. Herzogin Liselotte (§ 191) schreibt ⟨ß⟩ überall außer im Anlaut: *dießer, auß, waß.*

§ 34.3   dt

Die Schreibung ⟨dt⟩ ist häufig im Auslaut: im *Ackermann* (§ 66) *kondt* (170), *todt* (184). Das hängt mit dem phonemischen Zusammenfall von /d/ und /t/ in dieser Stellung («Auslautverhärtung») zusammen. Ickelsamer (1534, S. 154) nennt *dt* «vnrecht vnnd vngeschickt», ebenso *ß* (2 oben). L. Albertus (1573, S. 41, VII) meint: *Cognatae consonantes in fine varietatis, et ornatus causa connectuntur, als d vnnd t / schadt damnum.* Zu *dt* siehe auch Moser (1929), S. 44, der Kehrein (1854, I, § 243 ff.), Bahder (1890, S. 244 ff., 257 ff., 263 f.) zitiert.

2.1.7 Schreibung und Lautsystem in den Schriftdialekten

§ 35 2.1.7a Das Vokalsystem

Wir haben oben eine kurze Übersicht der im Deutschen seit ahd. Zeit verfügbaren Vokalzeichen (§ 27ff.) und Konsonantenzeichen (§ 32ff.) aus dem lateinischen Alphabet gegeben. Die wirkliche Bedeutung der Analyse der Zeichenverwendung in Texten ergibt sich aus der Beziehung zum Phonemsystem (§ 22), das wir fast nur aus der Schreibung ableiten können. In Handbüchern hat man vielfach System und Glieder diachronisch von mhd. «Normal»werten abgeleitet, wie z.B. «mhd. *â* ist im Text ⟨a⟩ und ⟨o⟩» u. dgl.

Der Vergleich mit den Phonemen des Nhd. der Gegenwart ergibt oft nur geringfügige Unterschiede, da wir im allgemeinen zufrieden sein müssen, die Phonemoppositionen erfassen zu können und uns Allophone fast nie durch die Schreibung zugänglich sind, also auch die phonetische Bestimmung der Phoneme nur in großen Zügen, nicht in Einzelheiten erfolgen kann. Wir finden bei Schottel (§ 89) folgende Schreibungen:

i̱hr	*ausfu̥hrlich*	*Natu̱r, tu̱ht*		
mi̱t	*ku̥nstlich*	*verbu̱nden*		
Le̱hr-	*geho̥ren*	*To̱hn*	*ei̱gen*	*Te̱utsche -brḁuchlich*

se̱lbst	*unverfro̥md*	*ei̱ge̱n*	*so̱l*
schwḁr	*algemeiner Buchsta̱ben*		*au̱ch*

Aus den Vokalzeichen ist, in gleicher Anordnung, folgendes Phonemsystem zu entnehmen:

		vorne gerundet		hinten			
hoch	/ i:	ü:		u:			
kurz	i	ü		u			
mittel	e:	ö:		o:	ei		eu
kurz	e	ö	ə	o			
niedrig	ɛ:		a	a:		au	/

Die Langvokale sind in diesem Text deutlich von den Kurzvokalen unterschieden, meist durch ⟨h⟩: *ihr, Tohn, tuht.* Das Phonemsystem ist schon mit dem des Nhd. identisch. Man vgl. Penzl (1975, S. 132f.), wo auch die «kanonischen» Merkmale Chomsky-Halles angegeben sind.

Welche Abarten von diesem md. System des 17. Jhs. weisen die anderen frühnhd. Schriftdialekte auf? Der landschaftlich begrenzte Verlust der Umlautvokale (§ 51) zeigt sich nur durch gelegentliche Schreibungen, Hyperformen u. dgl. Mundartliche Nebenformen mit oder ohne Umlaut,

42

z. B. Luthers umlautloses *Burgermeyster,* sein *glewben* mit Umlaut (§ 82) betreffen nur die Phonemverteilung, nicht das System. Schottels lange *e*-Laute (Schottel 1663, S. 200) sind auch in ihrer Verteilung von der nhd. Hochsprache verschieden. Für ein zweites kurzes [ɛ] neben [ɛ:] fehlt bei Schottel jede Spur (vgl. aber § 50). Ein Zusammenfall von /a:/ mit /o:/ besonders vor Nasalen findet sich z. B. im bairischen Dialekt der Kottannerin (*kran/kron/* usw.) (§ 225). Diphthongschreibungen wie ⟨ei⟩ neben ⟨ai⟩, ⟨ou⟩ neben ⟨au⟩ (vgl. § 31 oben) in manchen Texten müssen distinktiv sein und mindestens zwei weitere Diphthongphoneme anzeigen. Wittenweilers oberd. (bairisches) Phonemsystem aus dem 15. Jh. ist von dem Schottels sehr verschieden (§ 54.2).

Die Unterschiede der Schriftdialekte in der Phonologie ergeben sich also nicht nur aus Verschiedenheiten des Systems, sondern auch aus der Verteilung der historischen Lautwerte, z. B. der *e*-Laute. Graphische Unterschiede sind oft sehr charakteristisch, allophonische oft nicht festzustellen. Ob auch außerhalb des Hauptakzents, also in Nebensilben, die phonemischen Oppositionen lang (gespannt):kurz (ungespannt) bei den Vokalen noch gelten, ist orthographisch nicht zu erkennen. Auch für Vokalisierung von /ər/ zu einem zentralisierten Laut, der niedriger als [ə] ist, haben wir frühnhd. noch kein Beweismaterial.

§ 36 2.1.7b Das Konsonantensystem

Den großen graphischen Verschiedenheiten in den Konsonantenschreibungen (§ 34 oben) der frühnhd. Texte entsprechen keineswegs gleiche Unterschiede im Phonemsystem. Der spätmhd. Zusammenfall der Zischlaute war die letzte große, landschaftlich nicht beschränkte Verschiebung im System (§ 55). Wenn wir wiederum den Schotteltext (§ 89) nehmen, finden wir folgende Schreibungen:

Nasale:	*mit* (11)	*Natur* (13)	*unvermengt* (37)
Liquide:		*ihr* (6) *sol* (26)	
Verschlußlaute:	(*Wimpel*)	*Teutsche* (4)	*künstlich* (15)
	Buche (24)	*die* (3)	*eigen* (7)
Reibelaute:	*folget* (82)	*so* (54)	*solchen* (32)
	weit (55)	*diejenige* (113)	*haben* (56)
	Eigenschaft	*müssen* (127)	
		verschwestert (18)	

Daraus entnehmen wir folgendes Konsonantensystem Schottels, das seine eigenen Beschreibungen bestätigen; man vgl. auch damit das frühnhd. System bei Penzl (1969, S. 80f.) und (1975, S. 121f., von Luther):

	labial	dental/alveolar		velar		
Nasale	/ m	n		ŋ		
Liquide		r l				
Verschlußlaute						
fortis (stl.)	p	t		k		
lenis (sth.)	b	d		g		
Reibelaute	f					
lenis	v	/z/	j	h	(γ)	
fortis	(ff)	s	sch	χ	[ç]	/

Orthoëpische Zeugnisse (§ 42) beweisen deutlich die frühnhd. Entwicklung eines dritten Nasalphonems /ŋ/ aus [ŋg] (§ 64). Unter den Liquiden
kann /r/ Zungenspitzenlaut oder Zäpfchen-[R] sein; auch da können nur
zeitgenössische Beschreibungen, nie die Rechtschreibung unterscheiden
(siehe § 63). Schriftdialekte zeigen durch die Verteilung der Entsprechungen von mhd. /b d g p t k/, z. B. auch Schottels *Teutsche* mit *t-* statt
d-, den phonotaktisch beschränkten Zusammenfall der Verschlußlaute
(§ 56). Die Unterscheidung von Lenis (*Ofen*), und Fortis (*offen*) bei
dem labiodentalen Reibelaut fehlt Schottel (§ 60). ⟨g⟩ ist für ihn Verschlußlaut, aber md. Schriftdialekte zeigen [γ], einen stimmhaften velaren
Reibelaut als Gegenstück zum stimmlosen [ç]-Allophon (vgl. § 42, 62).
Dieser sogenannte *ich*-Laut, eine Variante des /χ/-Phonems, den z. B.
alemannische Dialekte meist nicht kennen, wird als bloßes Aussprechemerkmal von Grammatikern nie beschrieben. Wittenweiler und Kottannerin haben die südoberd. velare Affrikate: *chúndin* (§ 219), *rokch* (§ 226.2)
(vgl. § 59).

2.2 Schreibung und Lautwandel

§ 37 2.2.1a Der Schreibungsvergleich

Der Vergleich der Schriftzeichen (Grapheme) in historisch gleichen oder
parallelen Wortformen der Texte ermöglicht diachronische Einsicht. Wir
finden z. B. *zuo* bei Steinhöwel (§ 177), *zue* bei Opitz (§ 186), *zů* bei
Wittenweiler (§ 217), Mentelin (§ 169), Brant (§ 76), *zú* und *zu* bei der
Kottannerin (§ 225), *zu* im *Ackermann* (§ 66), bei Luther (§ 82), der
kaiserlichen Kanzlei (§ 230), bei Fischart (§ 181), Grimmelshausen
(§ 240) usw. Wenn wir historisch parallele Wortformen mit mhd. *uo*
miteinbeziehen, finden wir z. B. bei Brant dieselben Schreibungen wie bei
zu: schůff (Z. 10), *můß* (22), *Kůntz* (27), bei der Kottannerin ⟨ue⟩
(*trueg* usw.), bei Opitz nur ⟨u⟩ (*thut* usw.). Der homographische Vergleich zeigt die Bedeutung der heterographischen Variation: Opitz *zue*
hat orthographisch isolierte, traditionelle Schreibung (mit Schreibungsumwertung), der Kottannerin·*zu* neben *zú* gibt eine schwachakzentuierte

Nebenform wieder. Wir nehmen an, daß die Digraphien für den Diphthong (mhd. *uo*), das Einzelzeichen für den Monophthong (nhd. [u:]) stehen. Wir können also den diatopisch und diachronisch verschiedenen Schreibungswandel von ⟨uo ue ů ú⟩ zu ⟨u⟩ als Anzeichen eines diatopisch und diachronisch verschiedenen Lautwandels [uə] zu [u:] ansehen: mhd. *uo* ist frühnhd. /u:/ geworden (§ 46 unten).

Schreibungswandel bedeutet Zeichenwandel, also eine graphische Änderung. Diese kann Ersatz durch ein anderes alphabetisches Zeichen oder eine Modifizierung des Altzeichens sein. Für letztere Art der Veränderung könnte man eine Typologie ausarbeiten: z. B. Einzelzeichen mit diakritischem Zusatz (⟨ů⟩) zur Digraphie (⟨uo⟩) oder umgekehrt, Digraphie zur Ligatur oder umgekehrt (⟨sz ß⟩), Einzelzeichen zu Einzelzeichen mit Änderung der Unterlänge (⟨i j⟩) usw.

§ 38 2.2.1 b Prägraphien und Postgraphien

Die Analyse des Schreibungsmaterials vom graphischen Standpunkt aus sollte es ermöglichen, rein graphische, schreibungsbedingte Veränderungen oder Varianten als solche zu erkennen. Rein mechanische Verschreibungen oder Druckfehler sind meist linguistisch ohne Interesse (vgl. Penzl 1972, S. 24 f.). Erst nach der Schreibungsanalyse kann die phonologische Deutung erfolgen, also z. B. ob der Zeichenwandel (Schreibungswandel) einem Phonemwandel entspricht und zeitlich frühere (Prägraphien, z. B. mhd. ⟨uo⟩) und zeitlich spätere Schreibungen (Postgraphien, z. B. nhd. ⟨u⟩) diese Annahme stützen. «Panchronische», d. h. zeitlich nicht beschränkte Nebenformen sind natürlich nicht beweiskräftig: z. B. *wenn*, *denn* neben *wann*, *dann* bedeutet keinen Lautwandel.

Was bei diachronischen Verschiedenheiten der Wortform sich nicht als graphische oder «panchronische» Nebenform erweist, könnte auch eine dialektische Nebenform oder Entlehnung sein. Wenn Text A *kumen* aufweist und der spätere, gleichdialektische Text B *komen*, braucht es sich nicht um einen Lautwandel von *u* zu *o* vor Nasal zu handeln; es könnte auch *kumen* in A eine Entlehnung aus einem *u*-Dialekt oder *komen* in B eine Entlehnung aus einem *o*-Dialekt sein. Das übrige einschlägige Material mit mhd. *u* (*sumer*, *sus*, *gunnen*, *mugen*) muß zur Lösung der Frage beitragen, ob hier Prägraphie mit *u* oder Postgraphie mit *o* die relative Neuerung darstellt.

2.2.2 Schreibungswandel und Phonemwandel

§ 39 2.2.2 a Die Typen des Phonemwandels

Diachronische Schreibungsunterschiede, die nicht graphisch, als Nebenformen («panchronisch») oder durch Entlehnung zu erklären sind, deuten auf Lautwandel oder, genauer ausgedrückt, Phonemwandel hin. Für die frühnhd. Wandlungen von Vokalen (§ 44ff.) und Konsonanten (§ 55ff.) haben wir vor allem Schreibungsmaterial als Beweis. Man kann gewissen Typen des Schreibungswandels auch Typen des Phonemwandels zuordnen (§ 40). An Haupttypen des Phonemwandels (Penzl 1972, S. 82–91) hat man nach dem Resultat im Phonemsystem des Endstadiums unterschieden: Phonemverschiebung, Phonemspaltung mit und ohne Zusammenfall, Phonemzusammenfall. Bei der Verschiebung ändert sich nicht die Phonemzahl, aber die Struktur des Systems, bei Phonemspaltung mit Zusammenfall ändern sich die Verteilungsverhältnisse, z. B. bei dem ahd. *i*-Umlaut, in dem Allophone von /a/ vor *i*-Lauten mit /e/ zusammenfielen. Bei der Phonemspaltung ohne Zusammenfall wurden Allophone (Stellungsvarianten) zu Phonemen, vermehrt sich also die Phonemzahl, z. B. der ahd. *i*-Umlaut der übrigen Velarvokale (außer /a/). Bei teilweisem oder vollständigem Phonemzusammenfall vermindert sich die Phonemzahl in bestimmten Stellungen oder im System, z. B. der Zusammenfall von mhd. *s* und *z,* der der ahd. Nebensilbenvokale, der der gerundeten Palatalvokale mit den ungerundeten in frühnhd. Mundarten (§ 51). Phonemschwund («Zusammenfall mit Null»), Entwicklung von Phonemfolge zu Einzelphonem («Monophonemisierung») oder von Einzelphonem zu Phonemfolge («Diphonemisierung») sind Nebentypen des Phonemwandels. Zum Unterschied von regelrechten Phonemwandlungen betreffen die sporadischen phonotaktischen Wandlungen nur die Struktur von Morphemen, also von Silben, Wörtern, Wortfügungen (Penzl 1972, S. 84f.).

§ 40 2.2.2b Verschiebung, Spaltung, Zusammenfall

Der oben besprochene Schreibungsersatz von ⟨uo⟩ durch ⟨u⟩ (§ 37) deutet auf Phonemverschiebung. Diese kann aber auch graphisch nicht ausgedrückt sein: z. B. Opitz (§ 186) schrieb *zue* mit Digraphie. Mhd. *ie,* das Gegenstück zu mhd. *uo,* wurde zwar in manchen Schriftdialekten durch ⟨i⟩ ersetzt, blieb aber oft, da es so vom Kurzvokal /i/ deutlich unterschieden war (§ 28). Der Lautwert von ⟨ie⟩ ist nun [i:]; es wird nun für gedehntes *i* (§ 47), z. B. von Luther (*viele,* § 82), Schottel (*geschrieben,* § 89) verwendet. Es ist «Schreibungsumwertung» eingetreten. Das gleiche gilt wohl für schwäbisch ⟨au av⟩ für [a:] bei Steinhöwel (§ 177) mit graphischer Verwendung der mundartlichen Lautentwicklung (Kauffmann 1890). Ähnliches zeigt der Kölner Schriftdialekt (vgl. Götze 1942, S. 45ff.) mit ⟨ei⟩ für [e:] usw. Für den Elsässer Thomas Murner (1475–1537) ist ⟨u⟩ in *mul* 'Maul', *ful* 'faul' Zeichen für [ü:], ⟨ü⟩ in *thür* Zeichen für [i:] geworden (Philipp 1968).

Phonemspaltung kann sich durch Schreibungsspaltung zeigen, z. B. bei den Umlautvokalen, wo ⟨ő ű⟩ durch diakritische Zeichen von ⟨o u⟩

abgeleitet wurden. Bei Spaltung mit Zusammenfall wird das Zeichen des betreffenden Phonems eingesetzt, z. B. bei den Zischlauten *schlange, schwinden* neben früherem *slange, swinden* usw.

Phonemzusammenfall führt zu Schreibungszusammenfall, z. B. bei spätmhd. /s/ und /z/: *waz*, engl. *what* und *was*, engl. *was* werden zu frühnhd. *was* 'was', 'war'. *waz* für 'war' heißt «umgekehrte Schreibung», was hier historisch falsche Schreibung bedeutet. Das Zeichen ⟨z⟩ wich ⟨s⟩, da es auch die Affrikate bezeichnet, also nicht eindeutig war. Die Schriftdialekte zeigen die mundartliche Entrundung von /ö ö: ü ü: öü/, also deren Zusammenfall mit /e e: i i: ei/ nur in Einzelformen. Die schon erstarkte Schreibungstradition wirkte gegen den Schreibungszusammenfall. Aber der Ulmer Beamte Hans Ulrich Krafft (1550–1621) schreibt regelmäßig ⟨ö⟩ für das Umlaut-*e: kröfftig, schwöcher, göst* 'Gäste', das er von *e* aus mhd. *ë* streng auseinanderhält: *geben, sprechen, fenster* (Piirainen 1968).

§ 41 2.2.2c Phonotaktische Wandlungen

Die phonotaktischen Wandlungen sind am leichtesten durch die Schreibung zu erkennen, weil hier nie eine Änderung des Phoneminventars vorliegt, also Schriftzeichen stets verfügbar waren. Einschübe von *p b t* wie in *nimpt, frembde, meinetwegen, allenthalben,* Hinzufügungen wie in *niemand, jemand, selbst* u. dgl. können graphisch («graphotaktisch») leicht bezeichnet werden. Das gleiche gilt für phonotaktischen Schwund, Apokope, Synkope, Metathese, morphemische Assimilation oder Dissimilation, Zusammenziehungen, reduzierte Schnellformen («Allegroformen») im Satz. In der Schrift werden im allgemeinen die Vollformen bevorzugt.

2.3 Quellen der Phonologie

§ 42 2.3.1 Die Grammatikerzeugnisse

Außer den Schreibungen der Texte haben wir noch zwei wichtige Quellen für die Phonologie: die Beschreibungen und Empfehlungen der Grammatiker und die Reime der zeitgenössischen Dichter (§ 43). Vollständige frühnhd. Grammatiken (§ 14) bieten Material für alle Teilgebiete der frühnhd. Sprache, die Angaben der Lese- und Schreibmeister sind vor allem für die Phonologie verwertbar, denn ihr Hauptinteresse ist die Rechtschreibung (Schreiben) und deren Beziehung zur Lautung (Lesen). Wir haben grammatische oder, besser gesagt, orthoëpische Quellen für die Unterscheidung der Schriftdialekte (S. Helber, § 7), für die Verbreitung der frühnhd. Diphthongierung (J. Kolroß, § 8), für die Kritik an Dialektlautungen (Hans Fabritius, § 8) und besonders für die gültigen Sprachmuster (§ 9) zitiert. Alle zeitgenössischen Äußerungen über Sprachliches, auch wenn sie nicht von «Fachleuten» im engeren Sinne stammen, gehören natürlich zu unserem Beobachtungsmaterial und können eine wichtige Quelle für die äußere und innere Sprachgeschichte abgeben.

Die Aussprachebeschreibungen der Lesemeister im 16. Jh. ergänzen für uns auf wertvolle Weise das Schreibungsmaterial. Ihre Angaben entsprechen natürlich nicht ganz den Forderungen der modernen Phonetik. Der Vergleich mit Lauten in der Natur, z. B. tierischen oder anderen nichtsprachlichen, erscheint primitiv, ist aber oft recht deutlich. Wenn V. Ickelsamer (1534, S. 56) von *g* sagt «*wie die gänse pfeiffen / wen sie einen an lauffen zu beisen*», beschreibt er zweifellos einen Reibelaut ([γ]?). L. Albertus (1573, S. 23) stellt nur im Anlaut *g* mit *k* zusammen, denn «*in medio et fine molliter effertur*».

Die orthoëpischen Beschreibungen bezeugen Schreibung und Aussprache ohne gerundete Umlautvokale (§ 51) und warnen dagegen, z. B. J. Kolroß (1530, S. 67): «*Man soll aber ouch acht haben das man nit ein getoppelts/ ee für o schryb / vnd herwiderumb*». Helber (1593, S. 19f.) fordert für *ü* «*ein mittelding zwischen dem u und dem i*». Stielers Beschreibung (Stieler 1691, III, S. 16) von *ů* *wie ein tunkel i* scheint etwas weniger deutlich.

§ 43   2.3.2 Die Reime

Außer den orthoëpischen Anmerkungen geben uns die Reime frühnhd. Dichter und die Regeln der Poetiken der Zeit (vgl. § 14) phonologisches Beobachtungsmaterial. Das trifft für ein prosodisches («suprasegmentales») Merkmal, nämlich Wort- und Satzakzent, zu, auch für die Verteilung der Phoneme in Wortformen und sogar für das Phoneminventar der Vokale.

Nach den geltenden Regeln der frühnhd. Poetik bedeutet der vollkommene Reim am Ende der Verszeilen das vollkommene Gleichlauten von akzentuiertem Vokal und Folgekonsonant(en), wobei die vorhergehenden Konsonanten verschieden sein sollen: also XVK(K'):YVK(K'). Das wäre ein reiner Reim mit gleichem Vokal (V) und gleichem (gleichen) Folgekonsonant(en) (K oder KK'). Besteht bei den beiden entsprechenden V oder bei K(K') lautliche Verschiedenheit, ist der Reim 'unrein'. Wenn V gleich und K oder KK' lautlich verschieden, wenn auch phonetisch ähnlich sind, sprechen wir von «Assonanz». Gleichheit der Endungen (Nebensilben) gilt im Deutschen nicht als Reim.

Phonologische Interpretation muß die Absicht des Dichters in Betracht ziehen, ob er nämlich unbedingt reine Reime schaffen will oder ein gewisser Verschiedenheitsgrad bei den Lauten, etwa ein Unterschied der Quantität ([a]:[a:]) bei gleicher Qualität, ihm noch tragbar schien. Für die mhd. klassische Periode ergab die angestrebte Reinheit der Reime die

Möglichkeit, auf die Mundart des Dichters zu schließen, da ja z.B. die historisch verschiedenen kurzen *e*-Laute (mhd. *e ë ä*) in den Dialekten in verschiedenem Ausmaße zusammengefallen waren (Penzl 1975, S. 104f.). Im Frühnhd. gibt es im allgemeinen auch diese theoretische Forderung nach absoluter Gleichheit der Aussprache (aber vgl. Moser 1929, S. 71) der Reimvokale. Opitz (1624) betonte in einer oft zitierten Stelle die Wichtigkeit der Aussprache selbst bei gleicher Schreibung der Reimvokale (§ 186). Die Gleichheit bezieht sich aber nicht auf irgendeine überlandschaftliche Norm, sondern auf die individuelle Aussprache des Dichters. Nur für die Rechtschreibung, nicht für die Reime wird die Unterdrückung landschaftlicher Eigenheiten gefordert. Damit werden z.B. Reime mit gerundetem Umlautvokal (*ö ü*) und entsprechendem nichtgerundetem Vordervokal (*e i*) in der Praxis des Dichters annehmbar: z.B. Fischarts *wollüst : Mist* (§ 181.1, Z. 625f.). Häufiges Vorkommen solcher Reime läßt auf Entrundung im Dialekt des Dichters schließen. Aber auch Dichter außerhalb des Entrundungsgebietes verwenden gelegentlich Reime vom Typ *ü : i*, da sie entweder von ihrem Standpunkt aus als nicht ganz reine Reime [ü] : [i] oder als literarisch zulässige «Nebenformen» mit *i* gelten. Der Schluß vom Reimgebrauch auf die Laute des Dichters wird durch unreines Reimen und allgemeine oder außerdialektische Nebenformen erschwert. Brants (§ 76) Reimpraxis deutet z.B. nicht darauf hin, daß er absolute Gleichheit seiner Reimvokale anstrebte.

Die Übertragung eines Textes von einem Schriftdialekt in einen anderen ist auch bei Versdichtungen möglich, besonders wenn nur landschaftlich gültige Reime mehr oder weniger bewußt vermieden wurden. In H. Wittenweilers «*Ring*» (§ 217) z.B. zeigt sich des Dichters hochalemannische Sprache kaum im bairisch geschriebenen Text. Reime von mhd. *ū* und *ou*, mhd. *iu* ([ü:]) und *öu* sind vermieden, aber es finden sich über ein Dutzend Reime von mhd. *ī* und *ei*, was also auf einen unalemannischen Diphthong für mhd. *ī* hinweist und vermutlich durch außerdialektische Nebenformen erklärt werden kann.

2.4 Wandlungen im Vokalsystem

§ 44.1 Die frühnhd. Wandlungen

Die weitgehenden Wandlungen des mhd. Vokalismus in Mundarten und frühnhd. Schriftdialekten eignen sich wegen ihrer chronologischen Verschiedenheiten vielleicht nicht zur zeitlichen Grenzziehung zwischen Mhd. und Frühnhd. (§ 2), aber deren Durchführung wird jedenfalls ein charakteristisches Zeichen für einen frühnhd. Text. Zu diesen Wandlungen gehören vor allem die frühnhd. Diphthongierung der mhd. Langvokale /i: ü: u:/ (siehe § 45), auch die frühnhd. Monophthongierung der mhd.

Diphthonge /iə üə uə/ (⟨ie üe uo⟩ in der normalisierten Schreibung) (§ 46) und die Dehnung der Kurzvokale im Silbenauslaut (offenen Silben) (§ 47). Vokalkürzung (§ 48) bleibt sporadisch und ist größtenteils phonotaktisch (§ 41) bedingt. Der Schwund von *e* in Nebensilben und dessen Wiedereinführung sind wegen ihrer Beziehung zur Morphologie überaus wichtig (§ 49). Die frühnhd. Verschiebungen der fünf *e*-Laute der mhd. Dialekte in akzentuierten Silben, d. h. von *ê* aus germ. **ai, æ* als Umlaut von *â*, von Umlauts-*e*, germ. *ë, ä* als «Sekundärumlaut» sind orthographisch nicht deutlich zu erkennen. Die Entrundung aller Umlautvokale, also von *ü* zu *i, ö* zu *e* und des Umlautdiphthongs *eu* in den frühnhd. Mundarten hat sehr beschränkt auf die Schriftdialekte und so gut wie nicht auf die spätere Schriftsprache eingewirkt (§ 51). Die mundartliche Entwicklung von mhd. *a* und *ā* (§ 52) und die Senkung von mhd. *u* vor Nasal (§ 53) zeigen sich in frühnhd. Schriftdialekten. Die Summe aller dieser Wandlungen hat die Wortformen im Nhd. gründlich verändert.

§ 44.2 Phoneme und Allophone

Zur Beschreibung jedes Lautwandels (Penzl 1972, S. 77–79) gehört die Angabe des Phonemwandeltyps (§ 39), des Anfangs- oder Ausgangsstadiums, des Endstadiums und eventueller Zwischenstadien, ebenso des Zusammenhanges mit anderen Lautwandlungen. Wie bei jedem historischen Ereignis muß auf Grund der Quellen eine Eingliederung in Zeit und Raum und auch der Versuch unternommen werden, die Ursachen (Kausalität) zu erkennen. Die Beschreibung sollte stets eine genaue Besprechung des Beweismaterials enthalten. Die Annahme, daß die meisten Phonemwandlungen, aber z. B. nicht die phonotaktischen Veränderungen (§ 41, 65), als erste Phase die Entwicklung von Allophonen aufweisen, ist noch keineswegs widerlegt worden. Phonemvarianten, die Allophone, ergeben sich aus der menschlichen Artikulation, also den Erzeugungsbedingungen der Sprachlaute. Die Variation der Phoneme hängt ab: von den phonetischen Zügen der Folgelaute, die z. T. vorweggenommen werden, von denen der vorhergehenden Laute, die nachwirken, von Intonations- und Akzentbedingungen des Sprechaktes usw. (§ 22). Aber allophonische Varianten und Veränderungen werden leider nur ganz ausnahmsweise einen graphischen Niederschlag finden können.

§ 45 2.4.1 Die frühnhd. Diphthongierung

§ 45.1 Frühnhd. Zwischenstadien

Unsere Texte (§ 16ff.) zeigen mit Ausnahme von Steinhöwels Übersetzung (1473) (§ 177), des Esslinger Druckes (1474) des *Ackermann* (§ 67), des Basler Druckes des *Narrenschiffs* (1494) (§ 76) Schreibungen mit *ei, ey, au, äu, eu* für die mhd. Langvokale $\bar{\imath}$ $\bar{u}$ ⟨iu⟩. Aus diesen Schreibungen erkennen wir deutlich die Durchführung der sogenannten «neuhochdeutschen Diphthongierung», anscheinend einer Phonemverschiebung, vielleicht auch einer «Diphonemisierung» (§ 39) vom Einzelphonem zu einer Phonemverbindung. Noch bis zum Ende der frühnhd. Periode zeigen manche, besonders oberdeutsche Schriftdialekte (wie die Mundarten der Gegenwart) eine orthographische Unterscheidung dieser neuen Diphthonge von den mhd. Diphthongen *ei ou öü* in *bein, boum, böume.* Mhd. $\bar{\imath}$ wird z. B. ⟨ei⟩, mhd. *ei* ⟨ai⟩ geschrieben. Bei Wittenweiler (§ 217) steht *haẏmleich* für mhd. *heimlîch* usw., mhd. $\bar{u}$ und mhd. *ou* reimen nicht; mhd. *iu* ist ⟨eu⟩ (*gepeut*), mhd. *öuw* meist ⟨äw⟩ (*gäw* Vers 1074, *häw* 5024). Dieses Zwischenstadium der Diphthongierung ohne Phonemzusammenfall mit den alten Diphthongen ist ein Merkmal der frühnhd. Periode (vgl. auch Besch 1967, S. 76 ff.). Die geeinigte nhd. Schriftsprache hat den Phonemzusammenfall als ⟨ei⟩, nur ⟨ai⟩ bei Homonymen (*Waise, Laib, Saite*), ausgesprochen [ae], für mhd. $\bar{\imath}$ *ei*, ebenso ⟨au⟩ [ao] in *Haus, Baum* unterschiedslos für mhd. $\bar{u}$, *ou* und ⟨eu⟩, oder ⟨äu⟩ bei morphologischem Wechsel mit *au*, für mhd. *iu öu* in *Leute, Bäume.*

§ 45.2 Die Ausbreitung der Diphthongierung, Kausalität

Die Diphthongierung kann die von mir angenommenen phonetischen Zwischenstadien (Penzl 1969, § 53), nämlich zuerst eine zentralisierte oder eine gesenkte erste Komponente, gehabt haben und zuerst im Silbenauslaut eingetreten sein.

Die Forschung hat die Ausbreitung der Diphthongschreibungen im deutschen Sprachraum genau untersucht. Die Schreibungen mit Digraphien erscheinen schon im 12. Jh. auf bairisch-österreichischem, am Ende des 13. Jhs. überall auf bairischem Gebiet, im 14. Jh. in Ostfranken, Böhmen, Schlesien, Schwaben, im 15. Jh. in Obersachsen, Ostthüringen, erst im 16. Jh. im Westmitteldeutschen. Keine allgemeine Diphthongierung, sondern nur im Auslaut und Inlaut vor Vokal («Hiatusdiphthongierung») trat ein im Ripuarischen, Osthessischen (Fulda, Erfurt), Westthüringischen, Niederalemannischen, Hochalemannischen. Der Schreibungswandel in Druckereien, Kanzleisprache erfolgte auch dann, wenn die landschaftliche Mundart nicht mitmachte: also auf niederdeutschem Gebiet, in Köln, Straßburg, Basel, Zürich, Bern. Es fehlt an Material darüber, wie, bei wem und in welchem Ausmaße dort auch ein gesprochener Sprachtypus der Schriftform nachfolgte. Übernahme fremddialektischer Züge kann zu einer Art Zweisprachigkeit der Sprecher führen. Dieser Sprachwandel, der auf der Wahl der Sprecher beruht, findet sich auf allen Teilgebieten der Sprache, natürlich auch bei Phonemen und Phonemsystem. Aber so

ein «äußerer» Wandel durch Entlehnung ist nicht dem «inneren», «natürlichen» Lautwandel gleichzusetzen, in dem aus allophonischer Variation
allmählich, meistens phasenhaft, an einem Orte sich Phoneme und Pho-
nemstrukturen ändern. Der äußere Lautwandel, durch den sich die inneren
Lautwandlungen eines Ortes, einer Landschaft, einer Schicht der Bevöl-
kerung ausbreiten, ist charakterisiert durch lexikalische und morphologische Bedingtheit, er ist kein ausnahmeloses oder nur phonetisch bedingtes
Lautgesetz oder eine einheitliche Lautregel. Seine Phasen sind kaum je
phonetisch-allophonisch, sondern eher eine allmähliche Erfassung immer
weiterer Teile des gesamten Wortschatzes, wobei es oft zu Kontamina-
tionsbildungen, Hyperformen und «Interferenz» aller Art zwischen einheimischen und entlehnten Lautwerten kommt.

Die Äußerungen des Basler Lesemeisters Kolroß (1530) deuten an,
wie das Beispiel der anderen Gegenden zur Entlehnung des diphthongi-
schen Sprachtyps, also von *ei* für *ī, au* für *ū, eu* für *ü* in einem Gebiet,
dessen Mundart ihn auch jetzt nicht zeigt, beigetragen haben muß. Obwohl
er sonst die Aussprache als Grundlage für die Schreibung empfiehlt, betont er den abweichenden Schreibungsgebrauch im größeren Teil des
deutschen Sprachraums, z. B. werde *eü* für *ü* (in *Eül/feür/steür/heür/
teütsch/* …) in vielen Gegenden geschrieben, «*welches ouch düdtlicher
vnd gemeyner tüdtscher spraach bequåmlicher*» sei (Kolroß 1530, S. 68).
Er gibt an, *myden/lyden/tryben* «*werden den meerern theyl tütsch lands
mit dem ey geschriben/*» als *meyden/leyden/treyben.* In *Schwaben /
vnd sunst an vilen orten* werde *au statt u* gebraucht: *hauß/mauß* (S. 70).

Die Kausalität des Entstehens der Diphthongierung im Bairischen
bleibt ungeklärt: es könnten frühe Dehnungen von Kurzvokalen (vgl.
§ 47) ein Anstoß gewesen sein und zu einem phonemischen Schub geführt
haben (Penzl 1975, S. 117f.). Die Forschung hat F. Wredes Theorie eines
Zusammenhangs mit der frühnhd. Apokope (§ 49) nach anfänglicher
Zustimmung abgelehnt. In der späteren Verbreitung der Diphthonge im
Md. mag die vorhergehende Monophthongierung mit [i: ü: u:] als Resultat
eine Rolle gespielt haben. Fleischer (1966, S. 69) bemerkte: «Das md.
Vokalsystem war durch die starke funktionelle Belastung der engen Langvokale ī ü ū gekennzeichnet.»

§ 46 2.4.2 Die frühnhd. Monophthongierung

Der Vergleich der Schreibungen der Texte zeigt den teilweisen Ersatz von
Digraphien für mhd. *ie üe uo* durch einfaches ⟨i ü u⟩ (vgl. *uo/u* § 37),
umgekehrt auch Verwendung von *ie* für mhd. *i,* z. B. *viel* (mhd. *vil*). Wir
deuten diesen Schreibungswandel als Beweis für die frühnhd. Monophthongierung, eine Phonemverschiebung («Monophonemisierung»), deren
Resultate zum Teil mit denen der Dehnung (§ 47), nämlich [i:] [u:]

[ü:] zusammenfielen, was man einen Phonemzusammenfall nennen kann (§ 39). Der Lautwandel begann im 12. Jh. in ostmd. Dialekten, verbreitete sich dann ins Westmd., anscheinend wenig in obd. Mundarten. Das Nordbairische hat *ei ou* («gestürzte Diphthonge») in *leib* 'lieb', *brouder* 'Bruder' (Penzl 1969, S. 83). Wie die nhd. Orthographie mit ihrem ⟨ie⟩ für [i:] noch zeigt, trat öfter Schreibungsumwertung an Stelle eines Schreibungswandels ein. Es ist deswegen die Chronologie der Verbreitung des Wandels schwer festzulegen. Allerdings können orthoëpische Zeugnisse (§ 42) unser Beweismaterial ergänzen. Kolroß in Basel (Kolroß 1530, S. 76) beschreibt deutlich einen Diphthong in *lieben, schieben, fliegen*. V. Ickelsamer (1534, S. 142) verurteilt *ie* in *sieben, viesch*, denn er will für die Rechtschreibung: *das man in allen wörtern / der oren rath hab / wie es aigentlich kling/*. Der Straßburger Ölinger (1573, S. 16) kennt nur Diphthong in *der huet, die hůet*. Dagegen sieht der Schlesier Fabian Frangk (1531, S. 98) in *ie* nur [i:]. Der Ostfranke Albertus (1573, S. 33) bemerkt, daß *e a plerisque scribis omittitur, als liben / diselben. fuas pro fuß* (S. 35) sei die Aussprache der *simpliciores et incultiores*. Schottel (§ 89) möchte *diser, nimand* schreiben.

In ostmd. Schriftdialekten finden wir Anzeichen der Monophthongierung von mhd. *ei ou* zu [e:] [o:] : *enig* 'einig', *vlesch* 'Fleisch' u. dgl.

§ 47 2.4.3a Frühneuhochdeutsche Dehnung

In md. Mundarten finden wir seit 1200, in obd. seit 1300 die Dehnung von Kurzvokalen im Silbenauslaut. Dieser Wandel muß nach der Durchführung der frühnhd. Diphthongierung (§ 45) erfolgt sein, denn gelängtes *i u ü* wie z. B. in *Biene* (mhd. *bin(e)*), *liegen, Sieg, Bühne* (mhd. *büne*) *Mühle, Türe, Jugend* (mhd. *jugent*), *Jude, Kugel* unterliegen ihr nicht mehr. Die Kurzvokale in einsilbigen Wörtern zeigen durch paradigmatischen Ausgleich den Langvokal ihrer flektierten Formen: also *Weg* mit [e:] nach *We/ge*, *Hof* nach *Ho/fe*. Dehnung erfolgte auch im Silbeninlaut vor *r* in Einsilblern und bei *e, a* vor *r* + Dental, also z. B. *mir, für, Schar, vor, ur-* und *Art, Bart, Erde, Schwert, werden*. Diese Dehnung hat man vielfach mit der Entwicklung eines Gleitlauts vor *r* bzw. dessen Vokalisierung nach Langvokal in Beziehung gebracht (Penzl 1975, S. 113f.; vgl. unten § 63.2).

Keine Dehnung tritt ein vor mhd. Konsonantenverbindungen und vor mhd. *ff zz ss ch sch*, vor Affrikaten und früheren Geminaten (*hoffen, wissen, machen, waschen, opfern, nützen, decken*), ebenso in der Stellung vor *-el, -er, -en* (*Himmel, Donner, Ritter, Blätter, Schlitten, kommen, geschnitten*), oft auch vor einfachem *t* (*Gottes, Kette*). Bei Mentelin z. B. finden wir (§ 169) *vattern* 'Vater', *betten* 'beten', *botte* 'Bote, Apostel'. Eine Variante mit silbischem *l r n* (für Schwa vor *l r n*) wird als Erklärung für das Unterbleiben der Dehnung in *Himmel* usw. angegeben. Zur ganzen Frage vgl. man Paul (1884), Reis (1974), wo weitere Literatur angegeben ist.

Die Handbücher nehmen an, daß die Dehnung im Westmd. begann und sich vom Mittelfränkischen ostwärts in das Ostmd. und nach Süden ausbreitete. Die alte Schreibungstradition, nach der im System parallele Kurz- und Langvokale nicht durch eigene Zeichen unterschieden werden, macht es schwierig, die Verbreitung der Dehnung in den einzelnen Landschaften und Schriftdialekten zu verfolgen. Längebezeichnung findet sich aber in vielen Texten (vgl. § 28).

Die Anzeichen für eine frühe Dehnung im Südbairischen zur selben Zeit wie im Nordwesten könnten für eine Erklärung der frühnhd. Diphthongierung wichtig sein (§ 45). Die Ursache des Entstehens der Dehnung selbst bleibt unklar. Man hat eine Tendenz zur «Isomorphie», d. h. einer Neigung, die Länge von Worten und Silben gleich zu machen, darin gesehen (Penzl 1975, S. 114 f.).

§ 48   2.4.3b Vokalkürzungen

In einigen Wörtern tritt frühnhd. Kürzung von mhd. Langvokal oder Diphthong ein, wofür sich keine allgemeine Regel aufstellen läßt (Penzl 1969, S. 86). Man könnte von phonotaktischen Wandlungen sprechen. Faktoren, die begünstigend gewirkt haben, sind: (1) die Stellung vor gewissen Konsonantenverbindungen, (2) vor den Endungen *-er, -el, -en* (vgl. oben § 47), (3) Vorkommen bei schwachem Akzent in Formwörtern und in Zusammensetzungen. Also finden wir z. B. Kurzvokal in den Entsprechungen von (1) mhd. *brâhte* 'brachte', *dâhte* 'dachte', *lieht* 'Licht', *gieng* 'ging', in der frühnhd. Nebenform *fründ* 'Freund' (mhd. *vriunt*); (2) in nhd. Entsprechungen von mhd. *viertel* 'Viertel', *iemer* 'immer', *muoter* 'Mutter', *jâmer* 'Jammer'; (3) in *hâst* 'hast', *hât* 'hat', *lâzen* 'lassen', *müezen* 'müssen', in *hôchzît* 'Hochzeit', *hêrlîch* 'herrlich', in frühnhd. Nebenformen ohne Diphthongierung wie *vff* 'auf', *vß* 'aus'.

§ 49   2.4.4 *-e* der Nebensilben

Für den unakzentuierten Vokal in Nebensilben, wohl [ə], wird überwiegend *e* geschrieben. Gelegentliches z. B. md. ⟨i⟩ (*gottis* usw., § 86) drückt wahrscheinlich meist dasselbe Phonem (aber V. Moser 1909, § 84) aus (Material bei Stopp 1973).

Wichtig für die Beschreibung jedes Textes ist das Ausmaß des Schwundes von *e*, die «Apokope» und «Synkope» (Abstoßung, Ausstoßung) in Flexionsendungen und Affixen, bzw. dessen Einführung oder Wiedereinführung. Die Wandlungen sind weitgehend phonotaktisch bedingt. In den Schriftdialekten bemerken wir hier einen deutlichen Gegensatz zwischen

Mitteldeutsch und Oberdeutsch. Lindgren (1953) hat die Ausbreitung des -e-Schwundes in schriftlichen Denkmälern bis 1500 untersucht. Apokope findet sich zuerst bairisch, dann ostfränkisch, schwäbisch, später hoch- und niederalemannisch, im Rheinfränkischen erst im 15. Jh., im Ostmd. erst nach 1500. Es stehen sich, wie die heutige Verteilung zeigt, Landschaften mit Abfall des *e* wie das fränkische, bairische und der größte Teil des alemannischen Gebietes denen mit Erhaltung von *e* wie der Norden Hessens und Thüringens, Obersachsen (außer dem Südwesten) und Schlesien gegenüber (Schirmunski 1962, S. 159). Schon das Mhd. kannte *e*-Schwund nach *r l*. Frühnhd. tritt zwischen Langvokal und *r* ein Sproßvokal ein: mhd. *gebûr* entspricht *Bauer* neben *baur* (vgl. § 103), *gîr* wird nhd. *Geier* (vgl. Erben 1970, S. 410).

Schwund des *e* finden wir in Kasusformen des Substantivs und Adjektivs, Verbalformen, den Präfixen *be-, ge-* (Moser-Stopp 1970, S. 1–57). Kontraktionen finden sich oft bei Pronominalformen: *zun* 'zu den', *ists* 'ist es'. Häufig ist ein «analogisches» *e* im starken Präteritum (*sahe* 'sah'), im Imperativ Singular, im Plural von Substantiven auf *-er, -el*. Erhaltung bzw. Schwund des *e* in Nebensilben war noch im 18. Jh. ein Gegenstand des Gelehrtenstreits: ostmd. Erhaltung gegenüber obd., auch südöstlichem Schwund führt zu einem Kampf gegen das vermeintliche «Lutherische e» (§ 86; Penzl 1978). Von den Grammatikern des 16. Jhs. gibt der Ostfranke Albertus (1573) *die farb, der knab, ich send, ich wurd*. Der Straßburger A. Ölinger (1573, S. 14) meint, *E in fine saepissime omittitur*, und schrieb *das aug, Ich hab, werd, schreib*. Joh. Clajus, der schon im Titel Luthers Deutsch als Muster angab, schreibt: *Gottes & Gotts* (Clajus 1578, S. 46), *die Lade, stunde, das hertze & hertz, Ich liebe, liebete vel liebte vel liebt* 'amabam' (S. 70). Im 17. Jh. gibt der Niederdeutsche Schottel (1663, vgl. § 89ff.) meist Formen mit *-e:* sogar den Plural *Bürgere, Himmele*, kennt aber auch Formen mit Apokope (Schottel 1663, S. 307). Grimmelshausen ([1943], S. 185) machte sich über das *hinden anflicken* von *e* lustig (*Narre, Herre*).

§ 50   2.4.5 Die *e*-Laute

Für mhd. *e ë ä ê æ*, von denen die Kurzvokale auch der frühnhd. Dehnung (§ 47) unterliegen, hatte man eigentlich nur zwei Zeichen (§ 30) zur Verfügung: ⟨e⟩ und das modifizierte ⟨a⟩ mit dem kleinen *e odder zweien pünctlin*, wie es der Schlesier F. Frangk (1531, S. 98) für *deriuatiuis* mit *a* fordert: *våter* zu *vater* usw. ⟨ä⟩ kann also frühnhd., z. B. md., nicht ohne weiteres phonetisch gedeutet werden.

Aus Opitz' Angaben (§ 186), Philipp von Zesens Reimlisten (1641) geht hervor, daß in frühnhd. Schriftdialekten zwei lange *ē*-Laute zu unterscheiden sind, die nicht wie in der Rechtschreibung der Gegenwart orthographisch bezeichnet sind. Gedehntes Umlaut-*e* einerseits und gedehntes germanisches *ë* und mhd. *ê* vor *r* andrerseits reimen nicht: *nähren, entgegen* haben [e:], *lehren, pflegen* wohl [ɛ:] (vgl. § 54.2). Auch für die Kürze sind oft zwei Lautwerte, [e] (Umlaut-*e*) und [ɛ] (germ. *ë*, mhd. *ä*) anzunehmen. Das zeigt z. B. deutlich H. U. Kraffts systematische Verwendung von ⟨ö⟩ für [e] (§ 40).

§ 51 2.4.6 Entrundung in den Mundarten

In den hochdeutschen Mundarten, nicht im Ripuarischen, Ostfränkischen, Hochalemannischen (Moser 1929, S. 103) sind die gerundeten langen und kurzen Vordervokale (mhd. *iu ü ö œ üe öu*) mit den entsprechenden nichtgerundeten Vordervokalen gleicher Zungenhöhe (mhd. *î i e* (nicht *ë*) *ê ie ei*) wohl schon um 1300 durch Verlust des Merkmals der Lippenrundung zusammengefallen (Penzl 1975, S. 119). Zahlreiche Schreibungen zeigen, besonders im 14., 15. Jh., diesen Phonemzusammenfall, auch die Reime der frühnhd. Dichter und Angaben der Poetiker (§ 94). In den Schriftdialekten hat man besonders seit dem 16. Jh. diese Zeichenvermischung vermieden. Der Basler J. Kolroß (1530, S. 67f.) wendet sich gegen die Vermengung von *e, i* und *o̊, ů* (§ 42). Nebenformen mit ungerundetem Vokal finden sich gelegentlich in den Schriftdialekten, z. B. schwäbisch *freite* 'freute' im Fynerdruck des *Ackermann* (§ 67). Die gerundeten Vokale im Niederdeutschen, auch im Französischen (Ölinger 1573, S. 16: *u Gallicum*) und in den Zeichen der Schrifttradition haben dazu beigetragen, den Zusammenfall der Phoneme in den Schriftdialekten zu verhindern.

In den Mundarten bildeten sich nach der «Entrundung» vielfach nichtdistinktive Allophone der Palatalvokale nach oder vor Konsonanten mit Lippenrundung wie Labialen oder *sch* oder vor (velarisiertem) *l*. Auch bei ursprünglicher Erhaltung der Umlautvokale wäre phonotaktisch bedingter Zuzug wahrscheinlich. Einzigartig ist die Entwicklung eines neuen /ü:/-Phonems in der Straßburger Mundart (z. B. bei Th. Murner). Es sind eine Reihe von Wörtern mit unhistorischen Umlautvokalen in die Schriftsprache eingedrungen, vielleicht unterstützt durch analogische Hyperformen, z. B. *Löffel* (mhd. *leffel*), *löschen, Löwe* (mhd. *lewe*), *schwören* (mhd. *swern*), *zwölf, fünf* (mhd. *finf*), *flüstern, würdig* (Bahder 1890, S. 180ff.). Daneben stehen nhd. Wörter mit mundartlicher Entrundung: *Gimpel, Kissen* (mhd. *küssen*), *Pilz, spritzen, Nerz, ereignen* (mhd. *eröug(n)en) Steiß, streifen* (mhd. *ströufen*), *spreizen* (mhd. *spriuzen*) (Penzl 1969, S. 87). Nebenformen mit *u* neben *ü* wie *Nutzen, nützen* gehen auf alten mundartlichen (obd.) Umlautmangel vor gewissen Konsonantengruppen zurück, ebenso finden wir *au* neben *äu*, z. B. *kauen, wiederkäuen, Gau* neben *Allgäu* (Bahder 1890, S. 199ff.).

§ 52 2.4.7 Rundung von mhd. *a ā*

In den Mundarten, z. B. bairischen, ostfränkischen, md., wurden [a] [a:] mit nichtdistinktiver Lippenrundung gesprochen. Das meint wohl der Ostfranke L. Albertus (1573, S. 23), wenn er behauptet: *Franci et Misnenses, a … plerumque rotundo ore enunciant,* was die Schwaben nicht täten. Der Basler Kolroß (1530, S. 67) gibt ⟨aa⟩ als Schweizer Schreibung und Aussprache an (*spraach/ schaaf*), aber *an ettlichen enden schrybt man zwey oo, als schoof* (Bahder 1890, S. 154 ff.). Im Niederalemannischen fand z. T., besonders vor Nasal, Zusammenfall mit /o:/ statt. Im Nürnberger Schriftdialekt wird *o* für *a* besonders in Privattexten (§ 13), z. B. in Dürers Briefen, oft geschrieben (Noordijk 1925, S. 94). Die Nebenformen *dā(r)* (räumlich) und *dō* (zeitlich) sind in frühnhd. Texten in *do* zusammengefallen. Im Schwäbischen wurde /a:/ zuerst zu [au], das im 15. Jh. durch einen offenen [o:]-Laut ersetzt wurde, doch blieb vielfach ⟨au⟩ durch «Schreibungsumwertung» (§ 40) für /a:/ (Steinhöwel, § 178).

In die nhd. Schriftsprache drangen aus rundenden Dialekten z. B. ein: *Monat, Mond, ohne* (mhd. *âne*) (Erben 1970, S. 408), *Ohnmacht, Otter* (mhd. *nâter*), *Dohle* (mhd. *tâhele*), *Ton* (mhd. *dâhe*), *wo, Woge, Argwohn* (mhd. *arcwân*) (Penzl 1975, S. 121).

§ 53 2.4.8 mhd. *u ü* im Frühnhd.

Viele mitteldeutsche Mundarten zeigen Senkung von *i* und *u* vor Nasal und teilweise vor *r* + Konsonant, also Phonemzusammenfall mit *e* bzw. *o*. Auch im Schwäbischen wurde im 14. Jh. *u ü* vor Nasal zu *o ö* (Moser 1929, § 74). In den Schriftdialekten finden wir in verschiedenem Ausmaße *u ü*- neben *o ö*-Formen, oft als Nebenformen, wobei obd. *u*, md. *o* im allgemeinen vorwiegt. Es handelt sich also nicht um einen allgemeinen Lautwandel, sondern um interdialektische Entlehnung in einem Teil des Wortschatzes. Clajus (1578, S. 14) meint: *Etiam o et u inter se permutantur … vt: From & frum / Probus. Son & sun / Filius. kommen & kummen / Venire. Alterum tamen altero usitatius est.* Luther schreibt zuerst öfter die obd. *u*-Formen, später wird das ihm mundartlich näherstehende *o* häufiger: *sun* und *son*, *gunst* und *gonst*, *künig* und *konig, könig* (Penzl 1975, S. 121). In der nhd. Schriftsprache spiegelt sich diese doppelte Entwicklung: neben *Brunnen, Hunger, Kummer, Mund, stumm* mit erhaltenem mhd. *u* haben wir *fromm, Nonne, geschwommen, Sonne, sonst, Wonne, gönnen, können, Mönch*, mit Dehnung (§ 47) *Sohn, König*.

§ 54 2.4.9 Die mhd. Vokale im Frühnhd. (Zusammenfassung)

§ 54.1 Vom Mhd. zum Frühnhd.

Wenn wir als Entsprechungen der mhd. Vokale in normalisierter Schreibung die frühnhd. Vokalschreibungen in einer Tabelle zusammenfassen, so sieht sie wie unten aus. Die Kurzvokale sind dabei links von den Langvokalen und Diphthongen, die palatalen vor den velaren Vokalen angeführt.

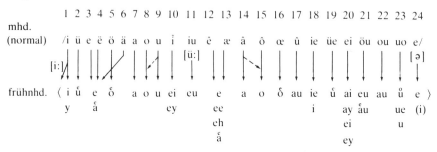

Die obige Tabelle gibt graphisch die Entsprechungen zur frühnhd. Diphthongierung (§ 45, Vokale Nr. 10, 11, 17), zum landschaftlichen Zusammenfall der e-Laute (§50, Nr. 3, 4, 6; 12, 13), zur landschaftlichen Monophthongierung (§ 46, Nr. 18, 19, 23). Nicht in die Tabelle aufgenommen ist, außer bei i (Vokal Nr. 1), die Dehnung der Kurzvokale (§ 47, Nr. 2–9). Es fehlt auch die mundartliche Entrundung (§51, Nr. 2, 5, 11, 16, 19, 21). Die phonotaktische und landschaftliche Rundung von /a a:/ ist nur bei der Länge angedeutet (§52, Nr. 7, 14).

§ 54.2 Das frühnhd. Vokalsystem

Als Beispiel für ein frühnhd. Vokalsystem nehmen wir das von Heinrich Wittenweiler (§ 217), in dem gegenüber den nhd. Vokalen Diphthongierung, aber weder Monophthongierung noch Dehnung zu finden sind. Es fehlen also die langen Vokalphoneme /i: ü: u:/. Die neuen Diphthonge aus mhd. *î iu û* sind nicht mit den alten aus mhd. *ei öu ou* zusammengefallen. Der Unterschied könnte in einer zentralisierten ersten Komponente, also *əi əü əu* gegenüber *ai aü au* mit gesenktem erstem Teil bestanden haben, doch wäre auch eine andere phonetische Realisierung möglich. Bei den e-Lauten deuten die Reime (Kraft 1950) auf Unterscheidung von vier, vielleicht fünf e-Lauten: *Ee* [e:] aus mhd. *ê, end* (mhd. *e*), *knecht* (mhd. *ë*). *wår* (mhd. *æ*), *ålleu* (mhd. *ä*, vielleicht von *ë* verschieden). Beispiele aus dem Text sind in derselben Anordnung angegeben. Das System sieht also folgendermaßen aus (die Ziffern bezeichnen die mhd. Vokale der Tabelle von § 54.1, bei den Wörtern die Zeilen des Wittenweilertextes):

	vorne			hinten	Diphthonge		
Hoch	/[i:]	[ü:]		[u:]	iə[18]	üə[19]	uə[23]
	i	ü		u			
Mittel	e:	ö:		o:			
	e[3]	ö	ə[24]	o	əi[10]	əü[11]	əu[17]
	ε:						
	ε[4]						
Niedrig	(ä)		a	a:	ai[20]	aü[21]	au[22] /

Hoch	*ist* ([540]6)	*chŭndin*	*umb* (17)	*tiefels*	*hůrr*	*hŭb* (4)	
	kyrchen (6)	(Z.[54]11)		(23)	(46)		
Mittel	*Ee* (19)	*Hȯrt* (5)	*Do* (3)				
	end (3)	*mȯcht* (39) *ane* (9)	*wol* (8)	*-leich* (9)	*-peut* (17)	*praut* (12)	
				pey (17)	*neuw*		
	wȧr (15)				(7756)		
	knecht (5)						
	å̊lleu (27)	*pharrer*	*ane* (9)	*haẙm-* (9)	*fröwel*	*frauwen*	
		(4)		*-tåïlt*	(7996)	(5)	
				(35)			

Wir können annehmen, daß seit dem Mhd. sich die Vokalphoneme der schwachakzentuierten Nebensilben (vgl. § 35) frühnhd. im allgemeinen nur in ihrem Vorkommen (§ 49), aber nicht in ihrer Opposition verändert haben (graphisches Material dazu bei Moser und Stopp 1970ff.).

2.5 Wandlungen im Konsonantensystem

§ 55 2.5.1 Das mhd. und das frühnhd. Konsonantensystem

Die Veränderungen des mhd. Konsonantensystems in den frühnhd. Schriftdialekten waren nicht groß (vgl. § 36). Wenn wir die Systeme miteinander vergleichen, ergibt sich folgendes Bild:

	Mhd.			Frühnhd.		
Verschlußlaute						
Lenis	b	d	g	b	d	g
Fortis	p	t	k	p	t	k
Reibelaute						
Lenis	f(v)	s	h	f	s	(z)	h
				w[v]			j
Fortis	ff	zz	ch	(ff)	⟨ss⟩	ch
		sch			sch	

Affrikaten	pf	tz	(kch)	pf	tz	(kch)
Nasale	m	n	[ŋ]	m	n	ŋ
Halbvokale	w	j				
Liquide	l	r		l	r	

Aus diesen Tabellen geht hervor, daß die zwei mhd. Verschlußlautreihen /b d g p t k/ im allgemeinen (§ 56), ebenso die Liquiden (§ 63) unverändert geblieben sind. Die Affrikaten sind wie in vielen Handbüchern zwar als eigene Phoneme angeführt, doch können sie ohne weiters als Verbindung von zwei Phonemen (*p*+*f*, *t*+*s*, *k*+*ch*) angesehen werden, was keine besondere phonologische Begründung erfordert. Frühnhd. Schreibungen wie z.B. *Gottz, Gotz* neben *Gottes, Gotts* beweisen die Aussprache [ts].

Nicht aufgenommen in die Tabelle sind die spirantischen Allophone der Lenislaute /b/ und /g/, die aber schon mhd. bestanden. Aus dem mhd. Allophon [ŋ] ist frühnhd. das dritte Nasalphonem /ŋ/ entstanden (§ 64).

Die mhd. Halbvokale sind frühnhd. Spiranten: /j/ ist der stimmhafte Partner des palatalen stimmlosen [ç]-Allophons von /ch/, /v/ der von /f/ geworden (§ 60). Auch die Zischlaute haben meistens /s/ und stimmhaftes /z/ als Opposition entwickelt (§ 61).

In den folgenden Abschnitten (§ 56–64) wollen wir die einzelnen frühnhd. Konsonantenreihen noch etwas genauer behandeln.

§ 56 2.5.2 Die Verschlußlaute

Während in der Schriftsprache schon durch die Verfügbarkeit der traditionellen Zeichen des lateinischen Alphabets die beiden Reihen *b d g* und *p t k* im allgemeinen erhalten geblieben sind, sind sie in den Mundarten in verschiedenem Ausmaß zusammengefallen. Frühnhd. warnen Kolroß (1530, S. 74), Frangk (1531, S. 107), auch Schottel (1663, S. 204, 207) vor der Vermengung von *b* und *p*, *d* und *t*.

Schon das Mhd. zeigte, wie es die normalisierte Orthographie verallgemeinert hat, «Auslautsverhärtung», also nur Fortis im Auslaut: *diep* 'Dieb', *tac* 'Tag' usw. Die nhd. Hochlautung kennt nur stimmlosen Geräuschlaut im Auslaut: *Dieb*[p], *Tag*[k], *Bund*[t], *Motiv*[f], auch gegen die Rechtschreibung. Nach Kranzmayer (1956, S. 79) haben alle Mundarten, welche das Auslaut-*e* abstoßen, auch die Auslautverhärtung aufgegeben. Im Frühnhd. will Clajus (1573, S. 15) *Kalb*, nicht *Kalp; Pferd*, nicht *Pfert* wegen des Plurals *Kelber, Pferde*. Ähnlich ist Schottels (1663, S. 191f.) Empfehlung, der auch gegen *dt* im Auslaut ist (S. 208). Dessen Verwendung hängt mit der Unsicherheit bei Auslautverhärtung zusammen (Bahder 1890, S. 261). Fabritius (1532, S. 16) will bei *dt*, «*das das worth mittelmesig ausgesprochen wurth.*»

60

Auf niederdeutschem Gebiet finden wir im Anlaut und Inlaut konsequente Unterscheidung der beiden Verschlußlautreihen, wobei allerdings Lippen- und Gaumenlaute besonders im stimmhaften Inlaut Reibelautallophone aufweisen. Im 18. Jh. war bei allem Prestige des Meißnischen die sächsische Volksaussprache dafür bekannt, die beiden Reihen zu vermengen. Der Ostpreuße und spätere Leipziger J.Ch. Gottsched, der Verfasser einer oft verlegten *Deutschen Sprachkunst* (1748[1], 1762[5, 6]), machte sich in der Zeitschrift *Vernünftige Tadlerinnen* in einem angeblichen Brief einer Leipzigerin mit zahlreichen vermengten Verschlußlauten über diese lokale Aussprache lustig, z. B. *Pruter* 'Bruder', *daud* 'Tod', *doocht* 'taugt', *kärne* 'gerne' usw. (Penzl 1980, S. 178, 183; Penzl 1977, S. 84).

§ 57 2.5.2a Die Lippenlaute

Bei Lippenlauten hat das Frühnhd. im allgemeinen die Laute des Mhd. Außerhalb des Westmd. kommt /p/ im Anlaut nur in Fremdwörtern, also Entlehnungen vor. Gegenüber mhd. *b* hat das Nhd. /p/ in *Panier, Papst* (mhd. *babes*), *Pate, Pech, Pein, Pilz, Posaune, Pranger, Pracht, Prügel, purzeln* (Bahder 1890, S. 224–238). *p*-Schreibung für *b* (oben *Pruter* § 56) kann natürlich mundartliche Fortisentwicklung oder Hyperlautung bedeuten, aber auch eine Schreibungsumwertung für den Verschlußlaut sein. Unsere phonetische Bestimmung muß stets das graphische Gesamtsystem in Betracht ziehen: bairisch steht ⟨b⟩ z. B. öfter für den Reibelaut [β]. Moser (1951, § 137, Anm. 18) meint, daß die Unterscheidung von *b p* bei Ickelsamer, Kolroß, Frangk als «*lind*», bzw. *herter* oder «*starck*» eine «theoretische Abstraktion nach der Schrift» sei. Natürlich war die Schrifttradition ein Faktor, der mitgeholfen hat, die Reihenopposition für die Schriftsprache zu bewahren.

Statt der Affrikata (§ 55) ⟨pf pff ph⟩ wird westmd. im Anlaut und nach Sonorlauten im Inlaut manchmal ⟨p⟩ geschrieben. Neu entwickelt ist sie phonotaktisch (§ 65) aus *f* nach der Vorsilbe *ent-*: nhd. *empfangen, empfehlen*.

§ 58 2.5.2b Die Zahnlaute *d, t.*

In einer Reihe von Wörtern entsprechen frühnhd. *d* und *t* nicht ihrer mhd. Quelle, sondern umgekehrt mhd. *t* bzw. *d:* z. B. *Damm, Dampf, dauern, Drache, Duft, dumm, dunkel, Dutzend, dulden, Geld, milde, Herde; Trümmer, Tölpel, hinter, unter, Ernte, viert, Wert, gescheit* (Bahder 1890, S. 239–266). Man kann das keineswegs etwa als einen sporadischen oder lexikalisch bedingten Lautwandel *d* zu *t* und *t* zu *d* ansehen. Mundarten, in denen die Zahnlaute (Dentale) in bestimmten Stellungen, z. B. im Anlaut (meist als Lenis) zusammenfielen, standen Mundarten gegenüber, wo ahd., mhd. *d* und *t* mit dem Merkmal + oder − [fortis] ihre Opposition durchaus aufrechterhielten. Es standen sich also schon spätmhd. *tump, dulten* in nichtlenisierenden und *dumb, dulden* in lenisierenden Mundarten gegenüber. Von den beiden Nebenformen hat die Form der Lenismundarten gesiegt; manche Handbücher sprechen da von «binnendeutscher Konsonantenschwächung». Bei *dumm* entspricht der Anlaut auch der niederdeutschen Form, das eher «südwestliche» *dulden* (sonst: *leiden*, Kluge-Mitzka 1960) zeigt die Sonderentwicklung von *lt* zu *ld*. Auch *nd* (nhd. *nt*) ist, außer im Bairischen, noch frühnhd. häufig: *hinder, under* (Noordijk 1925; Moser 1951, S. 168 ff.).

Eine Unterscheidung zwischen dentalem und alveolarem Artikulationsort ist im Deutschen nie distinktiv. Ickelsamer (1534, S. 130) schreibt von *ainem anschlag der zungen an die malzene.* Für Peter Jordan (1533, S. 114) sind /d/ und /t/ dorsal (nicht apikal) und alveolar: *dringt die zunge oben an den gummen / rürend die untern zene mit der spitzen.*

§ 59 2.5.2 c Die Gaumenlaute

Die Gaumenlaute unterscheiden im Deutschen vorderen (palatalen) und hinteren (velaren) Artikulationsort nur allophonisch. Die Opposition als Lenis (*g*) und Fortis (*k*) ist in den Mundarten häufiger als die bei Lippen- (§ 57) und Zahnlauten (§ 58) erhalten geblieben. Eine velare Affrikata [kch] gibt es frühnhd. wohl nur im Bairischen und Alemannischen; [ts] ist dagegen allgemein hochdeutsch, [pf] nur westmd. ungewöhnlich. Bairische Schreibungen mit ⟨ch kch kh⟩ können diese Affrikata bezeichnen: z. B. *chúndin* (Wittenweiler, § 217), *schikchat, rokch* (Kottannerin, § 225).

Außerhalb des Anlauts ist ⟨g⟩ vielfach Zeichen für einen Lenisreibelaut, der z. T. im Auslaut mit /ch/ zusammenfallen kann, z. B. *manch-* (mhd. *maneg-*). Ickelsamer (vgl. § 42) beschreibt ⟨g⟩ als Reibelaut, meint aber an anderer Stelle von /g/ *so die zung das eüsserst des gůmens berůrt* (Ickelsamer 1534, S. 128). Auch Fabritius verlangt Verschlußlaut: *Ich bleib bey dem g vnd bey der krafft vnd stym des buchstaben g* (Fabritius 1532, S. 16 f.).

2.5.3 Reibelaute

§ 60 2.5.3 a Die Lippenlaute *f ff w*

Mundartlich ist frühnhd. die mhd. Unterscheidung von Lenis (⟨f v⟩) und Fortis (⟨ff f⟩), die auf germ. **f* bzw. germ. **p* zurückgehen, noch außerhalb des Anlauts vorhanden. Die orthographischen nhd. Reste mit *v-* (*ver-, vor-, Vater, Vetter, viel* usw.) drücken natürlich keine lautliche Unterscheidung von /f/ aus, im Anlaut könnte eine Opposition *f:ff* höchstens durch Fremdwörter mit Fortisanlaut bestanden haben. Die

Entwicklung des mhd. Halbvokals *w* zu einem Reibelaut mit den Merkmalen + [stimmhaft] und + [labial], also zu labiodentalem [v] mit bilabialen [β]-Allophonen, muß der entscheidende Faktor gewesen sein, der zum Phonemzusammenfall der zwei stimmlosen labiodentalen Reibelaute in den meisten frühnhd. Dialekten führte. Der Zusammenfall der beiden Phoneme zeigt sich in Texten meist durch das Überwiegen der *ff*-Schreibung auch in Wörtern mit germ. *f*. Ursprünglich bezeichnete Doppelschreibung die Fortis (für germ. *p*), war also von phonologischer Bedeutung, durchaus keine sinnlose «Konsonantenhäufung» (§ 34) durch die Schreiber, wie manche Handbücher anzunehmen scheinen. F. Frangk (1531, S. 100) will in *hofeman / teufel ... ein f,* in *hoffen / teuffen ... zwey ff.* «*Solchs lernt die aussprache.*» Philipp von Zesen unterschied, wie M. H. Jellinek hervorhebt, in der *Adriatischen Rosemund* (1645, S. XIX, XXX) stets *f* und *ff: hofen, teufel, ungezifer* und *schlahffen, lauffen, ruhffe* usw.

V. Ickelsamer (1534), auch P. Jordan (1533) beschreiben /f/ deutlich als labiodental: *wenn man den odem blest durch die obern zeen auff die vndtern lefftzen gelegt,* aber *w* als bilabial *ist der odem wie man heisse essen oder koste blest* (Ickelsamer 1534[2], S. 56). Auch L. Albertus (1573, S. 26) beschreibt /w/ als bilabialen Reibelaut, der Ausländern unbekannt sei, die teilweise [gu] dafür einsetzen.

Mhd. *w* ist im Inlaut nach Langvokal oder Diphthong vokalisiert worden und vielfach geschwunden, z. B. mhd. *vrouwe* 'Frau', *triuwe* 'Treue'; *melwes* Gen. zu *mel* 'Mehl', *snewes* Gen. zu *snê* 'Schnee'. *ewec* 'ewig', *lewe* 'Löwe' sind Ausnahmen. Die Konsonantengruppe *lw rw* wurde zu *lb rb*: mhd. *swalwe* 'Schwalbe', *gärwen* 'gerben' (§ 65.1). Man erklärt das als Reaktion auf den Zusammenfall von /b/ und /v/ (aus /w/) im Inlaut, der zuerst im Bairischen, dann niederalemannisch und md. erfolgte. Bairisch sind Schreibungen mit ⟨b⟩ für /v/ häufig: z. B. bei der Kottannerin (§ 225) *krabat* (136), *antbŭrt* (S. 12) usw.

§ 61 2.5.3b Die Zischlaute

Die Zischlaute (Sibilanten) vertreten im deutschen Konsonantensystem die Stelle der alveolar-dentalen Spiranten (Reibelaute). Die dentale Spirans ⟨th⟩ (⟨dh⟩) ist schon ahd. mit *d* zusammengefallen. Mhd. war neben die zwei, ⟨s⟩ (aus germ. *s*) und ⟨z, zz⟩ (aus germ. *t*) geschriebenen, schon ahd. vorhandenen Sibilanten ein dritter Zischlaut, ⟨sch⟩ (aus ahd. *sk*), getreten. Die genaue kontrastive Beschreibung der beiden mhd. Sibilanten (*s, ss/z, zz*) ist schwierig (vgl. Penzl 1971, S. 71f.; Penzl 1975, S. 107f.); man hat für ersteren lenis, apikal-retroflexe, für letzteren fortis, prädorsal-nichtretroflexe Aussprache angenommen. Die phonetische Unterscheidung der zwei Sibilanten von dem neuen «Schibilanten» im

Lautsystem erwies sich in allen Mundarten als unmöglich, jedenfalls was Artikulationsort (dental/postalveolar) oder Artikulationsweise (apikal/prädorsal) anbelangt (vgl. Moser 1929, S. 211).

In vorkonsonantischer Stellung fiel also *s* mit dem neuen *sch* zusammen. Diese Entwicklung ist für die Hochsprache im allgemeinen auf den Anlaut beschränkt. Die frühnhd. Texte drücken diesen Zusammenfall, der auch später bei *sp st* nicht bezeichnet ist, zunächst vielfach auch bei *sl-, sm-, sn-, sw-* nicht aus (vgl. Besch 1967, S. 107–111). Der Straßburger Ölinger (1573, S. 19) will noch ⟨s⟩ in *springen* («*sicut in Gallico vocabulo*») und ist nicht nur gegen *faschten* 'fasten', auch gegen *schtand* 'der stande'. Der Niederdeutsche Schottel (1663, § 89) spricht [s] vor Konsonanz. Noch im 18. Jh. war das Durchdringen des Schibilanten gegen die ⟨s⟩-Schreibung als Norm keineswegs selbstverständlich (Penzl 1977, S. 88f.).

Der spätmhd. Zusammenfall der beiden Zischlaute zeigt sich in frühnhd. Texten durch gelegentliche oder «umgekehrte Schreibungen», besonders im Auslaut: die Abkürzung *dz* 'daß' (§ 25), *waz* für *was* 'war' bei Mentelin (§ 169). Das Zeichen ⟨z⟩ mußte ⟨s⟩ weichen (§ 34.2 oben), weil es durch den Affrikatenwert [ts] graphisch «überbelastet» war; also wird mhd. *daz* (aus ahd. *thaz, daz*), *waz* (aus ahd. *hwaz, waz*) zu *das, was* und gelegentliches *waz* für mhd. *was* gilt als «umgekehrt».

Die Opposition Lenis/Fortis bei Zischlauten im Inlaut ging in vielen Mundarten verloren, blieb aber z. B. im Bairischen, Schlesischen, auch im Niederdeutschen erhalten (Schirmunski 1962, S. 358ff.). Hans Sachs (§ 235) reimt *speissen, bscheissen;* auch Herzogin Liselottes Orthographie zeigt den Zusammenfall (§ 191). Die frühnhd. Schriftdialekte unterscheiden aber meist zwischen Fortis und Lenis im Inlaut, während im Anlaut die Lenis, im Auslaut die Fortis überwiegt. Aus mhd. *rîsen* 'steigen', *rîzen* 'zerreißen' wurde nhd. *reisen, reißen* mit [z] bzw. [s]. mhd. *zz* und *ss* fielen zusammen. Die Schreibung der Fortis im Inlaut als ⟨ss⟩ nach Kurzvokal, ⟨ß⟩ nach Langvokal (nhd. *Masse, Maße*), die sich in Ph. von Zesens *Deutscher Helicon* (1640) findet, setzt J. Ch. Gottsched im 18. Jh. endgültig durch (vgl. Michel 1959). V. Moser (1951, S. 214, Anm. 8) wundert sich wegen des Zusammenfalls in den Mundarten über die Wiederdurchführung der festen orthographischen Scheidung der *s*-Laute im späteren 16. Jh. in allen Gebieten (vgl. Stopp 1976, S. 34ff.).

§ 62   2.5.3c Die Gaumenlaute *ch h g*

§ 62.1   *ich/ach*

Die Entwicklung von palatalen und velaren Allophonen des /ch/, den sogenannten *ich-* und *ach*-Lauten, muß in spätmhd. Zeit in den meisten Mundarten eingetreten sein. Die palatalen Laute scheinen die Neuerung zu sein. Je nach der Zungenstellung des vorhergehenden Vokals erfolgt die Artikulation des Spiranten an der entsprechenden Stelle des Gaumens. Ein direkter graphischer Niederschlag dieser Entwicklung ist nicht zu erwarten und auch nicht zu finden. Die Erhaltung des Vokals [i] in einigen Nebensilben, vielleicht gelegentliche ⟨g⟩-Schreibungen für den Reibelaut, deuten wohl auf palatalen Lautwert, also [ç]; siehe unten 62.3.

§ 62.2 *-h-/-ch-*

Im Inlaut zwischen Vokalen und nach Konsonant ist mhd. *h*, der «Hauchlaut», frühnhd. meistens verlorengegangen (mhd. *sehen, bevelhen*), bildet also nicht länger eine Opposition zu dem fortisartigen, palatal-velaren stimmlosen *ch*-Laut, mit dem er oft im morphemischen Wechsel steht: mhd. *siht, sehen*. *-ch-* erscheint aber oft im Inlaut: z. B. Luthers *geschechen* neben *geschehen, gesche(e)n* (Bach 1934, S. 50). Umgekehrt dringt auch *-h* in den Auslaut (mhd. *sach, sah*), wo es dann frühnhd. schwindet: *sah* [za:]. Zu *-lh* vgl. § 231.2.
  -chs ist zu [ks] geworden. Für O. Fuchßperger (1542), S. 173 ist *sechs* ein Beispiel für *x* (Penzl 1975, S. 125).

§ 62.3 *-g-*

Mitteldeutsche Mundarten kennen noch eine stimmhafte Lenisspirans [γ] (oder [j]?) im Inlaut oder Silbenanlaut, die in frühnhd. Texten ⟨g⟩ geschrieben wird. Noch im 18. Jh. ist die Schreibung des Diminutivsuffixes *-chen* als *-gen* nicht selten; das scheint den Zusammenfall von Fortis und Lenis zu e i n e m palatal-velaren Reibelaut auszudrücken.

§ 62.4 *-j-*

Im Inlaut ist der mhd. palatale «Halbvokal» frühnhd. weitgehend geschwunden (mhd. *müejen* 'mühen'). In *scherge, ferge* hat sich [g] entwickelt. /j/ in /je/ aus dem mhd. Diphthong *ie* (nhd. *je, jeder, jemand, jetzt*) tritt frühnhd. erst spät auf. Es bleibt in den Mundarten vokalisch, z. B. reimt Hans Sachs (§ 235): *wider* auf *jeder*, schreibt aber *ye*.

2.5.4 Sonorlaute

§ 63 2.5.4a /l r/

§ 63.1 /l/

Außer etwa phonotaktisch in einigen Konsonantenverbindungen zeigt sich in den frühnhd. Texten kein Zeichen für dialektische Veränderung von mhd. /l/. Die Begünstigung von gerundeten Vokalen wie [ö ü] durch

folgendes /l/ kann auf mundartliche Varianten mit Hebung der Hinterzunge (ähnlich dem engl. [l] in *all, full*) zurückgehen (vgl. § 51).

§ 63.2 /r/

Die frühnhd. Lesemeister beschreiben ein gerolltes Zungenspitzen-r
(§ 36), aber der Schlesier Jakob Böhme (1575–1624) hat uvulares [R]
(Moulton 1952).

Die Orthographie zeigt öfter Variation oder Nebenformen mit oder
ohne /r/. Dazu gehört die Variation *da-/dar-, wo-/wor-*: Opitz (§ 186)
hat *darvon, darnach, worzu,* Dornblüth (§ 98) *darmit* und *damit. werlt*
neben *welt* findet sich noch frühnhd. (Besch 1967, S. 122 f.). Ein Sproßvokal drang in vielen Dialekten ein zwischen Langvokal oder Diphthong
und *r: Bauer* aus *Baur* (§ 49), was zu dem Formativ /er/ führte. Der
weitverbreitete Schwund von [r] nach Langvokal und nach [ə] in Nebensilben ist aber noch keine frühnhd. Entwicklung.

§ 64   2.5.4b /n m ng/

Der mundartliche Schwund von /n/ in Nebensilben ist frühnhd. manchmal
im absoluten Auslaut zu belegen. Der Straßburger Ölinger (1573, S. 18)
beschreibt [ə] für *en* in *sagen.* Die abgekürzte Schreibung durch Strich
über der Zeile (§ 25) bedeutet natürlich nicht Nasalschwund. Die Nebenform *nun* neben *nu* ist vielleicht aus wiederholtem *nu nu* entstanden
(Erben 1970, S. 419).

Die frühnhd. Entwicklung eines einfachen velaren Nasalphonems ist
aus den Angaben der Grammatiker deutlich zu erkennen. Ickelsamer
(1534, S. 139) meint, daß in *Engel* usw. *hȏrt man weder das /n/ noch
das /g/ volkomlich / sondern man hȏrt auß jrer zůsamen schmeltzung vil
ain ander gethȏn vnd stimm /.* Im Inlaut hat der Schwund von [g] in der
Verbindung [ŋg], parallel zu dem von [b] nach [m], zu /ŋ/ geführt.
Wolf (1975, S. 188) interpretiert die Schreibung *heiling* 'Heiligen' (vgl.
spinting bei Hans Sachs, § 235), daß der velare Nasal schon im 15. Jh. als
Phonem /ŋ/ zu werten sei. Die öfter bezeugten Reime vom Typus *lang/*
krank scheinen zu zeigen, daß der Fortisverschlußlaut im Auslaut in manchen Landschaften die frühe Entwicklung des Phonems /ŋ/ verhindert hat.

§ 65   2.5.5 Phonotaktische Wandlungen

Eine Reihe von konsonantischen Veränderungen kann eintreten, wenn
sich innerhalb eines Wortes bestimmte Konsonantenfolgen vorfinden
(§ 41). Das Gesamtinventar der Phoneme wird durch solche Wandlungen
nicht berührt, und allophonische Vorstufen (§ 39) können für diesen
Ersatz, Schwund oder Einschub nicht angesetzt werden, höchstens als

erste Phase die Entwicklung von «Nebenformen». Es handelt sich also um einen durch den Kontakt, die Gruppierung verursachten, oft nur sporadisch, d. h. nicht im ganzen einschlägigen Material durchgeführten Wandel, den ich von anderen, phonemischen Lautwandlungen als phonotaktisch unterscheide.

§ 65.1 *rw* zu *rb*

Verändert sich eine Konsonantenfolge nicht nur sporadisch, sondern in so gut wie allen einschlägigen Fällen, handelt es sich um einen regelmäßigen Lautwandel. Wir finden z. B. den Wandel von mhd. *rw* zu *rb* in *Erbse, Farbe, gerben, herb, mürbe, Narbe, Sperber,* von *lw* zu *lb* in *Schwalbe* (§ 60).

§ 65.2 *tw* zu *zw, kw*

Bei mhd. *tw-* wird *s* eingeschoben, so daß wir *zw-* bekommen: *Zwehle* 'Handtuch', *Zwerch-, Zwerg, Zwetschke, zwingen* (Moser 1951, S. 198ff.). Ostmd. wird *tw* zu *kw* ⟨qu⟩ (Erben 1970, S. 411): *Quehle, quer, Querg, Qualm* (Luther auch: *twalm*), *Quark, Quirl* (vgl. Besch 1967, S. 129).

§ 65.3 *mb* zu *m*

Die oben (§ 64) erwähnte Wandlung von *mb* zu *mm (m)* wie in *Kummer* (mhd. *kumber*), *Zimmer* (mhd. *zimber*), *um* (mhd. *umbe*) ist als Lautwandel anzusehen. Orthographisch bleibt *mb* frühnhd. meist erhalten. Häufige «umgekehrte» Schreibungen wie *reichthumb* u. dgl., die Schottel (1663, S. 204) bekämpft, zeigen den Lautwert von ⟨mb⟩ als /m/.

§ 65.4 Einschub von *p t*

Von dem Wandel *mb* zu *m* zu unterscheiden ist der bloß phonotaktische Einschub eines labialen Verschlußlauts (*p* oder *b*) zwischen *m* und Zahnlauten, besonders vor /t/: Mentelin (§ 169) hat *abnympt, verdampt, kumpt,* Luther (§ 82) *verdampt, kompt, frembde* (Penzl 1975, S. 123f.), Opitz (§ 186) *kömpt, nimpt, nemblich, wůndschen, berühmbter* usw. Ölinger (1573, S. 12) meint, *p b* wie in *kompt, blüemblein* würden öfter im Schreiben ausgelassen. Aber Helber (1593, S. 9) nennt ⟨p⟩ in *kompt, versaumpt* «múessig». Ein dentaler Verschlußlaut (*d t*) tritt nach /n/ in mehrsilbigen Wörtern ein: nhd. *minder* (mhd. *minre*), *eigentlich, gelegentlich* (mhd. *gelegenlich*), *öffentlich, meinethalben* (mhd. *mînen halben, mînthalben*), *deinetwegen* (vgl. V. Moser 1951, S. 29ff.).

§ 65.5 -t

Weitere phonotaktische Veränderungen von Wörtern betreffen die Anfügung von Zahnlauten (t d) nach /n/ oder /s/ wie in *Axt* (mhd. *ackes*),
niemand, jemand, Obst, Mond, Dutzend, Papst, Palast, selbst (dazu
Benware 1979). Ölinger (1573, S. 63) hat *selbst*, Clajus (1578, S. 64)
selbs, Schottel (1663, S. 544) kennt *selbst, selbsten, selber*.

§ 65.6 Assimilationen

Es findet sich eine Reihe von phonetischen Angleichungen (Assimilationen) besonders in Zusammensetzungen, auch einige Beispiele von Dissimilation: z. B. *welt* (§ 63.2 oben), *emp-* aus *ent-* (mhd. *entfelhen*, nhd.
empfehlen (§ 75)), *Hoffart* (mhd. *hochvart*), *Blitz* (mhd. *blicze, blitze*),
sammeln (mhd. *samenen, samelen*), *Knoblauch* (mhd. *klobelouch, knobe-
louch*), (Penzl 1969, S. 92 f.). Die Nebenformen verschwinden allmählich.
   g (von *-ig*) fehlt vielfach vor dem Suffix *-keit* (*Gůtigkeit, Seelikeit*),
was aber keinen sicheren Schluß auf dessen Lautwert (§ 62.3) zuläßt.
Schottel (1663, S. 212) verurteilt diese Schreibung, da *-ig* eine «*Haubtendung*» sei.

2.6 Johannes von Tepl: Der Ackermann von Böhmen

§ 66 2.6a Druck von A. Pfister in Bamberg (1461)

Des clagers wider red. das xiij capitel

Nach schaden volgt spottē dās enpfinde wol die betrubten. Also geschicht
vō euch mir beschedigten manne · Liebes entspent leides gewēnt habt
ir mich als lāng got wil muß ich es vō euch leidē · wy stůpf ich pin · wie
wenig ich han · vnd nicht gesezt pin zu synnreichē hohē meistern · Dāñoch
weiß ich wol das ir meiner erē rauber · meiner frēudē diep · meiner gůt
lebtag stēler · meiner wundē vernichter · vñ alles des das mir wūsames lebē
gelubt vnd gemachet hat · ein zu storer seit · wes sol ich mich nu freuen ·
wo sol ich trost suchē · wo hin sol ich zu flůcht habē · wo sol ich heilstet
vindē · wo sol ich trēuen rat holen · Hin ist hin · Alle freud ist mir vñd
meinē kindē ee der rechten zeit verschwundē zu fru sie vns entwischt ·
Allzu schir habt ir sie vns enzůcket die treuē die geheurn · wāñ ich mich
zu wittwar vñd meine kinder zu waysen sō vngenediclich habt gemachet ·
Elend alleÿ vñ leides wol beleib ich von euch vnergezet · Pesserūg kōñdt
mir vō euch nach grosser missetat noch nye widerfarē · wie ist dē her todt
aller leut ebrecher an euch kā nymāt ichts gutes verdienē · Nāch vntat
wollet ir nymāts gēnug thū vbels wolt ir nymāts ergezen · Ich pruff das
parmherzikeit nicht pei euch wonet · nēur fluchēs seit ir gewāt gnādelōß

seit ir an allen ortē[225] · solch gutet die ir beweisset[230] an dē leutē · Solch gnad[235]
so die leut vō euch[240] entpfahē · Solchen lon als ir[245] den leutē gebt · Solch eud[250]
als ir dē leuten thut[255] · schickt euch der · der dēs[260] todes vnd lebēs gewaltig
ist[265] · Furst himlischer geschopf ergeze[270] mich vngeheur ūlust · michels
schadēs · vnseliges[275] trubsals · vnd iemerlichs waffētumß[280] dō pei gerich mich
an dē erzschalck[285] dem tode got aller[290] vnthat gerecher[292].

§ 67 2.6b Druck von K. Fyner in Esslingen (1474)

anch schaden volget spotten des entpfindent die betrúpten als beschit mir
von uch mir bescheidigen māne liebes entspent vn leides gewent habend
ir mich als lang gott wil mŭß ich es tulden wie stunpf ich bin wie wenig
ich hā zŭ siriches meisters wißheit gezucket dennocht weis ich wol dz ir
miner erērouber miner freidē diep miner gŭttē lebtagen steler miner
wunnē vernichter vnd alles des so mir lustsā lebē gemacht vn geliebet hat
zerstórr sind wes sol ich mich nŭ frowē wa sol ich trost suchen war sol ich
zŭ flucht habē wa sol ich heil stet findē wa sol ich getruwen ratt reichen
hin ist da hin alle min freid ist mir ee die zit verschwuuden zŭ frŭ ist si
mir entwichen zŭ schier habent ir si mir entzucket die getruwe die gehúre
wann ir mich enig zŭ wittwer vnd mine kind zŭ weissen so vngeneglich
hand gemacht ellēd allein vnd leides vol blib ich von uch vnergetz Beserung
von uch kúnde mir nach grosser missetat noch nie widerfarē wie ist dem
herre dot aller eren brecher an uch kan niemā nútz gŭttes verdienen noch
finden niemand wóllend ir genŭg thŭn nach ergetzen ich prúffe barmhertzikeit wonet nit by uch flŭchens sind ir gewone genadloß sind ir an
allen orten sóllich gŭtt dette die ir bewisent an den lútten sólliche genade
so die lútee von uch entpfahent sóllichen lon so ir den lútē geben sólliche
ende so ir den lútten thŭnd schicke vnd sende uch der der dodes vnd
lebens gewaltig ist fúrst hymelischer masseneien ergetzt mich vngehúres
verlustes michels schadens vnsegliches trúbsales vnd iemerliches waffen-
kumers da by riche mich an dē ertzschalck dem dot gott aller vndatte
recher

§ 68 2.6.1 Text und Textkritik

In den Texten zur Lautlehre (Phonologie), den Stellen aus dem *Ackermann,* Brant (§ 76), Luther (§ 82), Schottel (§ 89), Dornblüth (§ 98)
behandeln wir nur orthographische und phonologische Fragen. Morphologisches, syntaktisches, lexikalisches Material aus diesen Texten kommt erst
später in den einschlägigen Kapiteln an die Reihe.

Die obige Textstelle ist das 13. Kapitel aus Johannes von Tepls (ca.
1350–1414) *Ackermann von Böhmen,* zuerst eine diplomatische Wiedergabe nach dem Bamberger Druck von A. Pfister von 1461 (§ 66), dann
eine nach dem Druck Konrad Fyners von Esslingen (1474) (§ 67), die

beide in Faksimileausgabe mit unbezifferten Seiten verfügbar sind. Pfisters Druck ging die erste Ausgabe von 1460 voraus (Zedler 1911).

Johannes von Tepls Werk, das er um 1400 schrieb, ist nach Johann von Neumarkts (1310–1380) Dichtungen das früheste und bedeutendste Beispiel für frühneuhochdeutsche Kunstprosa. Seine vielfältige Überlieferung in 33 Handschriften und frühen Drucken ist selbst ein guter Beweis, wie weit noch der Weg bis zu einer einheitlichen deutschen Schriftsprache ist. Wir haben hier eine ostfränkische (§ 66) und eine schwäbische (§ 67) Version aus der 2. Hälfte des 15. Jhs., deren Vergleich uns die große landschaftliche Verschiedenheit der frühnhd. Schriftdialekte (§ 6) zeigen kann. Der Zeitunterschied zwischen 1461 und 1474 ist dabei ohne Bedeutung. Im folgenden beziehen sich die bezifferten Formen auf den Bamberger Druck, mit *Fyner* wird auf den Esslinger Druck hingewiesen.

Die Forschung hat wegen des hohen literarischen Wertes unseres Textes sich sehr um inhaltliche Textkritik bemüht und versucht, aus der Überlieferung den Urtext des Verfassers herzustellen. Ich gebe den Text ohne irgendwelche Korrektur, um Eigenheiten dieser frühen Drucke wiederzugeben, wenn auch die Druckfehler kaum sprachliche Bedeutung haben. Aus inhaltlichen Gründen sollte im Bamberger Druck (Hain Nr. 74) *wunnē* (wie bei Fyner) für *wundē* (67), *vol* (Fyner) für *wol* (163), *schicke* für *schickt* (256), auch *ir mich* für *ich mich* (146f.), *end* für *eud* (250) eingesetzt werden. Der Fynerdruck (Hain Nr. 75) hat als Druckfehler: *anch* 'nach', *verschwuuden, lútee*. Sprachlichen Stil und Wortschatz des Denkmals bespricht Eggers (1969, S. 89–99).

§ 69 2.6.2 Die Orthographie

§ 69.1 Interpunktion

Der Pfisterdruck zeigt als Interpunktion (§ 23) nur den Punkt, der Fynerdruck überhaupt keine Satzzeichen außer Abteilungszeichen am Zeilenende. Großschreibung (§ 26) findet sich fast nur am Satzanfang, kann aber auch rhetorische Hervorhebung bezeichnen: *Solch* (234, 242, 249). Bei Fyner ist *B* in *Beserung* die einzige Majuskel, aber *f* des Anlauts wirkt majuskelhaft. An Abkürzungen (§ 25) bemerken wir *vn̄* (69) neben *vnd* (42), *dz* bei Fyner 'daß', eine Wellenlinie für *-er: guı̃* (63), *ūlust* (272). Manche Zusammensetzungen zeigen Trennung (§ 24) der Glieder: *wider red* (Titel), *zu storer* (81f.), *zu flucht* (99f.), aber *heilstet* (105, Fyner: *heil stet*).

§ 69.2 Die Schriftzeichen

An Vokalzeichen finden wir bei Pfister: ⟨i y e a o u(v) ie ee ei au eu⟩; ⟨ay⟩ in *waysen* (154), ⟨ye⟩ in *nye* (178). Die erste Auflage hatte ⟨aw

ew ai⟩. Umlautzeichen finden sich keine: *vbels, pruff, trubsals, geschopf,*
Fyner hat ⟨ú o̊⟩: *betrúpten, prúffe, nútz, lútē, trúbsales, so̊llich,* auch
⟨ů⟩: *gůttes, thůn* usw.

Unter den Konsonantenzeichen bemerken wir: ⟨p t c b d g w v f s i
(*iemerlichs* 278) z m n l r⟩. ß sind noch zwei Lettern, aber bei Fyner
schon Ligatur (*muß* 28). Der Nasal wird häufig als Strich über der Zeile
geschrieben: *spottē* (4), *dē* (182, Fyner: *dem*) usw. An Zeichengruppen
finden wir ⟨sch ch pf, auch th dt ff nn ss tt ck⟩, *sch* steht vor *w* in *verschwundē* (127), die erste Auflage hatte noch *sl, sm, sn, sw* (Zedler 1911,
S. 49), auch *cz* statt *z*.

2.6.3 Das Vokalsystem

§ 70 2.6.3a Diphthongierung

Das Vokalsystem des Bamberger (ostfränkischen) Schriftdialekts ist in
ein paar Einzelheiten von dem Wittenweilers (§ 54) verschieden. Umlautvokale wurden nur nicht geschrieben (§ 72.1), die Unterscheidung der
e-Laute bleibt unsicher. Der Esslinger (schwäbische) Schriftdialekt im
Fynerdruck hat noch die mhd. Langvokale und Diphthonge. Die frühnhd.
Diphthongierung (§ 45) ist bei Pfister durchgeführt. Während die erste
Auflage (Zedler 1911, S. 46) noch *ei* (mhd. *î*) und *ai* (mhd. *ei*) trennte,
finden wir im Druck von 1461 Phonemzusammenfall: *ei* in *meiner* (56,
59, 62, Fyner: *miner*), *weiß* (51, Fyner: *weis*); *au* in *auff* (14. Kap., Fyner:
vff), *rauber* (58, Fyner: *rouber*); *eu* in *euch* (13, Fyner: *uch*), *geheurn*
(144, Fyner: *gehúre*), *freuen* (89, Fyner: *frowe*). Im Bamberger Schriftdialekt sind mhd. *î* und *ei*, mhd. *û* und *ou*, mhd. *iu* und *öu* zusammengefallen.

§ 71.1 2.6.3b Monophthongierung

Die frühnhd. Monophthongierung (§ 46) ist im Bamberger Schriftdialekt
eingetreten. Historisches (mhd.) *ie* wird nicht immer, allerdings öfter als
in der 1. Auflage (Zedler 1911, S. 47) geschrieben: *wy* (34) neben *wie*
(38), *schir* (135, Fyner: *schier*), *nymāt* (191, Fyner: *niemā*), *nymāts*
(199) neben *nye* (178). Nur ⟨u⟩ steht, wo Fyners schwäbischer Schriftdialekt ⟨ů⟩ zeigt: *muß* (28), *zu* (46), *genug thū* (200f.), *fluchēs* (216).

§ 71.2   2.6.3c Dehnung

Auf Dehnung (§ 47) von Kurzvokalen in offener Silbe deuten Doppelschreibungen der Folgekonsonanten in zweisilbigen Wörtern bei deren
Nichteintreten: *manne* (16), *wittwar* (149), *schickt* (256). *ff* in *waffētumß*
(279) kann Kürzung des Vokals bedeuten, die bei *iemerlichs* (278) nicht

eingetreten ist. Die Dehnung trat vor *ch sch tz(z)* in der Silbengrenze nicht ein: *gemachet* (78), *michels* (273), *gerecher* (292), *ergezen* (206).

§ 71.3 2.6.3d *-e* in Nebensilben

Apokope und Synkope (§ 49) sind vielfach eingetreten. Der Bamberger Schriftdialekt übertrifft hier in der Häufigkeit den schwäbischen Fyners; darin könnte man einen bairischen Zug sehen. Man vergleiche z. B. *volgt* (3), *gelubt* (76), *kondt* (170), *gnad* (235), *iemerlichs* (278), *gerich* (282) mit Fyners *volget, geliebet, künde, genade, iemerliches, riche;* aber Pfisters *gemachet* (78), Dativ *tode* (288) entspricht bei Fyner *gemacht, dot.* Beide Texte haben *e*-lose Formen in *freud* (117), *beleib* vor *ich* (164), *solch* (226) und *e*-Formen im Partizip *enzucket* (140), 3. Pers. Sing. *wonet* (214), Gen. Sing. *todes* (261), im Dat. Sing. *manne* (16) usw.

§ 72 Umlaut, andere Vokale

§ 72.1 2.6.3e Umlaut

Das Fehlen aller Umlautzeichen bedeutet keineswegs die durchgeführte Entrundung im ostfränkischen Schriftdialekt (§ 51). Die Formen *gewent* (20) 'gewöhnt', *ergezen* (206) 'ergötzen', *ergeze* zeigen historisches *e* statt frühnhd. *ö.* Der Fynerdruck hat Umlautvokal ⟨ő⟩ aus *e* nach *w* in *wőllend* (197: *wollet*), *sőllich* (ahd. *solich,* 226: *solch*), aber eine entrundete Nebenform *freide* (60): *freude* neben *frowē* (89: *freuen*), umlautlose Formen wie *rauber* (58, vgl. Moser 1929, S. 87f.) 'Räuber' mit dem Suffix *-er, enzucket* (140) mit /u/ vor doppeltem *k. gelubt* (76) mit [ü] ist eine seltene Nebenform (mit Vokalkürzung?) zu *geliebet* (bei Fyner).

§ 72.2 2.6.3f *u/o* und andere Vokale

Es finden sich oberdeutsche *u/ü* Formen (§ 53) in *wundē* (67, für *wunnen*) 'Wonnen', *wūsames* (74) 'wonnesames', bei Fyner *nútz* (192: *ichts*), aber *kondt* (170, Fyner *künde*) 'konnte, könnte'. *o:* und *a:* zeigen im Bamberger Text keine Überschneidung mehr wie in der 1. Auflage (Zedler 1911, S. 45): bei Fyner entspricht *wa* und *war* Pfisters *wo* (90, 95, 102, 107), *da* Pfisters *do* (280).

Die Schreibung *neur* (215) 'nur' aus mhd. *newære* 'nicht wäre es; es sei denn, daß' erinnert an das mhd. Etymon, ist vielleicht noch zweisilbig zu lesen. *zu storer* (81f., Fyner: *zerstőrr*) 'Zerstörer' hat wie in *zu flucht* (99f.) die md. häufige volle Form des Präfixes (Stopp 1973, § 20). Die Schreibung *wittwar* (149) könnte bewußte Vermeidung des homonymen Formativs *-er* darstellen.

2.6.4 Das Konsonantensystem

§ 73 2.6.4a Die Verschlußlaute

Im allgemeinen ist das Konsonantensystem des Bamberger Schriftdialekts wie das Schottels (§ 36). Aber unter den Verschlußlauten sind die Lippenlaute [p] und [b] vielleicht nur allophonisch geschieden (Schröder 1902, S. 448). Im Anlaut steht *b* und p: *be-*, *pin* (37, Fyner: *bin*), *Pesserūg*, *pei*, im Inlaut *b*: *Liebes*, *rauber*, im Morphemauslaut *b* und *p*; *diep* (61), *trubsals* (276). Die erste Auflage hatte im Anlaut viel mehr *p* (Zedler 1911, S. 40). Im Fynerdruck zeigen die Zahnlaute (§ 58) *d* und *t* im Anlaut und im Auslaut starke, wohl nur graphische Variation: *tulden* (33: *leidē*), *dot* (184: *todt*), *dette* (*-tet* 227), *habend* (21: *habt*) und *habent* (136). Die «Neutralisierung» der Opposition der Verschlußlaute vor Konsonant und im Auslaut ist jedenfalls wohl allgemein eingetreten. Dazu beachte man die Schreibung mit *c* in *vngenediclich* (156) mit «Auslautverhärtung» und in Esslingen *betrúpten* (9: *betrubten*). In *parmherzikeit* (210: Fyner: *barmhertzikeit*) ist *-ig* vor *k*, wie erwähnt (§ 65.6), angeglichen worden, was in den Druckersprachen häufig geschah (Götze 1905).

§ 74 2.6.4b Die Reibelaute

Bei den Lippenlauten werden labiodentale Lenis und Fortis anscheinend nur mehr allophonisch unterschieden (§ 60). Im Anlaut steht *f* und *v*: *volgt*, *vindē*, *freuen*, *flucht* usw., im Auslaut *ff* in *pruff* (208), was allerdings Auslautverhärtung sein könnte.

Bei den Zischlauten (§ 61) kontrastieren im Inlaut Lenis [z] wie in *waysen* (154, Fyner: *weissen!*) und Fortis [s] in *Pesserung*, *grosser*, *missetat*, aber *ss* steht auch in *beweisset* (230, Fyner: *bewisent*). Im Auslaut steht *ß*, in Flexivendungen auch *s*, also /s/: *muß*, *weiß*, *-loß*, *Liebes*, *michels*, *das* (54).

Vielleicht ist ⟨h⟩ noch nicht ein graphisches Dehnungszeichen, sondern wird noch im Inlaut gesprochen: *hohē* (48). Vor Konsonant steht noch der Reibelaut /ch/: *geschicht* (11, Fyner: *beschit*) 'geschieht'.

§ 75 2.6.4c Phonotaktisches

Unter den phonotaktischen Veränderungen beachte man das Präfix *en(t)*: *enpfindē* (6), *entspent* (18), *entwischt* (133), *entpfahē* (241, Fyner: *enpfahent*). Schottel (1663, S. 215) bestand später auf *entfangen* (statt *empfangen*, *emtfangen*), schrieb selbst aber *entpfinden* (S. 628f.) (vgl. § 65.6).

Von *-ikeit* war oben (§ 73) die Rede. *nymāt* (191) hat hinzugefügtes *-t*, *nymāts* (199, 205) noch die Übertragung der Genetivendung, die mit der neutralen Adjektivendung identisch ist (vgl. Erben 1970, S. 419). Der Fynerdruck hat *dennocht* (50: *Dānoch*) mit *t*-Zufügung (§ 65.5).

§ 76   2.7 Sebastian Brant: Das Narren schyff (Basel 1494)

§ 76.1

  a Das best / am dantzen / ist das man
  b Nit yenierdar důt für sich gan
  c Vnd ouch by zyt vmb keren kan

     Von dantzen

  1 Ich hieltt nah die für narren gantz
     Die freüd vnd lust hant jn dem dantz
     Vnd louffen vmb als werens toub
     Můd fůß zů machen jnn dem stoub
  5 Aber so ich gedenck dar by
     Wie dantz / mit sünd entsprungen sy
     Vnd ich kan mercken / vnd betracht
     Das es der tüfel hat vff bracht
     Do er das gulden kalb erdaht
 10 Vnd schůff das got wart gantz veraht /
     Noch vil er mit zů wegen bringt
     Vß dantzen vil vnratṣ entspringt
     Do ist hochfart / vnd üppikeyt
     Vnd für louff der vnlutterkeyt
 15 Do schleyfft man Venus by der hend
     Do hatt all erberkeyt eyn end /
     So weys ich gantz vff erterich
     Keyn schympf der sy eym ernst so glich
     Als das man dantzen hat erdocht
 20 Vff kilchwih / erste meß ouch brocht
     Do dantzen pfaffen / mynch / vnd leyen
     Die kutt můß sich do hynden reyen
     Do loufft man / vnd würfft vmbher eyn
     Das man hoch sieht die bloßen beyn
 25 Ich will der ander schand geschwigen
     Der dantz schmeckt bas dann essen fygē
     Wann Kůntz mit Måtzen dantzen mag
     Inn hungert nit eyn gantzen dag
     So werden sie des kouffes eys
 30 Wie man eyn bock geb vmb eyn geiß

Soll das eyn kurtzwil syn genant
So hab ich narrheyt vil erkant
Vil wartten vff den dantz lang zytt
34 Die doch der dantz ersettigt nit

§ 76.2 Zu Brants *Narrenschiff*

Die obige Stelle ist Kapitel 61 aus Sebastian Brants (1458–1521) berühmtem *Narren schyff,* das zum ersten Male in Basel bei Johann Bergmann von Olpe erschien und nach der Übersetzung ins Lateinische durch L. Locher ein großer Erfolg in Europa wurde. Brant, ein gebürtiger Straßburger, studierte seit 1475 in Basel, wirkte dort als Hochschullehrer, wurde dann 1501 in seine Heimatstadt auf eine hohe Verwaltungsstelle zurückberufen. Sein ganzes Leben verbrachte er also im niederalemannischen Sprachraum. Die Straßburger Nachdrucke von 1494 wie von 1512 sind sprachlich der Baseler Originalausgabe gleich. Unser Text beruht auf dem Faksimiledruck der Erstausgabe von Franz Schultz (Straßburg 1913). Zwischen Zeile c und dem Titel war im Original ein Holzschnitt, der den Tanz um das goldene Kalb zeigte.

Wie bei dem *Ackermann* (§ 66 ff.) wollen wir zuerst die Orthographie (§ 77), dann das Vokalsystem (§ 78–80) und das Konsonantensystem (§ 81) untersuchen. Um das Phonemsystem Brants zu erfassen, müssen wir außer der Schreibung seine Reime in Betracht ziehen (§ 43). Zum Vergleich bieten sich die Praxis der übrigen Basler Drucker (Götze 1905, S. 11–20), auch die Beschreibungen und Empfehlungen des später tätigen Basler Lesemeisters Joh. Kolroß (1530) an.

2.7.1 Brants Orthographie

§ 77.1 2.7.1a Interpunktion

Die Interpunktion (§ 23) im Basler Originaldruck ist auf die Virgel beschränkt, die hier nur zwölfmal vorkommt, Wortgruppen und manchmal Sätze trennt. Großschreibung (§ 26) findet sich bei allen Wörtern am Anfang der Verszeilen, sonst nur bei den Eigennamen *Venus* (Zeile 15), *Kůntz, Måtzen* (Z. 27). Die Wortteile der Zusammensetzungen (§ 24) sind getrennt geschrieben in *vmb keren* (Z. c), *dar by* (5), *vff bracht* (8), *für louff* (14), aber nicht im Adverb *vmbher* (23) und den Substantiven *erterich* 'Erdreich' (17), *kilchwih* 'Kirchweih' (20), *kurtzwil* (31). *yenierdar* (b) steht für *yemerdar* 'immerdar'.

§ 77.2 2.7.1b Die Schriftzeichen

Wir finden folgende einfache Vokalzeichen im Text: ⟨i(j) y ü e å a o u(v) ů u⟩, anderswo auch ⟨ŏ⟩ (in *rŏck, mŏcht*). ⟨j⟩ und ⟨v⟩ stehen im Anlaut (*jn* 2, *vmb* 3). ⟨y⟩ steht im Silbenauslaut für mhd. *î* : *by* (5), *sy* (6), *fygē* (26), im Inlaut neben ⟨i⟩: *schympf* (18), *hynden* (22), für mhd. *î* in *syn* (31), *zytt* (33) und *glich* (18), *kurzwil* (31). Kolroß (1530, S. 70) verlangte ⟨i⟩ für Kurzvokal, ⟨y⟩ für Langvokal: *gestritten / strydten* (dazu Moser 1929, §18.2). Brant schreibt ⟨e̊⟩ und ⟨e⟩ für alle *e*-Laute, aber selten *e̊* für mhd. *ê* : *Måtzen* (27, aber Vorwort 114: *Metzen*), *werens* (3, mhd. *æ*), *wegen* (11, mhd. *ë*), *hend* (15, mhd. *e*). ⟨ů⟩ entspricht mhd. *uo: důt* (b), *zů* (4), *schůff* (10), ⟨e̊⟩ mhd. *üe: Můd fůß* (4). Vokalische Doppelzeichen für mhd. Diphthonge sind ⟨ie ye ey eü ou⟩: *hielt* (1), *ye-* (b), *-keyt* (13), *freüd* (2), *toub* (3). Kurzvokal und Langvokal sind orthographisch gleich: *vnd* (7), *vff* (8), *sünd* (6, mhd. *ü*), *tüfel* (8, mhd. *iu*).

Bei den Konsonanten finden wir Doppelschreibungen und Digraphien ⟨pp tt ck ff nn rr⟩: *üppikeit, hielt, vnratts, zytt, hatt* (16) neben *hat* (8), *louffen, vff, jnn* (4) neben *jn* (2) *narrheyt*. Affrikaten werden ⟨pf tz⟩ geschrieben: *pfaffen, gantz, dantz*. Bei den Zischlauten steht *sß* und *ss* im Inlaut: *bloßßen* (24), *essen* (26), *ß* und 'rundes' *s* im Auslaut: *fůß, meß, můß, geiß, vnratts, eys*. Vor *t* wechselt *h* mit *ch: bracht* (8), *erdaht* (9).

2.7.2 Das Vokalsystem Brants

§ 78 2.7.2a Frühnhd. Vokalwandlungen

Das Vokalsystem zeigt wie der Esslinger Schriftdialekt K. Fyners (§ 67) noch die mhd. Langvokale und Diphthonge. Die frühnhd. Diphthongierung (§ 45) ist bei Brant und überhaupt in der niederalemannischen Mundart nicht eingetreten. Man beachte die Schreibungen: *by* (5), *zytt* (33, mhd. *î*), *Vß* (12), *vff* (8, 17), *-lutter-* (14, mhd. *û*), *tüfel* (8, mhd. *iu*), *üppikeyt* (13, mhd. *ei*), *louffen* (3, mhd. *ou*), *freüd* (2, mhd. *öu*). Andere Schriftdialekte zur Zeit Brants haben schon meistens die frühnhd. Diphthonge: der Reutlinger Nachdruck des Narrenschiffs (1494) behält zwar noch Brants mhd. Langvokale und ersetzt nur *ei* durch *ai*, aber die Augsburger Nachdrucke bei Hans Schönsperger (1495, 1498) und der Nürnberger Nachdruck (1494) zeigen die neuen Diphthonge (Brant 1494 [1854], S. LXXXI, 272f.). Kolroß' Angaben (§ 45) deuten an, wie die graphische Übernahme der Diphthonge in Basel vor sich gegangen sein muß. Die Baseler Drucker des 16. Jhs. von Cratander bis Wolff (Götze 1905) zeigen vielfach eine Mischung von altem Langvokal und neuem Diphthong.

Die frühnhd. Monophthongierung (§ 46) fehlt bei Brant: die Schreibungen ⟨ie e̊ ů⟩ (vgl. § 77.2 oben) deuten auf Diphthonge. *sieht* (Z. 24) ist wohl [siǝχt], also Diphthong vor *-cht*. Kolroß (1530, S. 69) beschreibt *ie* als Diphthong.

Die Schreibung zeigt nicht, ob die Dehnung im Silbenauslaut (§ 47) bei Brant eingetreten ist; aber Doppelschreibungen der Konsonanten drücken deutlich den Kurzvokal aus: z. B. *narren, üppikeyt, bock, ersettigt.* Kolroß' (1530) Angaben sprechen z. T. eher gegen das Eintreten der Dehnung. Der Reim *geschwigen* (mhd. *i*) / *fygē* (mhd. *î*, Z. 25 f.) kann unrein sein. In *zytt*, das mit *nit* (33 f.) reimt, ist wohl Kürzung des Langvokals (mhd. *î*) eingetreten (Moser 1929, S. 81).

§ 79.1 2.7.2 b *e*-Laute und *e*-Schwund

Unser Text, in dem ⟨e⟩ vorherrscht (§ 77.2), gibt kein deutliches Beweismaterial für mehrere *e*-Laute. Aber Kolroß (1530) unterscheidet offene (mit å̊) und geschlossene *e*-Laute (vgl. Moser 1912), auch in seiner Rechtschreibung: *nå̊ben, lå̊sen, eer, zween,* aber auch *rå̊dlin* wegen *rad* (Kolroß 1530, S. 68).

e-Schwund (§ 49) in Nebensilben ist die Regel bei Brant: z. B. beim Fem. Nom. Akk.: *freüd, meß, kutt,* im Dativ *sünd* (6), bei Mask. Neutr. *end,* im Dativ *dantz, stoub,* im Gen. *vnratts* (12) neben *kouffes* (29), im Plural *fůß, mynch* wie *beyn,* beim Verb *gedenck, hab, bringt, schleyfft.* Die Verwendung von *ge-* (5) statt *g-*, *be-* (7) statt *b-* ist durch das Metrum veranlaßt. Andererseits kommt es wegen des Metrums auch zu Kontraktionen: *veraht* 'verachtet' (10), *eyn* 'einen' (23), *Inn* 'ihnen' (28).

§ 79.2 2.7.2 c Umlautvokale

Brants Orthographie zeigt, daß die Umlautvokale im allgemeinen erhalten sind und keine Entrundung (§ 51) im Basler Schriftdialekt eingetreten ist. *würfft* (23) zeigt /ü/ nach dem Lippenlaut /v/; Brant hat auch *würt* 'wird' neben *wirt, wyrt, zwüschen, verdürbt.* In unsere Schriftsprache ist ja *würdig, Würde* (mhd. *wirdec*) eingedrungen. Die Form *mynch* (21) 'Mönche' ist wahrscheinlich keine entrundete Nebenform, wie *freyd* (Kap. 19, Z. 19) neben *freüd* (2), sondern eine graphische Variante mit ⟨y⟩ für ⟨ü⟩, das sich manchmal im *Narrenschiff* findet (vgl. Brant 1494 [1854], S. 269 f.). Allerdings reimen auch *i* und *ü* gelegentlich: *kynd/ sünd* u. dgl. Kolroß (1530, S. 67 ff.) bezeugt die gerundete Aussprache in Basel, wenn er Selbstbeobachtung zur Entscheidung vorschlägt, ob ⟨ee⟩ oder ⟨ő⟩ (*die selbig stimm mit bewegung der lefftzen*), *i* oder *ü*, *eu* oder *ei* zu schreiben sei. Die Form *gulden* (9) ist umlautlos (Besch 1967, S. 108).

§ 80 2.7.2 d a:/o:

Brants Vokalsystem zeigt im allgemeinen noch die mhd. Vokale (vgl. die Tabelle § 54). Nur mhd. *â* zeigt Überschneidung mit mhd. *ô*. Die Reime

mit mhd. *a* (*betracht, veraht*) zeigen gekürztes /a:/ (§ 48) vor *-(c)ht*
in *bracht* (Z. 8), *erdaht* (9), aber Nebenformen mit /o:/ aus mhd. *â*
sind noch vorhanden: *erdocht* (19), *brocht* (20). In *gan* (Z. b) 'gehen'
reimt *â* mit *a* (*man, kan*), aber Reime von mhd. *â* mit mhd. *ô* (*gan/lon*
'Lohn', Kap. 19, Z. 17f.) sind im *Narrenschiff* häufig. *Do* (9, 13, 15f.,
21, 23) entspricht sowohl dem temporalen mhd. *dô* wie dem lokalen
mhd. *dâ*. *dar* (5) hat Kurzvokal. Ein einseitiger Schreibungszusammenfall
(§ 38) findet sich in Wörtern mit mhd. *â : gon* neben *gan* usw., aber mhd.
ô bleibt ⟨o⟩; *hoch-* (13), *blosßen* (24). Kolroß' (1530, S. 66f.) Angaben
weisen auf einen offenen, gerundeten Langvokal zwischen [a:] und [o:]:
«*-ein stimm.. in welcher weder a noch o volkumlich gehört würt*». /a:/
ist bei Brant offenbar ein niedriger Hintervokal mit Lippenrundung, etwa
[ɔ:], der vor gewissen Konsonanten mit /o:/ zusammenfallen kann.

§ 81 2.7.3 Das Konsonantensystem Brants

Das Konsonantensystem des *Narrenschiffs* ist im allgemeinen kaum von
dem Schottels (§ 36) verschieden, es findet sich kein Reibelaut [ɣ] etwa
in *geschwigen* (25), aber wohl noch zwei *f*-Phoneme.

§ 81.1 Verschlußlaute

Bei den Verschlußlauten werden im allgemeinen Lenis und Fortis unterschieden (*b/p, d/t, g/k*), z. B. im Anlaut: *bracht, pfaffen; die, toub; got,
kutt*. Aber mhd. *t* entspricht im Anlaut oft *d: düt*(b), *dag* (28); in *dantzen*
(Z. a) ist wohl das ursprüngliche *d* erhalten. Zarncke (Brant 1494 [1854],
S. 281) meint: «*Der anlaut* t *hat eine neigung zur erweichung.*» Kolroß
(1530, S. 74) warnt vor der Vermengung von *b* und *p, d* und *t:* erstere
seien *lyß lind / oder ganz sanfft*, letztere *gantz starck*. Im Auslaut ist die
Neutralisierung der Opposition zwischen Lenis und Fortis orthographisch
nicht deutlich erkennbar; es bestand keine Auslautverhärtung. Bei Apokope kann sich die Lenis erhalten haben: *stoub* (4), *müd* (4), *end* (16),
dag (28), aber *hant* (2) 'haben', *wart* 'ward' (10). Beim Zahnlaut besteht
große Variation in der Schreibung Brants (*t dt d*), z. B. *sindt, sint, syndt,
synt, synd* (Legner 1936, S. 49) 'sind'. Kolroß (1530, S. 74) will bei '*vil
wort*' mit Dental '*nit zwey* tt. *ouch nit ein* t. *allein / sonder* th. *oder* dt.:
råth / oder rådt / ... roth / usw.

§ 81.2 Reibelaute und Sonorlaute

Bei den Reibelauten bleiben /f/ und /ff/ (§ 34) unterschieden: *tüfel*
(8), aber *louffen* (3), *vff* (8), *pfaffen* (21). Kolroß (1530, S. 73) be-
stätigt diese phonemische Unterscheidung: *hafen, hoof, ofen-* und *hoff,
hafften, offen, kouffen.*

Für den Zischlaut schreibt Brant im Auslaut ⟨ß⟩ und ⟨s⟩; Lenis und Fortis sind zusammengefallen: *fůß, geiß, weys*. Die auffallende Schreibung mit ⟨sß⟩ (*blosßen* 24) bedeutet stimmlose Fortis im Inlaut nach Langvokal. Kolroß (1530, S. 74) sieht darin eine Aussprache, *wo ein wort mittelmåssig starck vff das s. godt.*

Man beachte die Schweizer Form *kilch-* (20; Besch 1967, S. 181f.) 'Kirch-'. *eys* (29) im Reim auf *geiß* wurde in späteren Ausgaben zu *eyns* geändert (Brant 1854, S. 283): der Nasal in mundartlicher Aussprache ist zu bloßer Nasalierung des Diphthongs reduziert.

§ 82   2.8 Martin Luthers Sendschreiben «An die Burgermeyster» (1524)

§ 82.1

An die Burgermeyster und Radherrn allerley stedte ynn Deutschen landen. Martinus Luther.

GNad vnd frid von Gôtt[5] vnserm vater vnd herrn Jhêsu[10] Christo. Fürsichtigen weysen lieben herrn[15] / Wie wol ich nu wôl[20] drey iar verbannet vnd ynn[25] die acht gethan / hette sollen[30] schweygen / wo ich menschen gepott[35] mehr denn Gott geschewet hett[40] / wie denn auch viel ynn[45] deutschen landen / beyde gros und[50] kleyn / mein reden und schreiben[55] aus der selben sach noch[60] ymer verfolgen / vnd viel blutts[65] drůber vergiessen. Aber weyl myr[70] Gott den mund auffgethan[74] hatt[75] vnd mich heyssen reden[80] / dazu so krefftiglich bey myr[85] stehet / vnd meyne sache / ôn[90] meynen rad vnd thatt / so[95] viel stercker macht vnd weytter[100] ausbreytt / so viel sie mehr[105] toben / vnd sich gleich stellet[110] / als lache und spotte er[115] yhrs tobens / wie der ander[120] psalm sagt. An wilchem alleyne[125] mercken mag / wer nicht verstôckt[130] ist / das dise sache mus[135] Gottis eygen seyn. Sintemal sich die art[140] Gôttlichs worts vnd[145] wercks hie euget / wilchs allzeyt[150] denn am meysten zunimpt / wenn[155] mans auffs hôhist verfolgt vnd[160] dempffen will.

Darumb will ich reden[165] (wie Jsaias sagt) vnd[170] nicht schweygen / weyl ich lebe[175] / bis das Christus gerechtigkeyt aus[180] breche wie eyn glantz / vnd[185] seyn heylbertige gnad wie eyn[190] lampe anzůndet werde / vnd bitte[195] nu euch alle meyne lieben[200] herrn und frůnde / wôlltet dise[205] meyne schrifft vnd ermanung frůndlich[210] annemen vnd zu hertzen fassen[215]. Denn / ich sey gleych an[220] myr selber / wie ich sey[225] / so kan ich doch fůr[230] Gott mit rechtem gewissen rhůmen[235] / das ich darynnen nicht das[240] meyne suche / wilchs ich viel[245] bas môcht mit stille schweygen[250] vberkomen / sondern meyne es von[255] hertzen trewlich mit euch vnd[260] gantzem deutschen land / da hyn[265] mich Gott verordenet hat / es[270] glewbe odder glewbe nicht / wer[275] do will. Vnd will ewer[280] liebe das frey vnd getrôst[285] zugesagt vnd angesagt haben / das[290] / wo yhr mir hierinn gehôrchet[295] / on zweyffel nicht myr / sondern[300] Christo gehorchet.

Vnd wer m[305]yr nicht gehorchet / nicht mich / so[310]ndern Christon veracht.
Denn ich we[315]ys yhe wol / vnd byn ge[320]wiss / was vnd wo hyn ich[325] redde odder
leer / so[330] wirds auch yederman wol selbs spu[335]ren / so er meyne leere re[340]cht
will ansehen.

Auffs erst / erfa[345]ren wyr ietzt ynn deutschen la[350]nden durch vnd durch /
wie ma[355]n allenthalben die schulen zur gehe[360]n lesst / die hohen schulen
werde[365]n schwach / klôster nemen ab / v[370]nd will solichs gras důrre werde[375]n /
vnd die blume fellt dahyn / wie Jsaias sagt / weyl de[385]r geyst Gottis durch
seyn wo[390]rt drein webet / vnd scheinet so[395] heys drauff durch das Euange[400]lion.
Denn nu durch das wo[405]rt Gottis kund wird / wie so[410]lch wesen vnchristlich
vnd nur a[415]uff den bauch gericht sey. Ja[420] weyl der fleyschliche hauffe sihe[425]t /
das sie yhre sône / to[430]chter vnd freunde / nicht mehr solle[435]n odder můgen
ynn klôster vn[440]d stifft verstossen / vnd aus de[445]m hause vnd gutt weysen /
v[450]nd auff frembde gůter setzen / wi[455]ll niemand meher lassen kinder le[460]ren
noch studiern. Ja sagen sie[465] / Was soll man lernen lasse[470]n / so nicht Pfaffen /
Můnich vn[475]d Nonnen werden sollen? Man la[480]s sie so mehr leren / da[485] mit
sie sich erne[489]ren.

§ 82.2   Zum Luthertext

Die zitierte Stelle ist der Anfang des Sendschreibens mit dem vollen Titel:
*An die Radherren / aller stedte deutsch/es lands: das sie / Christliche
schulen / auffrichten / vnd / hallten sollen.* Es wurde 1524 in Wittenberg
gedruckt. Unser Text gründet sich auf das Faksimile des Drucks, das 1883
bei W. Drugulin in Leipzig erschien. Der Text kann also noch als Beispiel
für die früheste Periode der Sprache von Martin Luther (1483–1546)
gelten, die man von 1516 bis 1524 angesetzt hat. Als spätere Perioden
hat man 1524 bis 1532, dann 1532 bis 1546 angenommen. Luthers *Neues
Testament* erschien 1522. In der frühen Periode las Luther keine Korrek-
turen, doch scheinen die Wittenberger Setzer im allgemeinen wenig systematische Änderungen gegenüber dem Manuskript vorgenommen zu
haben (Giese 1915).

Luthers Sprache ist vielfach behandelt worden (u. a. Franke 1913,
Bach 1934, Erben 1954), seine Lautlehre schon von Bahder (1890,
S. 53–66).

2.8.1   Orthographie Luthers

§ 83   2.8.1a Interpunktion. Großschreibung, Worttrennung

An Interpunktionszeichen finden wir Punkt, Virgel, Klammern, Fragezeichen (§ 23). Die Virgel entspricht in ihrer Verwendung bei Luther dem
nhd. Beistrich (Komma), sie drückt deutlich kleinere Sprechpausen oder
Intonationswechsel aus. Man beachte, daß Virgeln die Anrede (15),

parenthetische Apposition (49–51), Präpositionsfügungen (90–94), parallele Infinitivfügungen (442, 449, 454), Teile eines dreigliedrigen Objekts (429–432), alle Nebensätze mit Konjunktion oder Relativpronomen (z. B. 16–28, 128–131; 132 usw.) von den Hauptsätzen trennen. Der Punkt bezeichnet Satzschluß und Sprechpause. Das folgende Wort wird dann groß geschrieben: *Aber* (68), *An* (123) usw., auch *Wie* (16) nach Virgel und Anrede. Großgeschrieben sind sonst nur *Gott, Gottis, Göttlich, Jhesu Christo* u. dgl., dazu *Euangelion* (400), aber auch *Burgermeyster, Radherren* in der Anrede, *Deutschen* neben *deutschen* (46, 262) und in der emphatischen Aufzählung *Pfaffen / Mŭnich* vnd *Nonnen* (473 ff.). Luther zeigt in den Handschriften weniger Großschreibung als die Drucke (vgl. Götze 1942, S. 98 f.).

Trennung der Wortteile in der Zusammensetzung finden wir in *aus breche* (180 f.), *zur gehen* (359 f.), *stille schweygen* (249 f.), *da hyn* (264 f.), *wo hyn* (323 f.), *da mit* (485 f.), aber nicht in *auffgethan* (74 f.), *ausbreytt* (101), *vberkomen* (251), *dahyn* (380).

§ 84.1 2.8.1 b Vokalzeichen

Wir finden folgende Vokalzeichen im Text: ⟨i y ů e ŏ a o u(v)⟩ und die Digraphien ⟨ie ee ey(ei) eu(ew) au⟩. ⟨y⟩ wechselt mit ⟨i⟩: *ich, ist, ynn; myr, mich, hierinn* usw. ⟨ey⟩ steht neben dem selteneren ⟨ei⟩: *mein* (52), *meyne* (88). Das Zeichen ⟨å⟩ kommt nicht vor, aber ⟨ŏ ŭ⟩ zur Bezeichnung des Umlauts: *hŏhist, wŏlltet, spŭren, mŭgen*, aber auch *vber-* (251), *fur* (230). ⟨ŏ ŭ⟩ sind eher dem Drucker als Luther zuzuschreiben (Franke 1913, I. § 45, Giese 1915, S. 27 ff.).

Langvokale sind durch Vokaldoppelung (*leer* 328), durch ⟨h⟩ (*mehr, yhrs, yhre*), einfache Konsonantenschreibung (*lebe, toben, dise, sone*), durch ⟨ie⟩ für [i:] (*viel* 44, *studirn* 462), Kurzvokale durch mehrfache Konsonanz (*stellet, spotte, odder*) bezeichnet. *redde* (326) widerspricht *reden* (166).

§ 84.2 2.8.1 c Konsonantenzeichen

Unter den Konsonantenzeichen finden wir Doppelzeichen (*dd tt ff ll* usw.) und andere Digraphien wie ⟨dt th jh rh⟩. Neben ⟨jh⟩ in *Jhesu* (10) steht ⟨yh⟩ in *yhe* (316), ⟨y⟩ in *yederman* (332), ⟨i⟩ in *iar* (22). ⟨th⟩ und ⟨rh⟩ stehen vor Langvokal: *thatt* (94), *rhŭmen* (235).

Bei den Zischlauten finden wir einfaches ⟨s⟩ statt ⟨ß⟩ im Auslaut, was im Ostmd. des 16. Jhs. häufig ist (Moser 1951, S. 219): *das, weys, las* 'laß' (480); *gewiss* (320) hat langes, gefolgt von «rundem» *s*. Im Inlaut kontrastieren ⟨s⟩ und ⟨ss⟩: *weysen* (13) und *heyssen* (79).

2.8.2 Das Vokalsystem im Sendschreiben

§ 85 2.8.2a Frühnhd. Lautwandlungen bei Luther

Der Text zeigt das Resultat der frühnhd. Diphthongierung als Phonemzusammenfall (§ 45): *drey, beyde* (21, 48: mhd. *î,* mhd. *ei*); *bauch, auch*
(417, 43: mhd. *û,* mhd. *ou*); *deutschen, euget* (46, 148: mhd. *iu,* mhd.
öu). *frûnde* (203), *frûndlich* (210) mit Kurzvokal zeigt frühe Kürzung
von mhd. [ü:] vor *nd* (Moser 1929, S. 212, 81 f.); es erscheint als Nebenform zu *freunde* (432) 'Verwandte'.

Die frühnhd. Monophthongierung (§ 46) ist ebenfalls durchgeführt.
⟨u ů⟩ stehen auch für mhd. *uo üe: blutts, mus* (135), *blume, rhûmen,*
gûter. Neben ⟨ie⟩ in *niemand* (456) steht schon einfaches ⟨y⟩ in *ymer*
'immer' (61). *ie* ist als Zeichen umgewertet worden (§ 38) und steht für
[i:] z. B. in *viel* (44, 64, 103; mhd. *vil*). Die nhd. allgemeine Entwicklung
zu [je] in *yederman* (332), *ietzt* (347) ging der Monophthongierung von
ie zu [i:] voraus. Nach Giese (1915, S. 68f.) war *yederman* gegenüber
der «md. Kontraktion» *yderman* bei Luther (Franke 1913, I, § 55, Bach
1934, S. 33f.) die Form der Wittenberger Drucker.

⟨ie⟩ in *viel* und Schreibungen mit «unhistorischem» *h* nach Vokal wie
in *yhrs* (116), *yhr* (292), *gehen* (360, mhd. *ê*), *mehr* (105) zeigen die
Rolle von *h* als Längebezeichnung und die Durchführung der Dehnung
im Silbenauslaut (§ 47). Schreibungen mit ⟨tt⟩ in *blutts* (65), *gutt* (448),
gûter (453) deuten auf mundartliche Verkürzung des Langvokals vor *t.*
Vor *-er* ist die Dehnung nicht eingetreten in *odder* (272; auch *redde*
326). Ostmd. *wilch-* (124, 149) geht auf eine alte Nebenform (ahd.
wiolih) zurück (Moser 1929, S. 129). *zur gehen* (359f.) hat die Vollform
zu-, zur- der Partikel (Bach 1934, § 27); keine Variation mit *vor-* findet
sich hier bei *ver-* (62, 67, 159 usw.) (vgl. Giese 1915, S. 60). Örtliches
da (264) und *do* (276) sind nicht mehr systematisch unterschieden, auch
nicht bei Luthers Druckern (Giese 1915, S. 51).

§ 86 2.8.2b *e*-Laute und *e*-Schwund

Die Schreibung gibt keinerlei Hinweis auf mehr als einen langen /e:/-Laut
bei Luther: *leer, leren, stehet, annemen, erneren.* Auch der Kurzvokal
ist einheitlich ⟨e⟩ geschrieben: *stercker* (mhd. *e*), *krefftiglich* (mhd. *ä*),
breche (mhd. *ë*).

In Nebensilben finden wir /ə/ meist als ⟨e⟩ (§ 49), nur in wenigen
Formen mit der ostmd. Schreibung ⟨i⟩ (*Gottis* (387), *hôhist* (158)), die
sich nur in Luthers frühester Periode (§ 82.2) findet. Sie könnte als Resultat der mitteldeutschen Vokalsenkung von *i* zu *e* Zeichenumwertung von
⟨i⟩ als zentralisiertes [e] bedeuten (zu *-is* vgl. Stopp 1973, S. 205ff., zu
-ist S. 211ff.).

Das Ausmaß des md. *e*-Schwundes in Nebensilben (§ 49), das sogenannte «Lutherische -e», wurde noch im 18. Jh. heftig diskutiert (Penzl
1978). In den Perioden von Luthers Sprache (§ 82.2) zeigen sich Verschiedenheiten; *e*-Schwund ist jedenfalls weitgehender als in der nhd.
Schriftsprache. Unser Text zeigt im Nom. Akk. Sing. Apokope in *Gnad,
sach, frid,* aber *-e* in *sache* (Akk., 89), *lampe, leere, blume, hauffe.* Der
Plural ist endungslos bei *iar* 'Jahre' (Neutr., 22), *stifft, münich,* hat *-e* in
fründe, söne, freunde, stedte. Der Genetiv hat *-s* in *worts, wercks* (aber
Gottis); im Dativ ist *land, gutt* (448) endungslos, *hause* (446) hat *-e.*
Feminine Artikel- und Pronominalformen sind endungslos wie *seyn* (186),
eyn (190) oder haben *-e* wie *meyne* (Akk. 88). Auch die Pluralform
yhre (428) hat *-e* (vgl. Moser-Stopp-Sauerbeck 1970, S. 363 zu Luther
und seinen Druckern).

Bei Verbalformen finden wir in der 1. und 3. Person Sing. Ind. *e*-Schwund
wie *leer* 'lehre' (328), *lesst, sagt, ausbreytt* und *e* in *lebe, meyne, redde,
stellet, stehet, euget, gehorchet.* Das zweite Partizip hat Synkope in *zugesagt, angesagt, gericht* 'gerichtet' (418), *-et* in *geschewet, anzündet*
'angezündet' (192), *verordenet.* Im allgemeinen scheint bei Luther die
Ausstoßung des *-e* auch stilistisch und phonotaktisch bedingt und seine
Erhaltung ist häufiger. In *meher* (457) 'mehr' scheint die Komparativ-
endung *-er* eingeschoben zu sein; Moser (1929, § 68) schreibt von «Vokal-
spaltung».

§ 87 2.8.2c Umlaut, u/o

In Luthers Schriftdialekt finden wir keine Fälle von mundartlicher Entrundung (§ 51). Nicht im System, aber in der Verteilung («Distribution»)
zeigen sich Unterschiede vom Nhd. *Burgermeyster* mit *u* vor dem Formativ
-er überwiegt überhaupt frühnhd. (Moser 1929, S. 87f.). Umlaute vor
Lippenlauten wie in *glewbe* 'glaube' (271, 273), ebenso in *keufft* 'kauft',
heubt 'Haupt' gelten als typisch mitteldeutsche Formen.

Luther zeigt, gegen seine Mundart, noch mehr *u*-Formen (§ 53) als
die nhd. Schriftsprache: z. B. *mügen* 'mögen' (437), *Münich* 'Mönche'
(474), aber er hat *o* in *-komen* (251), *Nonnen* (476), *ö* in *söne* 'Söhne'
(429).

§ 88 2.8.3 Das Konsonantensystem bei Luther

§ 88.1 Verschlußlaute

Luthers und Wittenbergs Schriftdialekt hat dasselbe Konsonantensystem
wie Schottel (§ 36). Lenis und Fortis, also *b/p, d/t, g/k,* wird bei den
Verschlußlauten systematisch geschieden. Vereinzeltes ⟨p⟩ für mhd. *b*
im Silbenanlaut in *gepott* (35) scheint ein oberdeutscher orthographischer

Zug (Bahder 1890, S. 231, Arndt 1962, S. 122). Die Opposition zwischen Lenis und Fortis fehlt im Auslaut. Luther hat ⟨d⟩ in *rad* (92), *Radherrn*, ⟨tt⟩ im reimenden *thatt* (94). Die Verschlußlautreihen sind im Auslaut neutralisiert.

§ 88.2 Reibelaute

Bei den Reibelauten gibt es nur ein stimmloses labiodentales Phonem. Luther schreibt ⟨ff⟩, ohne zwischen Fortis und Lenis zu unterscheiden: *zweyffel* (297), *Pfaffen* (473), in der Affrikata *dempffen* (161). Bei den Zischlauten stehen aber Fortis und Lenis im Inlaut in deutlicher Opposition: *s* und *ss* in *weysen, hause* und *heyssen, verstossen, lassen*.

⟨g⟩ im Inlaut ist bei Luther wohl der Reibelaut [γ], der vor Konsonant mit *ch* zusammenfallen kann. Luther und die Drucker schreiben: *schleht, schlecht, schlegt* 'schlägt' (Giese 1915, S. 101). Die Verwendung von ⟨h⟩ als Längezeichen (*jhr, meher*) beweist, daß es im Inlaut in *hôhist* (158), *ansehen, sihet* nicht mehr gesprochen wurde.

§ 88.3 Phonotaktisches

Phonotaktische Wandlungen (§ 65) sind orthographisch bezeichnet in *zunimpt* (154), *frembde* (452) mit dem Einschub von labialem /p/ bzw. /b/ zwischen labialem Nasal und Zahnlaut. *t* erscheint nach dentalem Nasal in *allenthalben* (356). Auch in *ietzt* (347) und *niemand* (456) sind die Formen mit Dental im Auslaut in die nhd. Schriftsprache eingedrungen. Luther hat hier noch *selbs* (334) 'selbst' (Giese 1915, S. 111).

§ 89 2.9 J.G. Schottels «Ausführliche Arbeit von der Teutschen Haubt Sprache» (1663)

§ 89.1

Erster allgemeiner Lehrsatz.

Gleich [1] wie die Teutsche Haubtsprache [5] jhr eigen / unverfrömd / rein / und [10] mit der Natur selbst künstlich [15] verbunden und verschwestert ist / (davon [20] ausführlich im ersten Buche/) also [25] sol und muß sie auch [30] / nach solchen jhren Eigenschaften rein [35] / klar / unvermengt / und deutlich gelassen [40] / geschrieben / gelesen [45] und geredet werden / und muß dannenhero [50] ein eingewurtzelter Misbrauch keine Meisterschaft so [55] weit haben / oder annehmen / daß den [60] Liebhaberen der Muttersprache solte [65] unvergönnet / oder übel ausgedeutet werden / dieselbe [70] in ihrer natürlichen Eigenschaft anzusehen [75] / und in recht=Teutschem Schmukke [80] hervörzu-

84

bringen. Hieraus folget nun erstlich / [85]weil der Buchstaben Amt und Eigenschaft eigentlich diese ist / [90]den Laut und Tohn der wol [95]ausgesprochenen Wörter / deutlichst und vernemlichst [100]zubilden und auszuwirken; daß in Teutschen [110]Wörteren / alle diejenige Buchstabe / welche [115]der Rede keine Hülfe tuhn[120] / uñ also überflüssig seyn / sollen[125] und müssen ausge[130]lassen und nicht geschrieben werden / also schreibet man[135] nicht recht umb / darumb / warumb[140] / kommpt / nimbt / Kåiserthumb / Lamb / unñdt / daßz / nutzt / butzt / Frauw / tråuw[150] / itzundt etc. dañ die gröberen Letteren[155] b / p / n / z / t[160] / w / sind alhier gantz überflüssig[165] / gehören nicht zur Ausrede / geben[170] und nehmen auch dem Worte[175] an sich selbsten nichts / und[180] werden solche / und viel andere[185] derogleichen / nur wegen eingebildeter misbräuchlicher[e190] Freyheit also geschrieben. Es ist[195] auch dieses misbräuchliches Wesen eine[200] Mit=uhrsache / daß die Ausländer[205] unsere Haubtsprache für hart / schwår[210] und blökkig halten / wañ sie so[215] viele **Consonantes** und harte Buchstaben[220] auf einander geschmiedet sehen / då[225] sie dañ meinen[230] / daß die Teutschen kaum Odem bey[235] solchen eiseren Wörteren holen künten.[239]

Kraft[240] angezones Lehrsatzes / wolte nach etzlicher[245] Meinung weiter folgen / dafern man[250] sonst dabey (daß keine Buchstabe[255] / so nicht mit ausgeredt werden[260] / oder die dem Worte eine[265] behülfliche Zustimmung nohtwendig nicht[270] mit geben / auch im schreiben /[275] åls irrige und überflüssige sollen[280] ausgelassen werden /) recht beständig und[285] unaussetzlich verbleiben wil / daß in vielen[290] Wörteren das / dem i beygesetzte[295] e / müste nach gründlicher Eigenschaft[300] Teutscher Sprache ungeschrieben bleiben / dannenhero[305] man nicht unrecht schribe / dieselbige[310] / diser / nimand / wj / sj / dj[315] / etc. zumahl das e / in dieselbige[320] / dieser / niemand / wie / sie / die[335] / etc. dem Worte keine Hülfe[330] tuht / noch der rechten Ausrede etwas[325] gibt / oder nimt / auch keine[340] Sprachkunst=måssige (**Grammaticalis ratio**) uhrsache verhanden[345] / welche eine wesentliche Stelle dem[350] Buchstabe e / an genanten / und[355] anderen derogleichen örteren / zueignet.[359]

§ 89.2   Zum Schotteltext

Die obige Stelle (§ 89.1) ist aus Liber II, Capit. II («Von der Recht schreibung (ORTHOGRAPHIA»)» der umfangreichen Grammatik von Justus-Georgius Schottelius: *Ausführliche Arbeit Von der Teutschen Haubt Sprache / Worin enthalten Gemelter dieser HaubtSprache Uhr-ankunft / Uhraltertuhm / Reinlichkeit / Eigenschaft / Vermögen / Unvergleichlichkeit / Grundrichtigkeit / …*, lateinisch: OPUS DE LINGUA GERMANICA (Braunschweig 1663), S. 188f. (Deutsche Neudrucke, Reihe Barock Nr. 11). Die Grammatik ist eine der wichtigsten Quellen des Deutschen im 17. Jh. (§ 14). J. G. Schottel (1612–1676) hatte vorher eine *Teutsche Sprachkunst* (Braunschweig 1641), *Der*

Teutschen Sprach Einleitung (Lübeck 1643) und eine *Teutsche Vers- oder Reimkunst* (Wolfenbüttel 1645) veröffentlicht. Wie Jellinek (1913, S. 128–141) bemerkt, spielte sich «fast sein ganzes Leben auf niederdeutschem Boden» ab.

2.9.1 Orthographie Schottels

§ 90 2.9.1a Interpunktion, Großschreibung, Worttrennung

An Satzzeichen (§ 23) finden wir Virgel, Punkt, parenthetische Klammern (20–24, 253–281, 342f.), die das Lesen des einen Satzgefüges erleichtern. Alle lateinischen Zitate, oder Glossen (342f.) und das Fremdwort *Consonantes* (217) sind durch Antiqua im Fraktursatz gekennzeichnet.

Großbuchstaben finden wir nach jedem Punkt (*Hieraus* 81, *Es* 194 usw.) und bei fast allen Substantiven, nicht bei *uhrsache* (344), *ŏrteren* (358), *schreiben* (274), auch bei den Adjektiven *Teutsch-* (4, 301), dem zusammengesetzten *Sprachkunst=mãssige* (341). In der Theorie will Schottel (1663, S. 221, § 48) nur Großbuchstaben für Eigennamen und «*sonst die jenige / welche einen sonderbaren Nachtruk* (EMPHASIN) *bedeuten*», folge aber als Regel dem Brauch der «*Trŭkkere fast alle selbstãndige Nennwŏrter* (**Substantiva nomina**)» mit Großbuchstaben zu schreiben.

Zum Unterschied vom Titel des Buches schreibt Schottel *Haubtsprache* (5, 206), ebenso *Muttersprache* (63) stets als ein Wort, auch *zubilden* (105), *auszuwirken* (107), *ausgelassen* (280), dagegen bezeichnet er die Zusammensetzung wie am Zeilenschluß bei *recht=Teutschem* (78), *Mit=uhrsache* (201). Wörter und Silben, «*welche wesentlich zusammen gehŏren / sollen billig unzerteihlt ... und unzertrennet geschrieben werden*» (Schottel S. 195).

§ 91.1 2.9.1b Vokalzeichen

Wir finden folgende Vokalzeichen im Text: ⟨ih ie i(j) ŭh ŭ ů eh e ŏ å ah a oh o uh u ei(ey) eu åu au⟩. In der Regel sind die Langvokale durch *h* oder folgenden Einzelkonsonanten von den entsprechenden Kurzvokalen geschieden. Schottel hält daher ⟨ie⟩ (292ff.) in *dieser* (321) statt *diser* u. dgl. für *überflŭssig*, behält aber die *ie*-Schreibung selbst durchaus bei. Er verurteilt (S. 214) *das jod* für ⟨i⟩ im Anlaut, also fällt sein *jhr* (6), *jhren* (33) vielleicht dem Setzer zur Last. Er ist auch gegen *w* als Vokalzeichen (S. 220). Umlaut wird stets bezeichnet: ŏ ŭ, oder ů. ⟨å åu⟩ wird geschrieben, wenn die Beziehung zu ⟨a⟩-Formen deutlich ist: *Auslånder* (204), *-mãssige* (341), *misbråuchlicher* (190). Das stimmt zu Schottels orthographischer Regel: zur *Kennletter A* gehöre *der Kleinlaut* å (Schottel 1663, S. 204). *-ey* steht statt *ei* im Silbenauslaut (*Freyheit* 191); Schottel

(S. 199, § 20) kennt noch ⟨ai⟩ in *Waise* (orphanus), ⟨aj⟩ in *Hajn* (lucus).

§ 91.2   2.9.1c   Konsonantenzeichen

Die Verteilung der Zeichen ⟨f v⟩ im Anlaut ist wie im Nhd.: *viel, ver-, folget* usw. Schottel mißbilligt sehr die «Konsonantenhäufung» (§ 34) in *unndt* (145), *daßz* (146) (auch S. 217, 220 [§ 46]). Er will ⟨z⟩ statt ⟨tz⟩ in *nutzt* (147) u. dgl., schreibt aber selbst *eingewurtzelter* (50), *gantz* (164) usw., denn er gibt zu (Schottel, S. 221): «*Jedoch ist der Gebrauch* (von tz) *beliebt.*» Er ist gegen ⟨ck⟩ und schreibt statt dessen ⟨kk⟩: *Schmukke* (79), *blôkkig* (211). Er lehnt ⟨th⟩ ab, da für ihn ⟨h⟩ als Zeichen der Vokallänge gilt: *Tohn* (97), *tuhn* (120), *noht-* (268); hier ist er unter dem Einfluß Philipp von Zesens (Jellinek 1913, S. 155). ⟨Schw schm⟩ u. dgl. für ⟨sw sm⟩ hält Schottel für «überflüssig», aber er schreibt selbst *verschwestert* (18), *schwår* (209), *geschmiedet* (223). Regelmäßig schreibt Schottel «langes s» im An- und Inlaut: *sol, diese*, ⟨ss⟩ und ⟨ß⟩ im Inlaut (*mûssen* 127), rundes («kleines») ⟨s⟩ und ⟨ß⟩ im Auslaut. Er unterscheidet systematisch die Konjunktion *daß* (59, 229, 253) vom Artikel *das* (292); schon L. Albertus (1573, S. 25) gab «*daß quod, das hoc*» an (Schottel, S. 198: «*der Ausrede nach / gantz gleich*»). Schottel war früher gegen ⟨ß⟩ (Schottel 1641, S. 186).

2.9.2   Das Vokalsystem bei Schottel

§ 92   2.9.2a   Frühnhd. Wandlungen

Die frühnhd. Diphthongierung (§ 45) ist deutlich in der Orthographie durch den Schreibungszusammenfall ausgedrückt: *gleich* (mhd. *î*, 1) und *rein* (mhd. *ei*, 9), *-aus* (mhd. *û*, 81) und *auch* (mhd. *ou*, 30), *Teutsche* (mhd. *iu*, 4) und *freuen* (mhd. *öu*, S. 220). Die Schriftzeichen *u uh* bzw. *û ûh* für mhd. *uo üe* zeigen die frühnhd. Monophthongierung (§ 46): *tuhn* (mhd. *uo*, 120), *mûssen* (mhd. *üe*, 127) wie in *uhr-* (344, mhd. *u*), *natûrlichen* (mhd. *iu*, 73). Schottels theoretische Ablehnung von ⟨ie⟩ (oben § 91.1) gibt uns eine Beschreibung des Lautwertes [i:]. Die frühnhd. Dehnung der Kurzvokale (§ 47) wird orthographisch regelmäßig bezeichnet, findet sich auch in der Stellung vor auslautendem *r*: *-geschrieben* (303), neben *schribe* (309), *annehmen* (58), *jhr* (6), *uhr-* (201, 344).

§ 93   2.9.2b   *e*-Laute und *e*-Schwund

Während die Schreibung des Kurzvokals als *å* statt *e* nur «etymologisch» (§ 91.1) zu sein scheint, unterscheidet Schottel in Rechtschreibung und

Beschreibung deutlich zwei lange *e*-Laute (§ 35): ⟨å⟩ in *schwår* (209) drückt den offeneren Laut aus (aus mhd. *æ*); *leer* (mhd. *lære*) 'leer' unterscheidet er nach der Aussprache von *Lehr-* (mhd. *ê*; Schottel, S. 200), in dem der geschlossenere Laut vorkommt.

Schottel kennt den *e*-Schwund in anderen Schriftdialekten und verurteilt ihn nicht (Schottel 1663, S. 208 f.), verwendet selbst aber meist Formen mit *e* in den Nebensilben. Die Formen mit Kontraktion im 2. Partizip wie *unverfrômd* (8) 'unverfremdet', *ausgeredt* (259) 'ausgeredet' neben *geredet* (44) bleiben also Ausnahmen. Schottel hat *-e* im Nom. Sing. *Sprache; eine* (200), *keine* (340), im Dativ *Buche, Schmukke, Worte.* Sogar nach den Suffixen *-en, -el, -er* schreibt Schottel *-e* oder *-en:* z. B. *Liebhaberen* (61), *Wôrteren* (111), *ôrteren* (358), *eiseren* (236) im Dat. Plural. Beim Verb steht *-et* in *folget, schreibet, -t* nur in *gibt* (336), *nimt* (338).

§ 94 2.9.2c Umlaut, u/o

Der Niederdeutsche Schottel zeigt selbst keine Zeichen von Entrundung (§ 51). Er beschreibt ⟨ô û⟩ (allerdings auch å) gegenüber /a/ /o/ /u/ als *«kleinlicher / subtiler und mit einem geschôbeltem Munde (wie Ikkelsamer spricht)»* (Schottel 1663, S. 202). Seine Orthographie drückt die langen und kurzen Umlautvokale sorgfältig aus. *ô* in *unverfrômd* (8) gibt eine alte Nebenform mit Umlaut, die schon bei Notker dem Deutschen (ahd. *froemidiu*) belegt ist (vgl. Besch 1967, S. 98 ff., Karte 13). Eine Nebenform ist *Hûlfe* (119) 'Hilfe', davon *behûlfliche* (266) (vgl. Besch 1967, S. 95, 97 [Karte 12], 99). Aber Schottel sieht (S. 862 f., 866 f.) die entrundete Aussprache geradezu als Standard für den Reim an, was auch A. Buchner (1665, S. 157) tat.

Schottel schreibt *o* in *sonst* (251, mhd. *sus(t);* V. Moser 1951, S. 13 f.), *ô* in *unvergônnet* (65), aber *kûnten* (239) 'könnten'. Auffallend sind die *-o* im Auslaut von Nebensilben wie *dannenhero* (48, 305), *derogleichen* (186, 357) (§ 198.3).

2.9.3 Das Konsonantensystem bei Schottel

§ 95 2.9.3a Verschlußlaute

Schottels System der Konsonantenphoneme haben wir oben (§ 36) als Beispiel eines frühnhd. Konsonantensystems angeführt. Er unterscheidet als Niederdeutscher sorgfältig zwischen /b/ und /p/, /d/ und /t/, auch /g/ und /k/. Er betont, daß die *«verwandten Laute B und P»* nicht verwechselt werden dürfen, trotz *«grosser Verwantschaft»* und *«einem zustimmenden Laut»*. /p/ in *verderpt, Haupt* statt *verderbt, Haubt* sei *mit fleiß zuvermeiden* (Schottel, S. 204). *D* laute ein wenig gelinder als *T*, der *rechte natürliche Tohn* müsse u. a. entscheiden, ob *drükken* oder *trükken*, *Deutsch* oder *Teutsch*, *Dichten* oder *Tichten* u. dgl. zu schreiben sei (Schottel, S. 207). Schottel erkennt den Phonemzusammenfall der Verschlußlaute im Auslaut: bei *Pferd / Pferdt / Pfert* sei die *Ausrede fast gleich* (Schottel, S. 191).

§ 96   2.9.3b Reibelaute

Schottel gibt keinerlei Hinweis, daß er zwischen /f/ und /ff/ im Inlaut noch phonemisch unterscheidet. Aber die Zischlaute /z/ und /s/ unterscheidet er im Inlaut deutlich: *diser* (311), *-mässige* (341). Im Auslaut beschreibt er die Zeichenwahl von ⟨s⟩ ⟨ß⟩ als nur graphisch. Schottel sprach selbst wohl [s] für *sch* vor Konsonant, wie in *-schwestert* (18), *-sprache* (5), *geschmiedet* (223). Er meint (Schottel, S. 196), man könnte da *ch* nach *s* ruhig auslassen: «*Es erfodert solches weder die Buchstabirung / noch Ausrede des Wortes /*». Er gibt aber zu, daß einem «Oberländer» hier «*Tohn und Ausspruch anderst vorkomme und laute / als einem Niedersachsen oder Niederländer*» (S. 197).

Im In- und Auslaut ist ⟨g⟩ für ihn ein Reibelaut, also wohl in *eigen* (7), *-ig* (165). Er wendet sich heftig gegen die Schreibung *Gütikeit* für *Gütigkeit* (vgl. § 65.6), wohl weil er [iç] sprach, ihm also die Assimilation der «Haubtendung» *-ig* nicht einleuchtete. *angezones* (241) 'angezogenes' deutet auf Schwund einer Spirans.

§ 97   2.9.3c Phonotaktisches

Schottel wendet sich ausdrücklich gegen *kommpt* (141), *nimbt* (142). Er schreibt *nimt* (338), billigt also den Einschub des Lippenlauts nicht. Er sieht in *umb* (138), *darumb* u. dgl. und dem analogischen *-thumb* (143) nichts als eine graphische Unart, ein deutlicher Beweis, daß /b/ in der Verbindung nach dem Nasal geschwunden war. Zu seinem *entf-* statt «*emf-*» vergleiche man oben § 75.

/t/ finden wir bei Schottel in *selbst* (14), *eigentlich* (91), *wesentliche* (348), *niemand* (322) (§ 65.4f.).

§ 98   2.10 P. Augustin Dornblüths «Observationes» (1755)

§ 98.1

Aus gleicher Ursach muß man ein gleiches auch von der sogenandten Redkunst Herrn Gottschedens bekennen. Er lobt dises sein Werck selbst eytler Weis, heißt dasselbe Eingangs der Vorrede vernunfftmäßig; welches ihm jedoch kein Unparteischer, der erstgemelte Ursach überlegt, eingestehen wird[40]. Er gibt es fûr seine[45] eigene Erfindung aus; da es[50] doch eine blosse armseelig=verwâlschlete[55] und gântzlich verdorbene Ubersetzung eines[60] Frantzôsischen Wercks von der Redkûnst[65] ist, und bekennt allein da[70] und dort etwas aus andeˇren[75] entlehnt zu haben.

Wan er[80] dises Frantzôsische Werck ins Latein[85] übersetzt hâtte, so wâre es[90] vernunfftmâßig gewesen, weilen es villeicht[95] denen Schulen hâtte dienen kônen[100]. Lâcherlicher und ungereimter aber kônte[105] wohl einem nichts zu Sinn[110] komen, als ein Buch so[115] seiner Materi=nach allein fûr[120] die Schulen, Predigere, oder **Professores**[125] dienen kan, teutsch zu geben[130], damit man es auch in[135] diser Sprach solle lesen kônen[140]. Herr Gottsched wûrde fûrwahr erstummen[145], wan man ihn ernstlich fragete[150], fûr wen er dise Arbeit unter-[155] nomen habe? hat er je[160] aber wider Vernunfft und Gewissen das Weib[165] darmit von seiner[170] Kunckel, den Schneider von seiner[175] Nadel, den Bauren von seinem[180] Pflug und Karst, mithin die[185] gemeine Leut von ihrem Beruff[190] abziehen wollen; so hâtte er[195] sie zuvor in der alten Rômischen[200] Histori wohl unterrichten sollen[205], damit sie nicht nur die[210] Eigenschafften der vilerley Personen, deˇren[215] Namen (im Gesprâch der Redneˇren)[220] vorkomen, sondern auch die eˇrste[225], mittlere und letstere Einrichtung des[230] Rômischen Wesens gewußt hâtten, ohˇne[235] welches fûrwahr kein Gelehrter, geschweige[240] ein Weib, Baur oder Handwercksmann[245] besagtes Gesprâch der Redneren, verstehen[250] kan, und weilen dan dise[255] seine Ubersetzung solchen Leuten wegen[260] angefûhrter zweyfachen Ursach nicht dienen[265] kan noch soll; so folgt[270] nothwendig, sie seye nicht vernunfftmâßig[275]. Hat aber Hr. Gottsched darmit[280] nur seine Ubersetzungs=Kunst spieglen wollen[285]; so hat er sich fûrwahr[290] grôblich betrogen und selbst aufs[295] hâßlichst zu schanden gemacht, wie[300] solches aus nachstehenden ausgezogenen[305] **falsis Significationibus, omis-sione Transitionum,** Bôcken[310], **Barbarismis** und allen übrigen Fehleren[315], die wider die hier mitgeteilte **Observationes**[320] **bonae versionis** kônen begangen[325] werden, **ad nauseam usque** erhellen[330] wird. Ein gelehrter Herr sagt[335] mir: das **Original** seye ein[340] Werck **Meimbourgs.** Will aber Hr.[345] Gottsched es alles Gewallts fûr[350] seine Erfindung erzwingen, so mâg[355] ichs ihme gar wohl gônnen[360]. Allein wird ihme darbey anderseits[365] desto schlechtere Ehre brin-gen, daß er sogar[370] auch in nichtübersetzten[375] eigenen freyen Schrifften nichts ohne[380] zu Frantzôßlen (oder wie ers[385] nennt, zu Frantzôßiren) setzen kân[390], massen alle **Constructiones** des Wercks[395] lauter **Gallicismi**[398] seind.

§ 98.2   Zum Dornblüthtext

Die obige Stelle ist aus P. Augustin Dornblüths Buch, betitelt *Observationes oder Gründliche Anmerckungen über die Art und Weise eine gute Ubersetzung besonders in die teutsche Sprach zu machen. Nebst einer zu diesem Vorhaben unentpârlichen Critic über Herrn Gottschedens sogenannte Redekunst und teutsche Grammatic, oder (wie er sie nennt)*

Grundlegung zur teutschen Sprache. Aus patriotischem Eyfer zur Verhůtung fernerer Verkehrung und Schåndung der ausländischen Bůcheren ans Tagliecht gegeben (Augsburg 1755), Neunte Anmerkung (*De Genuina Significatione*), S. 45 f. Also schon der Titel dieser Schrift enthält die strenge Kritik des Badener Benediktiners aus Gengenbach (südlich von Offenbach) an Johann Christoph Gottscheds (1700–1762) obersächsischem Deutsch und dessen Beschreibung in der *Grundlegung einer Deutschen Sprachkunst* (1748, 1749², 1752³). Dornblüths Sprache ist in manchem noch ein frühnhd. Schriftdialekt; sein stilistisches Ideal ist der Kanzleistil des Reichskammergerichts von Speyer (§ 9). Die Stelle zeigt, daß es noch im 18. Jh. die Ansicht gab, daß Deutsch prinzipiell ja nicht statt Latein (§ 5) die Sprache der Wissenschaft werden solle, also sogar Übersetzungen unerwünscht sind. Dornblüth ist gegen den Einfluß des «französischen» Stils. Jellinek (1913, § 155) meinte ironisch, er hätte das Zeug zu einem süddeutschen Gottsched in sich gehabt. Gottsched selbst erwiderte nur gelegentlich auf die Angriffe Dornblüths. Dessen Buch ist von E. Boucke (1895) und von E. A. Blackall (1955) beschrieben worden.

2.10.1 Dornblüths Orthographie

§ 99 2.10.1 a Satzzeichen, Großschreibung, Drucktypen

Die I n t e r p u n k t i o n (§ 23) wirkt bereits ganz neuhochdeutsch: wir finden Beistriche (Kommas), nach Wortgruppen und vor Nebensätzen. Einen stärkeren Einschnitt innerhalb der Satzgruppen drückt der Strichpunkt (Semikolon) aus (z. B. vor 30, 193, 269). Der Doppelpunkt findet sich vor indirekter Rede (vor 337), das Fragezeichen auch nach einer indirekten Frage (157), der Punkt am Satzschluß. Abteilungszeichen (=) verbinden *Materi, nach* (117 f.); *armseelig, verwålschlete* (54 f.).

Die G r o ß s c h r e i b u n g erfaßt bereits alle Substantive, auch die Adjektive *Französischen* (61, 82), *Römischen* (201), das abgeleitete *Französlen* (382), *Französiren* (388) und die Teile der Zusammensetzung *Ubersetzungs=Kunst* (283).

Alle Zitate und nicht eingebürgerten, also noch lateinisch flektierten Fremdwörter sind deutlich durch A n t i q u a im Fraktursatz gekennzeichnet: z. B. **Professores, Barbarismis, Constructiones,** sogar **Original** und der Eigenname **Meimbourgs.** *Materi* (117) und *Histori* (202) stehen in Fraktur.

§ 100 2.10.1 b Die Schriftzeichen

An Vokalzeichen finden wir ⟨i ih ie ů ůh e ee eh ő å a ah o oh u au ei(ey)⟩. Langvokale sind also durch ⟨h⟩ bezeichnet: *ihme, angefůhrter, entlehnt, Gelehrter, Fehleren, Ehre, fůrwahr, wohl, ohne.* Doppelschreibung

findet sich in *armseelig*. Umlaut ist regelmäßig bezeichnet, besonders
wenn umlautlose verwandte Wörter vorhanden sind: *würde, könte, Böcken,
-mäßig, wäre, hätte*, aber *Ubersetzung* (59, 257, 283) mit Majuskel.

Unter den Konsonantenzeichen bemerken wir an Digraphien:
⟨ck dt th ff tz⟩, z. B. in *Wercks, sogenandten, nothwendig, vernunfft,
Beruff, gåntzlich*, aber *letstere* (228). Bei den Zischlauten findet sich *s*
und *ß* im Auslaut (*es, aus, muß, gewußt*). ⟨j⟩ im Anlaut ist [j] (*jedoch*
32).

2.10.2 Das Vokalsystem bei Dornblüth

§ 101 2.10.2a Frühnhd. Wandlungen bei Dornblüth

Die Diphthongierung (§ 45) (*ein gleiches* 6f., mhd. *ein glîchez*), auch
die Dehnung (§47) (*ihm, ihrem*) ist bei Dornblüth durchgeführt. Doch
ist er im Prinzip (Dornblüth, S. 363f.) gegen den Phonemzusammenfall
und für die Trennung der Vokale aus mhd. *ei* und *î*, also von *Weinen*
(mhd. *weinen*) und *Wein* (mhd. *wîn*), was wohl auf seiner eigenen Aussprache beruht.

Was die Monophthongierung (§ 46) anbelangt, so schreibt Dornblüth
stets ein einfaches Zeichen für mhd. *uo üe* (*Schulen* 122, *angeführter*
261), aber verlangt ⟨ie⟩ nur für Wörter mit mhd. *ie*, also schreibt er
dienen, abziehen, spieglen, aber *dises* (18), *vilerley* (213), auch *Histori*
(202). Er will ⟨ie⟩ in *fieng, Liecht, hieng* (Dornblüth 1755, S. 277).

Dornblüth äußert sich selbst wenig über Rechtschreibung und Aussprache; seine Bemerkungen über *ie* deuten aber auf seine diphthongische
Aussprache. Zeichen einer mundartlichen Entrundung (§ 51) fehlen
keineswegs bei ihm, obwohl er den Umlaut konsequent schreibt: *das
Geschirr spielen* (S. 215). Er hat auch Hyperformen mit unhistorischer
Umlautschreibung wie *Grundvöste* (S. 304), *Unerhöblichkeit* (S. 352),
erwögen (S. 364).

§ 102 2.10.2b *e*-Laute und andere Vokale

Dornblüth hat zwei lange *e*-Laute (§ 50), ohne sie aber systematisch in
der Orthographie zu unterscheiden: ein geschlosseneres [e:] in *gelehrt,
seelig, Ehre* (mhd. *ê*), *heben* («*höben*»), ein offeneres [ɛ:] in *gewesen,
lesen*.

Dornblüth neigt im allgemeinen zum *e*-Schwund, z. B. im Sing. Fem.
Ursach, Weis, Sprach, aber *Ehre* (368); im Gen. *Wercks, Gewallts*, im
Plural *Leut*, beim Verb *lobt, bekennt, folgt*, im Partizip *gemacht*, in der
Zusammensetzung *Redkunst*.

Aber Dornblüth verwendet auch die Pluralformen mit *e*, wie sie sich
bei Schottel finden (§ 93): *Predigere* (123), *Redneren* (249), *Fehleren*

(314). Konjunktivformen zeigen stets -e im Auslaut: *håtte, kônte, fragete, habe, seye* (339); *ihme* (357) steht neben *ihm* (31). Für den Dativ Fem. will er *dero, ihro* (Dornblüth 1755, S. 324). Er ist gegen den *e*-Schwund in *andre, unsre, stehn, sehn* (S. 368), gegen den Imperativ *thu* für *thue* (S. 374), will *Zuhôrere* (S. 269) statt *Zuhôrer*.

Dornblüth verwendet meistens *o ô* statt *u ů* (§ 53): *kônen, kônte, sondern* (222), *gônnen*. Er schreibt sogar *fôrchtet* 'fürchtet' (S. 317).

§ 103 2.10.3 Das Konsonantensystem bei Dornblüth

Dornblüth hat dasselbe Konsonantensystem wie Schottel (oben § 36). Häufiges ⟨ff⟩ im In- und Auslaut (*Vernunfft, Schrifften*) ist wohl rein graphisch, keine Bezeichnung eines Fortisphonems gegenüber einer Lenis in *ver-*. ⟨g⟩ im Inlaut ist Verschlußlaut: *überlegt, fragete*. Ausstoßung des *e* vor *l: spieglen* (284), *Französlen* (382), auch in *verwålschlete* (55), ist eine phonotaktische Einzelheit, aber die Regel bei Dornblüth. Er scheint zwischen der Konjunktion *damit* (131, 206) und dem demonstrativen Adverb *damit* (168, 280) systematisch zu unterscheiden. Er schreibt *Bauren* (178), denn er will zwischen *Baur* und *Bauer* 'einem der baut' einen Unterschied machen. Den dissimilatorischen (phonotaktischen!) Schwund des /r/ in *fordern* wie in *erfoderen* (Dornblüth 1755, S. 336) nennt er in «seinem Land» typisch für das «schlechteste Bauren-Volck». Die *r*-lose Form findet sich bei der Kottannerin (§ 225) *gevodert* (140), bei Luther (*foddern*, vgl. Giese 1915, S. 102), bei Opitz (§ 186: *erfodert* 62).

3. Frühneuhochdeutsche Morphologie und Syntax

3.1 Morpheme und Wortarten

§ 104 3.1.1 Zur Anordnung von Morphologie und Syntax

Bei unserer Behandlung von Morphologie (Formenlehre) und Syntax (Satzlehre) im Frühnhd. müssen wir uns, vor allem wegen der Materialfülle, im allgemeinen auf Züge beschränken, die einerseits vom Mhd., andrerseits vom Nhd. Unterschiede aufweisen. Zur leichteren Beschreibung unterscheiden wir zwischen drei verschiedenen Morphemsorten (§ 105), von denen für dieses Kapitel besonders Flexivmorpheme (grammatische Morpheme) wichtig sind. Diachronisch entsprechen den Morphemsorten verschiedene Typen des Morphemwandels (§ 107). Wir besprechen zuerst die frühnhd. nominale Flexion (Deklination) der einzelnen Wortarten und ihrer Unterarten (§ 108–121), dann die Flexion des Verbs (§ 122 ff.) und dessen Vorkommen in Fügungen (§ 135 ff.) mit Hilfsverben. Morphologie ist die Lehre und Beschreibung von grammatischen Formen. Der Ausdruck wird manchmal auch für das Formensystem, also das Material der Morphologie, verwendet.

Syntax ist für uns die Lehre und Beschreibung der Struktur von Sätzen, Satzreihen (§ 164), Satzgefügen (§ 165 ff.). Ein vollständiger Satz enthält ein Verb mit Personalform (finites Verb); mit gewissen Ellipsen, z. B. der des Hilfsverbs, kann man allerdings rechnen (§ 162.2). Wir behandeln hier keine Äußerungen, die ihrem Charakter nach keine verbale Personalform zu enthalten brauchen, wie z. B. selbständige Interjektionen, Ausrufe, Flüche, Dialogteile, Anakoluthe u. dgl. Die Verwendung der Wortarten im Satz gehört zur Syntax, also behandeln wir in diesem Zusammenhang Substantiv (§ 143 ff.), Adjektiv und Pronomen (§ 149 ff.), Verbalformen (§ 159 ff.). Auch die Beschreibung der Struktur von Wortgruppen, z. B. Gruppen mit einem Substantiv als Kern (§ 145 f., 152 f.), die als Satzteile fungieren, ist Aufgabe der Syntax. Die Bildung der Verbalgruppen haben wir bei der Formenlehre (§ 135 ff.) behandelt, weil sie im Deutschen die verbale Morphologie ergänzen. Unserer systematischen Übersicht (§ 105–168) folgen wie bei der Phonologie Texte (§ 169–193), an denen besonders die Eigenheiten frühnhd. Formenlehre und Syntax aufgezeigt werden sollen. Wir unterlassen es aber nicht, auch da stets auf orthographische und phonologische Züge hinzuweisen, Lexikalisches der Texte folgt später.

§ 105 3.1.2 Morphemklassen

Die Phoneme und ihre Allophone sind Segmente der Lautung einer Sprache. Die Phoneme bilden die Silben und diese die Wörter, wobei bestimmte Kombinationsregeln gelten und «Grenzsignale» vorhanden sind. Die Morpheme sind die Segmente der Wortformen. Jede Wortform läßt sich in einzelne Morpheme zerlegen: z. B. im Mentelintext (§ 169): *ver/sůch/ung* (Z. 9 f.), *mitter/nacht* (Z. 11), *aus/werff/ent* (32), *ver/sůch/t/en* (37). Wenn wir eine Klassifizierung nach dem Inhalt vornehmen wollen, so können wir Lexivmorpheme, Formativmorpheme, Flexivmorpheme oder kurz Lexive, Formative, Flexive unterscheiden. Lexive haben eine lexikalisch erfaßbare Bedeutung, wie sie z. B. ein Wörterbuch verzeichnen kann, also z. B. die obigen Stammsilben *sůch, nacht, werff,* auch *mitter,* das allerdings schon formgebunden, nicht mehr «frei» ist. Auch *aus-* ist Lexiv, da es ja auch als selbständiges Wort vorkommen kann.

Das Suffix *-ung* in *versůchung, verdriessunge* (Mentelin, § 169, Z. 20) bildet «abstrakte» Substantive von Verbalstämmen; es ist ein wortbildendes, formatives Morphem (Stopp 1978, § 18). Das gleiche gilt für das Präfix *ver-,* das Suffix *-ent* in *auswerffent:* ersteres wird Verbalstämmen vorausgesetzt, letzteres bildet Partizipialformen vom Verbalstamm. Vielleicht ist *-e* in der Akkusativform *verdriessunge* nicht Teil eines formativen *-unge* als Variante zu *-ung* (vgl. § 110.1), sondern Kasusendung, also Flexivmorphem. Nominalendungen können im Deutschen Kasus (Fall), Genus (Geschlecht), Numerus (Zahl), gewöhnlich in ihrer Verbindung, ausdrücken. *-t-* und *-en* in *versůchten* sehen wir als Flexivmorpheme mit der Bedeutung, d. h. den semantischen Komponenten [Präteritum] bzw. [3. Person] [Plural] an. Auch bei abweichender Segmentierung der Worte ergeben sich keine anderen Morphemtypen als die erwähnten Lexive, Formative, Flexive. Die Morpheme (oder «Morphe») zeigen oft phonotaktisch bedingte Variation, z. B. nhd. *-est, -st, -t* (2. Person Sing. Indikativ Präsens) in *redest, machst, reißt,* die wir Allomorphe nennen können. Die erweiterte Fassung des Allomorphbegriffs, in der etwa alle Morpheme mit gleicher grammatischer Bedeutung, z. B. als nhd. Plural Null, *-e, -er, -en, -s,* als Allomorphe bezeichnet werden, halte ich für deskriptiv verfehlt. Dasselbe gilt für eine «agglutinierende» Beibehaltung aller grammatischen Kategorien in einer angeblichen Tiefenstruktur, wo die flexive Nullendung in mhd., frühnhd. *wort* 'Wörter' als 0=[Nominativ], 0=[Plural], 0=[Neutrum] aufschiene.

§ 106 3.1.3 Grammatische Kategorien und Wortarten

Die flexivischen Morpheme (Flexive) (§ 105) drücken bestimmte grammatische Kategorien aus: wir erwähnten oben die «nominalen» als Kasus, Numerus, Genus. Als Subkategorien ergeben sich bei Kasus Nominativ,

95

Genetiv, Dativ, Akkusativ, bei Numerus Singular (Einzahl) und Plural (Mehrzahl), bei Genus Maskulinum, Femininum, Neutrum. Wir können die Wörter nach ihren Flexivformen für die gemeinsamen obigen Kategorien in Substantiv (§ 108 ff.), Adjektiv (§ 112), Pronomen (§ 114) einteilen. Dem Personalpronomen (§ 117 f.) als Unterart der Wortart Pronomen kann man die Kategorie Person zuweisen. Unter dem Einfluß der lateinischen Grammatik haben die frühnhd. Grammatiker auch im Deutschen Kasusformen wie Ablativ, Vokativ (§ 110) finden wollen.

Das Verb kennt die Kategorien Zahl (Numerus), Person, Modus, Tempus (Zeit). Die Subkategorien von Person sind erste, zweite, dritte Person, Modus kann man in Indikativ, Konjunktiv, Imperativ unterteilen, von Tempus sind nur Präsens und Präteritum deutsch durch einfache Flexive ausgedrückt. Man kann Substantiv, Adjektiv, Pronomen und Verb als flektierende Wortarten bezeichnen, weil sie Flexive zur Bezeichnung der Kategorien verwenden.

Lexive Einheiten ohne Flexion kann man nur nach ihrer syntaktischen Funktion und ihrer semantischen Bedeutung einteilen. Die lateinische Grammatik unterschied acht Redeteile (*partes orationis*) oder Wortarten, darunter *adverbium, praepositio, coniunctio, interiectio* (Jellinek 1914, II, S. 74 ff.). Das Adverb läßt sich semantisch (Ort, Zeit, Weise usw.) noch weiter unterteilen. Wir nennen also, wenn wir wiederum die Beispiele aus dem Mentelintext (§ 169) nehmen, *auch* (Z. 4), *heut* (7) die Negation *nit* (9), *dorumb* (19) Adverbien; *zů* (5), *in* (9), *mit* (16) Präpositionen; *vnd* (2), *als* (4), *so* (5) Konjunktionen. O (Steinhöwel, § 177; 279) ist Interjektion, nicht aber etwa der Ausruf *by hail* (ebenda, 156 f.), der noch nicht «lexikalisiert» erscheint. Das lexivische Inventar dieser nicht-flektierenden Wortarten ist frühnhd. vom Nhd. sehr verschieden, es bestehen aber weder typologisch noch grammatisch beschreibbare Unterschiede.

§ 107   3.1.4 Morphemwandlungen

Der diachronische Bezug unserer Darstellung der frühnhd. Formenlehre ist durch den Charakter von Periode und Material gegeben. Wir bemerken also beim Vergleich der mhd., frühnhd., nhd. Formen Morphemwandlungen, die größtenteils, aber nicht ausschließlich die beschriebenen Phonemwandlungen (§ 44 ff., 54 ff.) widerspiegeln. Dazu kommen Wandlungen, die die Forschung meistens mit der Bezeichnung «analogisch» beschrieben hat, womit aber nur die angenommene Kausalität gekennzeichnet ist. Aufgabe (Schwund), Veränderung, Einführung, Wiedereinführung von sprachlichen Kontrasten oder Unterscheidungen werden durch analogische Muster in parallelen Paradigmen des eigenen Dialekts oder in parallelen Systemen fremder Dialekte erklärt.

Man ist aber dabei kaum je auf eine Typologie der Morphemwandlungen eingegangen, die etwa der von Phonemwandlungen (§ 39) entsprochen hätte. Zur besseren Beschreibung der morphologischen Veränderungen halte ich eine Analyse nach Typen für nützlich. Wie bei den Phonemen zeigen die Morpheme in ihren Wandlungen Schwund, Zusammenfall, Spaltung und auch als besonderen Typ die Genese durch Übertragung. Die enge, oft kausale Beziehung zwischen morphologischen und phonemischen Wandlungen ist deutlich. Beim Wandel der Lexivmorpheme, die meist den Stamm der Formen abgeben, besteht oft ein Zusammenhang mit der Flexion. Man denke an die Ausgleichserscheinungen im Verbalstamm: frühnhd. *ich wirf* zu *ich werfe* (§ 127), frühnhd. *du bundest* zu *du bandst* (§ 131), *horte* zu *hörte* (§ 122.2), *verliesen* zu *verlieren* usw. Hier haben wir Zusammenfall der Lexivvariation. Morphemspaltung im Stamm finden wir bei mhd., frühnhd. *hof*, Plural *höfe* (ahd. *hofa*). Genese durch interparadigmatische Übertragung schafft ein Flexivmorphem aus Null, also z. B. frühnhd. *sahe* aus *sah* (Prät.), *derer* aus *der* (Gen. Pl.), *meiner* aus *mein* (Gen. Sing.), *ihnen* aus *ihn* (Dat. Pl.) usw. Es wiederholt sich vielfach ein und derselbe Typ von Morphemwandel.

3.2 Nominaldeklination

§ 108 3.2.1a Die Flexion der Substantive

Das Paradigma der «*Nennwörter*» sieht bei Schottel (1663, S. 304f., 309f., 313) folgendermaßen aus:

		mask.	mask.	neutr.	mask.	fem.	fem.
Sg.	Nominativ	*Bürger*	*Stab*	*Buch*	*Mensch*	*Hand*	*Lade*
	Genetiv	-s	-es	-es	-en	—	-en
	Dativ	—	-e	-e	-en	—	-en
	Akkusativ	—	—	—	-en	—	-e
							(= *en!*)
Pl.	Nominativ	-e *(Himmele)*	*Stäbe*	*Bücher*	-en	*Hände*	-en
	Genetiv	-er *(Himmele)*	-e	-er	-en	-e	-en
	Dativ	-en	-en	-eren	-en	-en	-en
	Akkusativ	-e	-e	-er	-en	-e	-en

Die Deklination mit -(e)n-Flexiven (*Mensch*, *Lade*) wird nhd. als «schwach» bezeichnet; Schottels fem. Akk. Sg. (§ 110.1) ist schon dem Nominativ gleich mit -e statt -en (*Lade*).

§ 109 3.2.1 b Zur Pluralbildung

§ 109.1 Nullplural

Die meisten Grammatiken teilen die nhd. Substantive nach ihrer Pluralbildung ein, wobei 0 (Null mit oder ohne zusätzlichen Umlaut), *-e* (mit
oder ohne zusätzlichen Umlaut), *-er* (mit Umlaut), *-(e)n, -s* die flexiven
Morpheme sind. Die Endung Null finden wir nhd. nach Formativen oder
mehrsilbigen Lexiven auf *-er, -el, -en, -lein,* zu denen Maskulina, Neutra
und zwei feminine Verwandtschaftsnamen, *Mutter* und *Tochter,* gehören.
Ölinger (1573) gibt *die stŭck,* Albertus (1573) *die schwein,* aber Clajus
(1578) *die schweine* als Plural des Neutrums. Bei Luther (§ 82) fanden
wir *iar* 'Jahre' nach dem Zahlwort *drey.* In frühnhd. Schriftdialekten ist
endungsloser Plural wegen des *e*-Schwunds, der Apokope (§ 49), nicht
auf Neutra oder die nhd. Endsilbenregel beschränkt: der *Ackermann*
(§ 66) hat nicht nur *geschopf* (268) 'Geschöpfe' und *kind* (§ 67, 152)
'Kinder', auch *lebtag* (64), *leut* (186) 'Leute', feminines *-tet* (227)
'Taten'. Schottel (1663, S. 305) kennt zwar auch den Plural *Bŭrger*
ohne Endung (§ 108), aber die «*grundmeßige Formirung*» verlange *-e*
nach *-er, -el* (S. 307): *Bŭrgere, Himmele, Schwestere, Engele.* Auch
Dornblüth (§ 98) hat *Predigere.*

§ 109.2 Stȧbe, Hȧnde

Schottel (1663, S. 306) gibt für die *Mehrere Zahl* an, daß *a o u* sich in
ihren *verwanten Kleinlaut* *ȧ ȯ ŭ* zu verändern pflegen (*Stȧbe, Bŭcher,
Hȧnde*). Ölinger (1573) hat (S. 49) den Plural *die nȧcht,* aber Clajus
(1578, S. 48) *die Hende.* Es wird oft der Umlaut bei Apokope zum einzigen Pluralzeichen: *die Ärczt* (Kottannerin, § 225, S. 10).

§ 109.3 *Bŭcher* (Pl. Neutrum)

Pluralformen auf *-er* (und Umlaut [ahd. *-ir*]) dringen auch bei Maskulinum
ein. Albertus (1573) und Ölinger (1573) haben *die Gȯtter.* Luther hat
neben *thiere* zwar *die thirer* (Bach 1934, S. 71), aber *Leibe, Walde,
Würme.* Vgl. dazu Gürtler (1913).

§ 109.4 Menschen, Laden usw.

Die männlichen («schwachen») *-n*-Plurale bezeichnen frühnhd. (wie nhd.)
meist lebende Wesen: *Menschen, Herren.* Schottel (§ 89) hat den starken
Plural *Buchstabe* (114, 255) neben *Buchstaben* (220). Die Feminina
ohne Umlaut haben fast alle den schwachen *-en*-Plural. Aber Albertus
(1573, S. 86) gibt z. B. als Plural von *Die Farb: die farbe.* Bei Hans
Fabritius (1532) finden wir nach *-er* (siehe oben § 109.1) Pluralbildung
mit *s* im hochdeutschen Text: *schribers, predigers, liebhabers.*

§ 110   3.2.1c Kasusbildung

§ 110.1   Nominativ, Akkusativ Singular

Wie die meisten frühnhd. Grammatiker kennt auch Schottel (1663) die Kasuskategorien des Lateinischen (§ 106). So schreibt er von *Nennendung* (Nominativ), *Geschlechtsendung* (Genetiv), *Gebendung* (Dativ), *Klagendung* (Akkusativ), auch *Rufendung* (Vokativ), *Nehmendung* (Ablativ); *O du Bŭrger* und *von dem Bŭrger* (S. 305). Der Vokativ ist immer mit der Nominativform, der Ablativ mit der Dativform identisch. Nominativ und Akkusativ sind bei Schottel (§ 108) immer gleich, außer bei den «schwachen» Maskulinen (Akk. *den Menschen*). Apokope macht den Nominativ vielfach endungslos. In einigen Schriftdialekten dringt dagegen beim schwachen Femininum *-en* des Akkusativs sogar in den Nominativ ein (Moser 1909, S. 182): z. B. *ain wachskerczen* (Nom.); *kisten* (Dat., Akk.), aber *fraw* (Nom.) neben *frawn, fraun* (Gen., Dat., Akk.) (Kottannerin, § 225, S. 11 ff.).

§ 110.2   Genetiv, Dativ Singular

Verschiedenheiten beim «starken» Maskulin bestehen hier nur im Ausmaß der Apokope (§ 49): Clajus (1578, S. 50 f.) hat z. B. *buchs, buch* (Dativ). Albertus (1573, S. 80) meint, man könne im schwachen mask. Genetiv *-s* hinzufügen: *knabens, herrens, menschens*. Auch Stieler (1691) III, S. 84 hat: *der Held, des Heldens*. Die Feminina haben entweder *-en* im Gen., Dat. oder keine Flexion im ganzen Singular: Schottels *Hand, Lade* (§ 108 oben). Die gleiche Flexion finden wir für *Hand* bei Clajus (1578), für *Lade* ebenda (1578, S. 48). Endungslos im Singular sind bei Albertus (1573, S. 86) *die Farb,* bei Ölinger (1573, S. 43) *die schuld, die nacht* (S. 49), *Kŏnigin* (S. 50), bei Clajus (1578, S. 48) *die lenge, stunde*. Für Stieler (1691, III, S. 84) ist bei *die Blume* Endungslosigkeit oder *-en* gleichwertig. Im Branttext (§ 76) finden wir noch im Dativ die alte unausgeglichene Umlautform: *der hend* (15).

§ 110.3   Genetiv, Dativ Plural

Im Gen. Pl. zeigt Schottel (§ 108) die ungewöhnliche Pronominalendung *-er* (*Bŭrgerer,* aber *Himmele*). Die Dativ-Pluralendung ist seit dem Mhd. unverändert geblieben: der Ostfranke Albertus (1573) hat *Gŏtteren* wie Schottel ohne die schon mhd. Synkope nach *r*. Auch Dornblüth (§ 98) schrieb *Fehleren, Redneren*. Manche frühnhd. Schriftdialekte zeigen im Genetiv Plural noch dieselbe distinktive Endung wie im Dativ: bei Albertus (1573, S. 86) Gen. Dat. *farben* (Nom. Akk. *farbe*). Der Fynerdruck des *Ackermann* (§ 67) hat *lebtagen* (Gen. Pl. § 66, 64: *lebtag*).

Die Fremdwörter aus dem Lateinischen behalten im allgemeinen ihre lateinische Flexion in deutschen Sätzen. Man vergleiche dazu die in Antiqua gedruckten Ausdrücke bei Dornblüth (§ 98): *Professores, Significationibus, Gallicismi* usw. Luther (§ 82) hat *Christo, Christon* und Schottel (§ 89) *Consonantes* (217).

Opitz (§ 186) fordert Eindeutschung bei fremden Eigennamen durch Artikelverwendung und deutsche Kasusmorpheme: *des Jupiters* (381f.) statt *des Jovis*. Sogar Dornblüth (§ 98) schreibt übrigens *Meimbourgs* (342) mit Genetiv-*s*.

Bei deutschen Eigennamen sind die Kasusformen noch im 18. Jh. oft deutlicher als bei Gattungsnamen unterschieden: man beachte den Genetiv *Gottschedens* (14) bei Dornblüth (§ 98; siehe oben § 110.2); Dat., Akk. dazu sind *Gottscheden*.

3.2.2   Die Adjektivflexion

§ 112.1   Starke und schwache Flexion

Für einige frühnhd. Grammatiker waren Substantive und Adjektive zum Teil der Flexion nach e i n e Wortart, aber ihre verschiedene syntaktische Funktion war ihnen durchaus klar. Adjektive erscheinen attributiv mit Substantiven, prädikativ als Teil der Verbalgruppe, adverbial als Bestimmung von anderen Wortarten, besonders mit anderen Adjektiven oder dem Verb. Die dreifache Flexion wird als «stark», d.h. mit Pronominalflexiven, als «schwach», d.h. mit den Flexiven -*en* oder -*e*, und als unflektiert, also endungslose Nullflexion bezeichnet. Im Nhd. gilt starke Flexion des Adjektivs in Wortgruppen ohne oder mit unflektierten vorhergehenden Artikel(Pronominal)formen, schwache nach flektierter Pronominalform, Nullflexion bedeutet prädikativen oder adverbialen Gebrauch.

Das Paradigma der Adjektivflexion nach Schottel (1663, S. 238–41) sieht, abgesehen von -*es* im Gen. Mask., Neutr. schon wie im Nhd. aus:

	stark			schwach		
	mask.	neutr.	fem.	mask.	neutr.	fem.
Nom.	*guter*	*gutes*	*gute*	*gute*	*gute*	*gute*
Gen.	-*es*		-*er*		-*en*	
Dat.	-*em*		-*er*		-*en*	
Akk.	-*en*	-*es*	-*e*	-*en*	-*e*	-*e* (= -*en*)
Nom. Pl.		-*e*			-*en*	
Gen.		-*er*			-*en*	
Dat.		-*en*			-*en*	
Akk.		-*e*			-*en*	

Die Verwendung der Flexionstypen besprechen wir unten (§ 152.2f.). Statt schwacher Deklination findet sich im Nominativ, besonders im Neutrum, frühnhd. auch attributiv die Nullflexion, die z. T. auf *e*-Schwund (§ 49) zurückgeht: L. Albertus (1573, S. 76) gibt an *Der Geistlig / oder ein geistliger Mann* usw.; Clajus (1578, S. 139) hat *Ein lang weis kleid* mit neutraler Nullendung als starke Flexion.

Im schwachen Fem. Sing. Akk. findet sich noch bis Luther die Endung *-en: die heyligen schrift* (Franke 1914, II, S. 284; Kehrein 1854, I, S. 208); *die heiligen kron* (Kottannerin § 225, 361ff.). Die starke Femininendung *-eu(ew)* (vgl. Stopp 1978, § 45) finden wir bei Wittenweiler (§ 220) und bei der Kottannerin: z. B. *ir verpargnew weishait* 'ihre verborgene Weisheit' (§ 225, S. 13).

In der Subkategorie Plural fehlt schon frühnhd. die Kategorie Genus, die das Adjektiv noch mhd. zeigte, wo neutr. *guotiu* von *guote* (mask./ fem.) geschieden war (vgl. § 113.1). Wittenweiler (§ 217) hat noch *-eu* als Nom Pl. Endung (von mhd. *iu*, § 220).

§ 112.2 Steigerung

Die meisten Adjektive kennen eine Steigerung (Komparativ, bei Schottel 1663: *Ergrosserung*), wodurch mittels der formativen Morpheme *-er*, *-(e)st* vom Adjektivstamm des Positivs oder dessen Umlautvariante neue Adjektive gebildet werden, deren Bedeutungen als K o m p a r a t i v, S u p e r l a t i v angegeben werden. Bei *gut* heißt es suppletiv: *besser-*, *best-*. Zu Graphien für *-est* vgl. man Stopp 1973, § 52.1, 53.1.

§ 112.3 Adverbien

Im Frühnhd. finden wir noch vielfach nicht die Nullform des Adjektivs im adverbialem Gebrauch, sondern eine Bildung mit einem Adjektivformativ *-lich,* die selbst nicht attributiv oder prädikativ verwendet wird (vgl. § 151): z. B. *vngenediclich* (*Ackermann,* § 66). *trewlich* (Luther, § 82), *erstlich, kŭnlich* (Opitz § 186), *gemeiniglich* (Grimmelshausen § 240). Zu *besser* (.2 oben) findet sich noch frühnhd. *bas* als Adverb (Brant, § 76, Z. 26, Luther, § 82, 246). Die mhd. Adverbialendung *-e* ist manchmal der Apokope (§ 49) entgangen, z. B. *alleyne* (Luther § 82, 125).

3.2.3 Zahlwörter (Numeralien)

§ 113.1 Grundzahlwörter

Die Grundzahlwörter (lat. *cardinalia*) können wie Adjektive attributiv und prädikativ vorkommen, werden daher von den meisten Grammatikern als eine Unterklasse der Wortart Adjektiv angesehen. Die Endungen sind meist die des starken Plurals des Adjektivs (*-(e), -er, -en*).

Die Unterscheidung des Genus, die sonst frühnhd. im allgemeinen (§ 112.1 oben) im Plural des Adjektivs verlorengegangen ist, findet sich noch beim Zahlwort *zwei* bis ins 18. Jh. in den Schriftdialekten. Schottel (1663, S. 242) gibt an:

	mask.		neutr.	fem.
Nominativ	*zween*		*zwey*	*zwo*
Genetiv		*zweyen*		*zwoer*
Dativ		*zweyen*		*zwoen*
Akkusativ	*zween*		*zweyen*	*zwo*

Auffallend ist hier das Fehlen der starken Form *zweyer* im Genetiv und der neutrale Akkusativ *zweyen* statt des zu erwartenden *zwey* (wie der Nom.). L. Albertus (1573, S. 63) hatte *zwee* im Nominativ, *zwei* im Akkusativ des Neutrums. Ölinger (1573, S. 57) verlangte beim Maskulinum ohne Artikel den Genetiv *zweener,* den Dativ *zweenen.* Vgl. Stulz (1902).

§ 113.2   Ordnungszahlwörter

Ordnungszahlwörter (lat. *ordinalia*) werden durch Formative aus den Grundzahlwörtern gebildet: die Suffixe *t-, -st-* ab 20, mit schwacher Flexion nach dem Artikel. Bei Clajus (1578, S. 137) sind die Formative *-d-* und *-t-* in phonotaktischem Wechsel: *vierde, fünffte. zweite* beginnt frühnhd. *ander* zu verdrängen: Ölinger (1573, S. 57) hat schon *ander vel zweit,* Clajus (1578) nur *ander.* Vgl. dazu Besch (1967), S. 137 ff., Penzl (1980), S. 233.

3.3   Pronominalflexion

§ 114   Die Wortart Pronomen

Wie andere Nomen unterscheiden Pronomen auch Genus, Kasus, Numerus, die Personalpronomen (§ 117 f.) auch Person. Die Pronomen sind eine Wortart mit geschlossenem Inventar, doch können sich Neubildungen durch Zusammensetzung ergeben. Nebenformen entstehen leicht durch die Variation zwischen schwachakzentuierter und starkakzentuierter Verwendung im Satz. Die meisten Pronomen können wie Adjektive attributiv und wie Substantive als selbständiger Satzteil (Subjekt, Objekt), aber nicht als Zentrum von Wortgruppen auftreten. Ihre Unterteilung erfolgt nach semantischen und syntaktischen Kriterien in Artikel, Demonstrativ

(§ 115), Personalpronomen (§ 117), Relativpronomen (§ 119.1), Interrogativpronomen (§ 119.2), Possessivpronomen (§ 120), Indefinitpronomen (§ 121).

§ 115.1 3.3.1a der-Formen

Schottel (1663, S. 226 f.) gibt die nhd. «bestimmten» Artikelformen im Singular (*der, die, das* usw.) und *ein, eine, ein* usw. (.2 unten), aber im Plural des *«benennenden Geschlechtwortes»* den Nominativ *die*, Genetiv *derer*, Dativ *denen*. Er gibt aber (S. 229) an, daß *Man schreibt / und sagt oftmals / durch den gemeinen bestetigten Gebrauch den / für denen: der / für derer...* Für die demonstrative (emphatische) Verwendung nennt Schottel (S. 536) für *ipse* im Nominativ Neutr. *diß 'ipsum'*, im Genetiv Sing. *dessen, dero, dessen*, im Plural *dero* als Nebenformen für die drei Geschlechter (Stopp 1973, S. 119 ff.).

Frühnhd. finden sich also die durch die Flexive *-er, -en, -o* erweiterten Artikelformen nicht nur alleinstehend demonstrativ oder relativ, sondern auch attributiv als Teil einer Substantivgruppe. Albertus (1573, S. 83) dekliniert *deren Gôtteren* (Gen. Pl.). Dornblüth (§ 98) schrieb: *denen Schulen* (96 f., Artikelform), Opitz (§ 186) *derer ôrter* (demonstrativ, 92 f.), *deme* (80) im neutralen Dat. Sing.

dew (mhd. *diu*) findet sich als Nebenform zu *die, dŷ* (Nom., Akk. Fem.) bei der Kottannerin (§ 225, S. 11, Z. 40).

Die Zusammensetzung von Präposition und *der*-Form geht frühnhd. weit über das nhd. übliche hinaus: *ins Vaters* 'in des' bei Clajus, *zun* 'zu den' usw. Clajus (1578, S. 21) meint: *Germani breuitatem amant.* Ölinger (1573), S. 62 gibt als «Allegroform» («celeriter») *-n* statt *den* im Satze: *Ich habn Elephanten gesehen.*

§ 115.2 3.3.1b ein-Formen

Unakzentuierte Verwendung begünstigt das Beibehalten der endungslosen «unbestimmten» Artikelform (*ein*) im Nom. Sing. und Akk. Sing. Neutr. Die feminine Form ist auch *ein* bei Ölinger (1573); Albertus (1573) kennt im Akkusativ *eine* und *ein fraw* (S. 50), Clajus (1578) nur *eine*. Kurzformen wie *ein* für *einen, eim* für *einem* werden von Clajus und Schottel erwähnt. Bei Brant (§ 76) lesen wir: *eym ernst* (Z. 18), *eyn gantzen dag* (Z. 28). Bei Brant findet sich auch *dhein* (mhd. *dehein, dechein*) neben gewöhnlichem *kein;* Kolroß (1530, S. 77) kennt *dhein* nur *'in alten schrifften'.* Bei Wittenweiler (§ 217) findet sich neben *chain* (Vers 86) *dhayn* (1954), *dehainer* (2040) usw. (Kraft 1950, S. 197).

§ 116.1   3.3.1c Demonstrative

Schottels (1663, S. 538) Paradigma von *dieser* 'hic', *diese, dieses* und von *jener* 'ille', *jene, jenes* unterscheidet sich nicht von der nhd. Flexion. Wittenweiler (§ 217) hat noch *dirr* neben *diser*, fem. Sing. *diseu*, neutr. *ditz, dis* und bei Mentelin (§ 169) steht *dirr* 'dieser' mask. Nom. (S. 198, Z. 14), *dirr* (fem. Dat., S. 250, Z. 49), *ditz* 'dieses' (S. 196, Z. 44).

Zusammensetzungen der Artikelformen mit *selb* oder *selbig* zeigen Flexion beider Teile, z. B. bei Schottel (1663, S. 537) *derselbe / derselber*, Dat. Pl. *denenselben* usw.

§ 116.2   3.3.1d *da(r)*-Adverb

Die demonstrativen Partikel mit *dar-* (*da-*) + Präposition (Adverb) werden frühnhd. viel gebraucht. Wir lesen im *Ackermann* (§ 66) *do pei* (280f.), bei Brant (§ 76) *dar by* (Z. 5), bei Luther (§ 82) *darumb*, *darynnen*, bei Opitz (§ 186) *darumb* usw. Frühnhd. ist die relative Verwendung (§ 157.1) gebräuchlich; Clajus (1578, S. 144): *Das Pferd darauff er reit* (§ 119.1); im Fischarttext (§ 181) steht: *die staffeln ... Darauf* 'worauf' (Vers 621f.).

3.3.2   Personalpronomen

§ 117   3.3.2a Personalpronomen: Paradigma

Schottels Flexion der Personalpronomen *ich, du, wir, ihr, er, sie, es* (Schottel 1663, S. 535f.) ist wie die nhd., nur gibt er noch im Genetiv Formen ohne *-er* als Nebenformen: *Mein, Dein, Eur* (neben *Euer*), *Sein, Ihr* (nur Mask. Pl.); *Ihr* 'ihrer' ist die einzige fem. Gen. Sing.-Form. Er hat nur *Ihnen*. Die Grammatiker des 16. Jhs. zeigen stets Nebenformen mit und ohne *-er*. Albertus (1573, S. 90) sieht in *mein* die verkürzte Form (*per apocopen*) von *meiner*. Ölinger (1573, S. 60) und Clajus (1578, S. 63) kennen im Dat. Pl. Formen mit und ohne *-en*. Im Fischarttext (§ 181) finden wir noch *jn* (Z. 618) neben *jnen* (Z. 617). Ölinger (1573, S. 60) hat im Dat. Sing. *jhme*, im Akk. *jhne*. Dornblüth (§ 98) hat noch *ihme* und *ihm* im Text. In der Anfügung der Flexive *-er* (Gen.), *-e* (Dativ), *-en* (Dat. Pl.) sehen wir Beispiele für die oben (§ 107) besprochene Genese durch Übertragung. *-e* im Dativ des Personalpronomens ist nhd. nicht durchgedrungen. Zu frühnhd. *i(h)ro* vgl. oben *dero* (§ 115.1).

Bei Wittenweiler (§ 217) finden wir noch bairische Pluralformen (*enk* usw.) aus dem historischen Dual belegt.

§ 118.1   3.3.2b Kurzformen des Personalpronomens

Frühnhd. werden oft enklitische Kurzformen des Personalpronomens geschrieben. Albertus (1573, S. 89) hört in der Alltagsrede (*quotidianis colloquijs*) Formen wie *ichn, dun,* 'ich ihn', 'du ihn', *ers* 'er sie, er es', *nembts* 'nehmt es'. Clajus (1578, S. 67) führt an: *Hastus* für *hastu es* usw. Schottel (1663, S. 545) schreibt von *-s* für *es* in *wils, mans, habens* usw. Bei Brant (§ 76) finden wir: *werens* 'wären sie' (Z. 3).

§ 118.2   Seltenere Nebenformen

Wittenweiler (§ 217) zeigt Formen wie Nom. Fem. *sey* (aus mhd. *sî*), auch als Nom. Pl. neben *seu* (zum Genus vgl. § 112.1; mhd. *siu* 'sie'). Vgl. *dew* (§ 115.1).

Die Dativ Plural Form *ew* (mhd. *iu,* nhd. *euch*) findet sich häufig in der Sprache der kaiserlichen Kanzlei Friedrichs II., nicht mehr in der Maximilians (Noordijk 1925, S. 64; Moser 1909, S. 188).

Interessant sind die Dativformen *mier* 'mir', *dier* 'dir' bei Ölinger (1573, S. 59); *mier* «*per epenthesin*» neben *mir,* auch *wier* bei Albertus (1573, S. 90). *ie* ist nicht Längebezeichnung oder nur [r]-Einfluß, sondern nach Längung des *i* wird wohl *e* zum Dativflexiv *-er* eingeschoben (vgl. § 117).

§ 119   3.3.3 Relativ- und Interrogativpronomen

§ 119.1   Relativpronomen

In relativer Verwendung finden wir die Formen des Artikel-Demonstrativs (§ 115.1): z. B. *Personen, deren Namen* (Dornblüth, § 98, 214ff.), die Fragewörter *welcher, welche, welches; wer, was* (§ 119.2 unten) und die Zusammensetzungen mit der Demonstrativpartikel *dar-,* nhd. *wo(r)-* (§ 116.2).

§ 119.2   Fragepronomen

Zu den Fragepronomen gehören das attributive und pronominale *welcher* und das substantivische *wer, was.* Das Paradigma von *wer* ist nach:

	Albertus (1573, S. 91)	Schottel (1663, S. 539)
Nominativ	*wer*	*Wer*
Genetiv	*wessen /weß*	*Wessen*
Dativ	*wem*	*Wem*
Akkusativ	*wen*	*Wen*
Nominativ Pl.	*wer*	*Wer*
Genetiv	(*welcher*)	*Wenen*
Dativ	*wenen*	*Wenen*
Akkus.	*wene*	—

weder 'wer von zweien' ist selten belegt (Kehrein 1854, I, S. 218). Ölinger (1573, S. 63) gibt als landschaftlich beschränkt (*in paucis locis*

Germaniae) für 'was für ein' *waser / wase / wases,* z. B. *Wase fraw ist das?*. Schottel (1663, S. 545) bezeichnet *waser* und *waserley* als «nicht gar oft gebraucht», weil *was für* dessen Stelle eingenommen habe. Erben (1970, S. 400f.) nennt *waser, waserley* typisch frühnhd., da sie ja weder mhd. noch nhd. vorkommen.

§ 120   3.3.5 Possessivpronomen

Die besitzanzeigenden Fürwörter haben im allgemeinen dieselben Endungen wie *ein* (§ 115.2), auch dessen Kurzformen und flexionslosen Nominativ. Clajus (1578, S. 64f.) kennt im Akkusativ *mein* für *meinen* oder feminin *meine, vnser* (S. 66) für *vnsere* im Singular und Plural. Als Gen., Dat. Fem. gibt er *vnser* 'unserer' *'per syncopen'*, das er auch für den Gen. Pl. als Nebenform erwähnt. Schottel (1663, S. 545f.) nennt Formen wie *mein Mutter, unser Augen, mein allerliebsten Vater* (so bei Clajus S. 65!) durchaus falsch, einen *unverstendigen Misbrauch.*

Bildungen mit dem Adjektivformativ *-ig* sind im Gebrauch: z. B. *vnseriger, Eweriger, Ihriger* bei Albertus (1573, S. 88), *meinig, deinig, seinig* bei Schottel (1663, S. 541).

Das Frühnhd. kennt im Unterschied zum Mhd., wo der Genetiv des Personalpronomens verwendet wird, durchwegs eine flektierte Possessivform des femininen Singulars und des Plurals der 3. Person: *ihr, ihre, ihr.*

§ 121   3.3.6 Indefinitpronomen

Im Frühnhd. gibt es eine Anzahl indefiniter Pronominalformen, die sich zum Teil nicht mehr in der nhd. Schriftsprache finden. Ölinger (1573, S. 61) führt an: *was, was für, ichts, etwas vel ichtzit vel ichtwas,* Schottel (1663, S. 543, 545) *icht, ichtwas, ichts, etwas.* Dazu kommen *jedermann, jemand, etwas* (Ölinger, ebenda) und die adjektivischen *jeder, jedlicher vel jeglicher vel jetzlicher, jedweder vel jedwederer,* die wie *dieser* deklinieren (§ 116.1). Im Plural kommen nur vor: *ettliche vel etzliche* (Ölinger).

Das Flexiv *-s* wird oft bei *niemand, jemand* im Nominativ hinzugefügt. Im *Ackermann* (§ 66) finden wir *nymāts* (199, 205) neben *nymāt* (191), *ichts* (192, Fyner: *nütz*). Die ursprüngliche Genetivendung wurde als neutrale Nominativendung umgedeutet, eine Morphemgenese durch Übertragung; *-s* ging nur bei *nichts* in die nhd. Schriftsprache ein (vgl. Moser 1951, S. 55f., 81; Paul 1917, II, § 138).

3.4 Verbalflexion

§ 122.1 3.4.1 Flexion der Verben

Die Flexion des Verbs drückt seine grammatischen Kategorien wie Person, Numerus, Tempus, Modus, Genus (§ 106) aus. Bei Tempus sind nur für die Subkategorien Präsens und Präteritum einfache Morpheme vorhanden, alle anderen wie Futur, Futur II, Perfekt, Plusquamperfekt und die Kategorie «Genus des Verbs» (Aktiv, Passiv) können nur syntagmatisch durch Verbalgruppen (Verbalfügungen) bezeichnet werden. Dazu werden Verbformen der sogenannten Hilfsverben (Auxiliare), nämlich *haben, sein, werden,* mit einer nichtfiniten Form wie dem zweiten Partizip oder dem Infinitiv verwendet. Nach der Präteritalbildung teilen die nhd. Grammatiken die Verben in zwei große Klassen, schwache (§ 122.2) und starke (§ 123) ein. Die modalen Verben (§ 125) mit ihrem unregelmäßigen Präsens bilden eine Untergruppe. Die Verbalendungen zeigen mannigfache Variation (§ 126–134). In den Verbalfügungen (§ 135–142) flektieren nur die Hilfsverben.

§ 122.2 3.4.1a Schwache Verbalklassen

Die Mehrzahl der Verben, die sogenannten schwachen (Schottel: «*gleichfliessende Zeitwörter*») bilden das Präteritum durch Anfügung des Dentalsuffixes *-t-*. Wie im Mhd. findet sich auch im Frühnhd. eine größere Gruppe, in der dem Umlautvokal des Präsensstammes (*e ö ü*) der entsprechende unumgelautete Vokal im Präteritalstamm entspricht, der also «Rückumlaut» aufweist. Clajus (1578, S. 104f.) gibt an: *ich schenckte & schanckte,* aber nur *Vulgus … facit in Imperfecto ich stalte,* und zu *rennen* und *trennen ich rennete / trennete & randte / trandte* (S. 108). Schottel (1663, S. 575) kennt zwar *schenkete und schankte, schmekkete und schmakkte, gestellet und gestallt* usw., nennt aber die Form ohne Rückumlaut die «*richtigste und gebräuchlichste*». Die Stammverschiedenheit wird also immer mehr im Frühnhd. bei den schwachen Verben ausgeglichen.

Das Vorhandensein von *-e-* vor dem Dentalsuffix entspricht nicht länger ahd. *ē ō* oder Kürze der Stammsilbe, sondern der landschaftlich bedingten Tendenz zur Synkope (§ 49). Clajus (1578, S. 70) hat: *Ich liebete / vel liebte / vel liebt* 'amabam' (vgl. § 126.2).

§ 123 3.4.1b Starke Verbalklassen

Die starken (Schottel: «*ungleichfliessenden*») Verben haben kein Dentalsuffix im Präteritum, aber Variation im Stammvokal von Präsens, Präteritum Sing., Präteritum Plural, 2. Partizip, manchmal auch mit konsonantischen Verschiedenheiten. Man unterscheidet folgende sieben Klassen nach dem indogermanischen Ablaut (Penzl 1969, § 12):

(1) *reiten ritt ritten geritten* (Schottel 1663, S. 591)
Albertus (1573, S. 100) hat *ich schrib, biß* usw., Ölinger (1573, S. 82) *ich schriebe*, aber Clajus (1578, S. 80) *ich schreib* 'scribebam'. Dieses *ei* im Sing. Prät. (mhd. *ei*) findet sich bei Brant, Fischart, Luther, Hans Sachs. Im Ausgleich des Vokals im Präteritum siegte der gedehnte, z. B. bei *t* nichtgedehnte Vokal des Plurals und des 2. Partizips, weil von dem mhd. Wechsel *î ei i i*, mhd. *î* und mhd. *ei* (§ 45) schließlich zusammenfielen, was im Präsens und Sing. des Präteritums denselben Vokal ergab.

(2) *biegen* (*beugt*) *bog* *bogen* *gebogen* (Schottel)
     bieten (*beut*) *bot* *boten* *geboten*
Nach dem mhd. Wechsel *ie(iu) ou/ô* (vor «Dental») *u o* siegte der Vokal des Sing. von *bot*, nicht von *bouc* über den des Plural Prät. Albertus (1573, S. 100) hat noch: *ich bog vel ich boug*. Zu *beugt* siehe § 127f. *u* findet sich im Pl. Prät. u. a. noch bei Sachs, Fischart (Moser 1909, § 170); die Kottannerin (§ 225) schreibt *fluhen* (S. 23), *zugen* (S. 34).

(3) *binden* *band* *bunden* *gebunden*
     werden *ward* *wurden* *geworden*
     (*wird*)   oder
                   worden
Ölinger (1573, S. 84f.) hat schon *ich bande, du bandest* (§ 131), *wir banden*, aber Clajus (1578, S. 71) kennt nur *ich sang, wir sungen*. Dieser *a/u* Wechsel erhält sich noch bis spät ins 18. Jh. (vgl. Penzl 1980, S. 244 zu *klang/klung*).

(4) *nehmen* *nam* *namen* *genommen*
     (*nimt*)
Ölinger (1573, S. 86) will *ich name* zu *nemmen*, «*non namme*». Schottel (1663, S. 590) hat noch im Singular Kurzvokal, nicht Ausgleich mit dem Langvokal des Plurals.

(5) *geben* (*gibst,* *giebt*) *gab* *gaben* *gegeben*
Hier erfolgte im Präteritum der Ausgleich zum Langvokal wie in (4) oben.

(6) *fahren* *fuhr* *fuhren* *gefahren*
     (*fåhret*)
Hier erfolgte die Entwicklung aus mhd. *a uo uo a* vollkommen «lautgesetzlich».

(7) *fallen* (*fållt*) *fiel* *fielen* *gefallen*
Bei Ölinger (1573, S. 88) scheinen die Verben dieser Klasse mit Klasse 6 zusammengefallen zu sein: *ich falle, ich fŭele* usw.

§ 124 3.4.1c gehen, stehen, tun

Diese unregelmäßigen «starken» Verben passen nicht ganz in unsere obigen Klassen nach den Ablautreihen hinein. Schottel (1663) hat die gleichen Personalformen wie andere starke Verben: *ich gehe, du gehest, er gehet* wie *ich stehe, du stehest, ich tuhe, du tuhest, er tuht, wir tuhn.* Das Präteritum ist *ich gieng* (wie Klasse 7), *stund* (wie Klasse 6 mit Kurzvokal), *ich taht* (Konj. *ich tåht*). Ölinger (1573, S. 67) kannte *ston / gan / thůn* für *stehen /gehen / thůen «per syncopen».* Clajus (1578, S. 94) findet *Thun contractum est pro thuen,* das Präteritum (Imperfektum) sei *Ich that, wir theten* oder auch *Ich thet* oder *Wir thaten* (vgl. § 183.2).

§ 125 3.4.1d Modalverben

Die sogenannten Modalverben bilden ihr Präteritum mit den Endungen der schwachen Verben, zeigen aber z. T. Verschiedenheiten im Stamm von Indikativ Singular und Plural und in der Flexion. Wir finden folgende Formen in den frühnhd. Grammatiken, z. B. bei Clajus (1578, S. 92 ff):

Ich	*kan,*	*wir*	*kônnen*	*kundte & kondte*
				kunte (Schottel)
	darff,		*důrffen*	*durffte*
	mag,		*můgen uel*	*mochte*
			môgen	*môchte* und *můchte* (Schottel)
	muß,		*můssen*	*muste*
	soll,		*sôllen*	*solte*
	thar,		*thůren*	*thurste* 'wagen'
	taug,		*tůgen*	*tochte*
	weis,		*wissen*	*wuste*
	will,		*wôllen*	*wolte*

Ölinger (1573, S. 89) kennt *ich můesse, darffe, kane, kan* (S. 96), *wille;* in der 2. Person *du wilt vel wilst,* in der 3. *er weiß vel weist.* Clajus (1578, S. 106) erwähnt *du wilt / du solt / pro du wilst / du solst.*

3.4.2 Verbalendungen

§ 126 3.4.2a Die Personalformen

§ 126.1 Präsens

Die Zeitwörter *hören, brechen* haben nach Schottel (1663, S. 558f., 570f.) folgende Endungen:

		Präsens Indikativ		Konjunktiv	
Sing.	1	*hŏre*	*breche*	*hŏre*	*breche*
	2	*-est*	*brichst*	*-est*	*-est*
	3	*-et*	*bricht*	*-et*	*-e*
				[für *-e*?]	
Pl.	1	*-en*	*brechen*	*-en*	*-en*
	2	*-et*	*-et*	*-et*	*-et*
	3	*-en*	*-en*	*-en*	*-en*

Imperativ
  Hŏr Hŏret   Brich Brechet

Infinitiv   Partizip I
  Hŏren   Brechen   *Hŏrend   Brechend*

Schottel legt Wert auf die Unterscheidung von Indikativ (*ich*) *hŏre* und Imperativ *hŏr'* (Schottel 1663, S. 209f.). – Zu einer Nebenform des 1. Partizips auf *-und* vgl. unten § 233 (Stopp 1973, § 41f.).

§ 126.2 *Präteritum*

Die Formen sind bei Schottel (1663) folgende:

		Indikativ		Konjunktiv	
Sing.	1	*hŏrete*	*brach*	*hŏrete*	*brŏche* (§ 134)
	2	*-etest*	*-st*	*-etest*	*-est*
	3	*-ete*	*brach*	*-ete*	*-e*
Pl.	1	*-eten*	*brachen*	*-eten*	*-en*
	2	*-etet*	*-et*	*-etet*	*-et*
	3	*-eten*	*-en*	*-eten*	*-en*
2. Partizip		*gehŏret*	*gebrochen*		

Ölinger (1573, S. 89) gibt *Ich hŏrte vel horte* (vgl. oben § 122.2). Die Grammatiker erwähnen Apokope und Synkope (§ 49) in Mittelsilben und Endung. Sogar Schottel (1663, S. 208f.) billigt *-t* statt *-et* im 2. Partizip (*geliebt, gelobt, gesagt*) und in der 3. Person des Präsens (*er liebt* [§ 126.1]).

§ 127 3.4.2b 1. Person Sing. Präsens Indikativ

Selten finden wir Formen mit *-en* in der 1. Person. Im Fynerdruck des *Ackermann* (§ 67) lesen wir: *ich wonen im behemer land* (bei Pfister [§ 66]: *ich won*). Sonst gibt es beim starken Verb teilweise Apokope der Endung (vgl. oben § 126.1); es zeigt frühnhd. der Stamm der ersten Person in den Klassen 2, 3–5 den Vokal der 2., 3. Person. Ölinger (1573) hat: *ich geusse, ziehe vel zeuch, hilf, wirffe, sich,* Albertus (1573) *Ich werd oder wird, ich sprich, ich eß,* Clajus (1578) dagegen *ich ziehe, liege* 'lüge', *werde, helffe,* Schottel (1663) *ich ziehe, beuge oder biege.* In frühen Schriften hat Luther noch *ich wird, nym, gib,* später *ich werde, nehme* (Nordström 1911, S. 25). Im Mentelintext (§ 169) steht *ich auswirff* (Z. 44). Es tritt frühnhd. allmählich Ausgleich mit der Stammform des Plurals, Konjunktivs, Infinitivs ein.

§ 128 3.4.2c 2., 3. Person Sing. Präsens Indikativ

Hier hat sich beim starken Verb nhd. die Stammvariation erhalten: *hilfst, hilft, nimmst, nimmt, gibst, gibt, fährst, fährt, hältst, hält* zum Stamm *helf-, nehm-, geb-, fahr-, halt-* in den Klassen 3–7 (vgl. § 123). Frühnhd. und noch bis spät ins 18. Jhd. finden wir Variation von *eu* mit *ie* in der 2., 3. Person Präsens der 2. Klasse (§ 123[2]). Ölinger (1573) hat (S. 87) nur *du geussest, er geußt* neben *wir giessen,* Clajus (1578, S. 69) *Du zeuchst / Er zeucht. Wir ziehen /,* Schottel (1663) gibt *du betreugst, er betreugt, wir betriegen* 'betrügen', *du zeugst und ziehest, er zeugt und ziehet.* Oberdeutsche Formen haben in Klasse 6 (§ 123[6]) oft keinen Umlaut: Ölinger (1573, S. 96) führt an: *du schlagst vel schlechst / er schlagt vel schlecht / & jhr schlecht vel schlaget.* Hier finden wir also auch noch Variation des Konsonanten (*g* und *h (ch)*) bei 'schlagen'.

§ 129 3.4.2d Plural Präsens Indikativ

Die mhd. Endung des Präsens 3. Pers. Plural *-ent* (mhd. *hœrent*) ist frühnhd. neben *-en* (§ 126.1) noch überaus häufig (vgl. § 173, 177), ist in manchen Schriftdialekten in die 2. Person Plural, sogar in die 1. Person Pl. eingedrungen, was einen «Einheitsplural» ergibt (Stopp 1973, § 43f.). Die Präsensendung findet sich auch im Präteritum, z. B. bei Brant (1496 [1854], S. 285 *sassent*).

Ölinger (1573, S. 98) kennt als Form der «*Helvetij & quidam alij*» *-end* und *-en* für die 2. Person Pl.: *jhr wŏllend, Ihr haben.* Im Esslinger Druck (Fyner) des *Ackermann* (§ 67) finden wir: *entpfindent* (3. Person; Pfister § 66,6: *enpfindē*) *entphahent* (241); *habend ir* (Pfister: *habt ir,* 21f.), *wŏllend ir, sind ir* 'seid ihr', *ir bewisent* (Pfister: *beweisset* 230), *ir … geben* (Pfister: *ir … gebt* 245ff.), *ir thŭnd* (Pfister: *thut* 255), aber *ergetzt* (269, Imp. Plural, § 132.1). Bei Brant (§ 76) hat unsere Textstelle *-en* (*louffen* 3, *dantzen* 21), aber *hant* (2).

§ 130 3.4.2e 1., 3. Person Präteritum

Schottel (1663) kennt nur *brach* (§ 126.2 oben) ohne Flexiv, aber die Endung *-e* ist frühnhd. überaus häufig, aber nhd. nur nach dem Dental in *wurde* durchgedrungen. Ölinger (1573) hat stets *-e: ich schriebe, bande, gosse,* sogar *ware* (S. 79) neben *war* (S. 76). Albertus (1573, S. 101) meint *non raro autem e litera in fine accedit als ich theilte / ich schlieffe* (neben *ich schlieff*): hier wird das Muster der schwachen Form deutlich. Opitz will *sahe, geschahe* statt *sach, geschach* (§ 186). Erben (1970, S. 420) meint, daß dieses Anfügen des *e* in *sahe, schreibe, flohe* nicht nur durch die Analogie zu den zweisilbigen Formen der schwachen Verben und der Konjunktivformen, sondern aus der Neigung zu erklären sei, eine «Inlautstellung des wortstammschließenden Konsonanten zu schaffen».

§ 131 3.4.2f 2. Person Sing. Präteritum

Mhd. hatte diese Verbalform die Endung *-e* und den Stamm des Konj. Prät. (*du waere*), also den Vokal des Plurals mit Umlaut. Verbalformen mit *-e* (oder Null durch Apokope) finden sich bis ins 15. Jh., z. B. *du wurd* bei Niclas von Wyle (Moser 1909, S. 203). Frühnhd. tritt allmählich Ausgleich des Stammvokals im Singular ein, doch bleibt in der 3. Klasse bei Nasal, z. B. *ich sang, du sungest,* der Pluralvokal noch erhalten (Schottel 1663, S. 596). Bei Clajus (1578, S. 80) steht *du schriebest* neben *ich schreib* 'scribebam', *du trunckest, du hulffst, wurffst & worffest,* bei Schottel (1663) noch *du trunkest, du wurfest oder worfest,* aber *du halfest, du stankest.*

§ 132 3.4.2g Imperativ, Infinitiv

§ 132.1 Imperativ

Neben Schottels (§ 126.1) endungslosem Sing. Imp. *hŏr, brich* finden wir frühnhd. oft *-e-*Formen. Clajus (1578, S. 79) erwähnt *Schreibe pro schreib, sage pro sag* «*per paragogen*». Der Plural des Imperativs ist mit der 2. Person Plural des Indikativs identisch; des schwäbischen *Ackermann*drucks (§ 67) *-t* neben *-end, -ent, -en* im Indikativ (§ 129) ist vielleicht eine dialektfremde Höflichkeitsform.

Die Grammatiker geben manchmal auch Imperativformen der 3. Person oder der 1. Person Plural, auch Futurformen, meistens als Verbalgruppen mit dem Modalverb *sollen* (§ 142.2). Im *Exercitium puerorum grammaticale* (1491, S. 24) heißt es: *der sol rufen* 'ille vocato' usw. Ölinger (1573, S. 82f.) gibt *Laßt vns schreiben* (§ 142.1) als Imperativform, *du solt schreiben* usw. als Futur des Imp. Auch Clajus (1578, S. 73) führt an: *Lasset vns lieben* und als Futur Imp. *Du solt* usw. *lieben.* Schottel (1663, S. 558) gibt für die *Weise zugebieten* nur eine *Gegenwertige Zeit* an.

§ 132.2   Infinitiv

Schottel (1663, S. 209) kennt neben der Endung *-en* auch *-n* in der
Weise zu endigen: gehn, stehn, schaun. Er gibt auch einen Infinitiv der
Vergangenen Zeit als *gehöret haben* und der *Künftigen Zeit* als *hören werden.* Ölinger (1573, S. 98) erwähnt Infinitive mit *ge-* «euphoniae gratia»
wie in *Wann ers gehaben möcht* u. dgl.

§ 133   3.4.2h 2. (Perfekt)partizip

Neben Partizipbildungen mit *ge-(e)t* (*gehöret*) beim schwachen und
ge-en (*gebrochen*) beim starken Verb finden wir frühnhd. noch Formen
ohne *ge-,* wie sie auch das Mhd. bei «perfektiven» (§ 159.3) Verben
kannte:\ *komen*\ 'gekommen', *funden,* *bracht.* \ Bei \ Brant (§ 76) finden
wir *vff bracht* 'aufgebracht' (Z. 8), *brocht* (Z. 20) 'gebracht'. Nach
Fleischmann (1921, S. 14) hat Opitz *ge*-lose Formen außer bei *bringen,
finden, kommen, treffen, werden* auch bei *bleiben, fliesen, liegen, pflegen,
lassen* (vgl. Paul 1917, II, S. 277, Anm. 3). Ölinger (1573, S. 68) gibt
gepassiert vel passiert und *ich hab gespacieret* (S. 87) (vgl. Paul 1917, II,
§ 202). Clajus (1578, S. 111) kennt *gessen* statt *geessen* (Paul, ebenda,
§ 203, Anm. 3), Schottel (1663, S. 575) *gessen* 'gegessen', *gangen,
kommen.* Modale Verben (§ 125) nehmen in Fügungen (§ 142.2) eine
dem Infinitiv gleiche Form an (vgl. Paul 1920, IV, § 351): z. B. bei
Luther (§ 82, 29–31) /*hette sollen schweygen*/, bei Hans Sachs (§ 235)
hab ich ... wöllen sprechen (Z. 40). Schottel (a.a.O.) sieht darin wie bei
kommen u. dgl. Auslassen des *ge-.*

§ 134   3.4.2i Konjunktivbildungen

Schottel und andere Grammatiker fanden es wegen der teilweise formalen
und syntaktischen (§ 161) Überschneidung und Variation schwierig,
Konjunktivformen des schwachen Präsens vom Indikativ zu unterscheiden,
er gab daher irrtümlich *höret* als 3. Pers. Sing. Konjunktiv (oben § 126.1).
Die Bildung mit Umlaut vom Stamm des starken Präteritums Plural oder
des 2. Partizips (Schottel *bröche*), die *die Weise zu fügen* (*Conjunctivus
modus*) der *Fastvergangenen Zeit* (Prät.) ergibt, ist deutlicher: Schottel
(1663, S. 579–603) hat demnach *böge, böte, drünge, erköhre, schwümme,
trüge,* usw. Frühnhd. Grammatiker trennen nie starke und schwache
Verben, teilweise wohl weil auch schwache Verben Vokalwechsel im
Stamm aufweisen («Rückumlaut», § 122.2); es gibt auch Verben mit
starken und schwachen Nebenformen, z. B. bei Ölinger (1573, S. 86)
ich brane vel brante, gerüeffen vel gerüefft; verzeihete, verziegen (S. 81).
In hochdeutschen Dialekten ist der Konj. Prät. erhalten geblieben, hat
aber z. T. beim starken Verb das Dentalsuffix der schwachen Verben

angenommen. Mentelins (§ 169, Z. 36) *wirffte* 'würfe' ist ein Beispiel für solche Bildungen (vgl. Schirmunski 1962, S. 512). Dornblüth (§ 98.2) will *er scheinete* als Konjunktiv zu *er schien* (Blackall 1955, S. 459).

3.4.3 Verbalgruppen

§ 135 3.4.3 a Die Hilfsverben

§ 135.1 *haben*

Die Formen der sogenannten Hilfsverben *haben, werden, sein* haben im Frühnhd. weitgehende Variation. Im Nhd. stehen die ehemaligen Kurzformen *hast, hat* (Konj. *habest, habe*) in der 2., 3. Person Sing. Ind. Präsens. Ölinger (1573) hat *du hast vel habst*, Albertus (1573) *du habest, habst, hast*, als Nebenformen zu *wir haben, Die haben* auch *hân*. Bei Brant (§ 76, Z. 2) lesen wir *hant* (3. Pers. Pl.). Schottel (1663) hat die nhd. Flexion, außer *ihr habet* ohne Synkope. Sein Präteritum ist *ich hatte* usw., Konjunktiv *ich hette* mit nhd. Flexion. Bei Albertus (1573) ist *ich het(t), du hetst* usw. Indikativ und Konjunktiv. Zu den Formen vgl. Paul-Moser (1969) § 180.2. Bei Wittenweiler (§ 221) ist *han* Infinitiv, *hiet* Prät. Indikativ.

§ 135.2 *werden*

Schottel (1663, S. 553) gibt im Präsens die nhd. Formen von *werden* (*werde, wirst, wird*). Albertus (1573, S. 107) gab *werd, werst, werd* neben *wird, wirst, wird* (vgl. § 128), das Präteritum als *Ich wurd, wir wurden* (§ 123(3)); Ölinger (1573, S. 78f.) *Ich werd, er werd, du werdst* und das Präteritum als *Ich ward, vel ware, wir warden vel waren*. Auch Schottel führt *ich war* als «*Fastvergangene Zeit*» von *werden* und *Ich were* als Konjunktiv zu *ich werde* an (vgl. § 138).

§ 135.3 *sein*

Als Formen von *sein* finden wir bei den Grammatikern:

	Ölinger (1573)	Albertus (1573)	Clajus (1578)	Schottel (1663)
Präs. Indik.				
1., 2., 3.	*bin, bist, ist*	*bin, bist, ist*	*bin, bist, ist*	*bin, bist, ist*
Pl. 1. (*wir*)	*sein*	*sein*	*sind*	*seyn*
2. (*ir*)	*seit*	*seind, seit*	*seid*	*seyd*
3. (*sie*)	*sein, seint, sint*	*seind*	*sind*	*sind*

114

Präs. Konj.	*ich seye*	*sey*	*sey*	*sey*
Imperativ	*sey vel biß*	*biß oder sey*	*sey uel bis*	*biß oder sey*
Präteritum	*ich war*	*war oder was* (S. 116)	*war*	*war*
Konj. Prät.	*ich were*	*wår*	*were*	*were*
2. Partizip	*gewesen vel* *geweßt (abu-* *siue: gesein,* *gesyn)*	*gewesen* *(quidam:* *gesein)*	*gewesen*	*gewesen*

Schottel schreibt *seyn* (§ 89.1, 124) '(sie) sind', ebenso Grimmelshausen (§ 242); vgl. auch § 173.

§ 136 3.4.3 b Perfekt, Plusquamperfekt

§ 136.1 Tempusbildung (Perfekt)

Im Nhd. werden Perfekt und Plusquamperfekt mit dem 2. unflektierten Partizip und dem Präsens bzw. Präteritum der Hilfsverben *haben* oder *sein* (siehe oben § 135) gebildet. Die entsprechenden Konjunktivformen der Hilfsverben bilden Konjunktive der Verbfügung. Bei Schottel (1663) finden wir ein vollständiges Paradigma: z. B. *ich habe gehöret, ich hatte gehöret, ich hette gehöret* (Konjunktiv der *Gantzvergangenen Zeit*); *ich bin gekommen, ich war gekommen, ich sey gekommen, ich were gekommen* usw. Ölinger (1573, S. 100) kennt *ich hab geschrieben gehabt* für *ich hatte geschrieben, ich bin kommen gewesen* für *ich war gewesen* «in quibusdam locis Germaniae». Das Hilfsverb ist manchmal im Text ausgelassen (vgl. § 162.2).

§ 136.2 sein, haben (Perfekt)

Nhd. wird *sein* statt *haben* bei intransitiven Verben, die eine Veränderung von Ort oder Zustand ausdrücken, verwendet. Das gilt im allgemeinen auch für das Frühnhd. Bei *sitzen, stehen, liegen* ist die Bildung mit *sein* häufiger als im Nhd.: Ölinger (1573, S. 66) hat *ich bin gestanden*, Clajus (1578, S. 71) *ich bin oder habe gestanden*, Schottel (1663, S. 573) *ich bin gesessen, gestanden, gelegen*. Nach Albertus (1573, S. 106) kann es heißen: *Ich hab geloffen* und *ich bin geloffen*, nach Ölinger (1573, S. 66) *Ich bin vel ich hab gesprungen* 'saltaui'. Diese doppelte Konstruktion bei Verben der Bewegung drückt mit *haben* das Andauern, mit *sein* die Vollendung, das Erreichen des Zieles aus.

§ 137 3.4.3c Futur, Futur II

Bei den frühnhd. Grammatikern finden wir als Nebenformen Futurbildungen mit dem Modalverb *wollen* und mit *werden:* z.B. bei Albertus (1573) *Ich werde oder will gesein* (S. 112), bei Clajus (1578, S. 72) *Ich will /uel, werde sterben/.* Auch Bildungen mit *sollen* kommen vor, die frühnhd. Grammatiker sahen in ihnen das Futurum des Imperativs (vgl. § 132.1), Schottels (1663, 559ff.) Paradigma enthält nur Formen von *werden* mit Infinitivfügungen: *Ich werde hôren, ich wûrde hôren, ich wûrde gehôret haben,* in der «*leidenden Deutung*» (Passiv) *Ich werde gehôret werden, Ich wûrde gehôret werden, Ich wûrde gehôret worden seyn.* Der Bildung mit dem Infinitiv nach *werden* ging wohl die mit dem Partizip Präsens voraus (siehe § 140).

§ 138 3.4.3d Passiv

Die Bildung des Passivs erfolgt auch mit den Formen des Hilfsverbs *werden* wie das Futur (§ 137), aber mit dem 2. Partizip. Clajus (1578, S. 84) gibt als «SECVNDA CONIVGATIO» ein volles Paradigma des Passivs: *Ich werde geliebet,* **Imperfecto** *Ich ward geliebet / du wurdest geliebet; ich bin geliebet worden, ich war geliebet worden,* **Fut,** *ich will / werde geliebet werden,* **Optativo** *Wolt Gott ich wûrde geliebet* usw. Schottel (1663, S. 560f.) gibt als Präteritum (*Fast vergangene Zeit*): *ich war gehôret / du warest gehôret* zum Präsens *ich werde gehôret* usw. Die anscheinende Verwirrung zwischen *war* und *ward* bei Schottel beruht nicht nur auf der phonetischen Ähnlichkeit (vgl. § 135.2 Ölingers Präteritum von *werden*), sondern auf syntaktischer Überschneidung. Auch Formen von *sein* kommen in Fügungen mit dem 2. Partizip vor, was sich nhd. im sogenannten «Zustandspassiv» erhalten hat (Paul 1920, IV, S. 148f.). Bei Wittenweiler (§ 217) finden wir (Vers 5429) *was geschaffen* mit *sein, ward hertâilt* (Vers 5435) mit *werden.* Es kann auch im Perfekt des Passivs die Form *worden* fehlen, z.B. noch bei Luther (Schmidt 1969, S. 326 (4.3.1.8)).

3.4.4   Andere Verbalfügungen

§ 139 3.4.4a sein + 1. Partizip

Im Frühnhd. sind Fügungen der Formen von *sein* und dem Partizip des Präsens oft belegt. Es liegt meist durative Bedeutung vor (§ 159.3). Bei Mentelin (§ 169) übersetzt *waz auswerffent den teuffel* (Z. 32f.) der Vulgata lat. *erat eiiciens daemonium.* Die meisten späteren Drucke ändern hier die Partizipialform zum Infinitiv (*außwerffen, vßwerffen* § 175); Paul (1920, IV, § 320) führt aus, daß «im allgemeinen ... fällt

116

prädikativer Gebrauch [des 1. Partizips] mit Verlust des verbalen Charakters zusammen». Das gilt noch nicht für die frühnhd. Zeit.

§140 3.4.4b werden + 1. Partizip, Infinitiv

Im Frühnhd. finden wir Fügungen mit Formen von *werden* und Partizip oder Infinitiv, die keine futurische Bedeutung haben (§ 137). Es wird der Anfang oder Eintritt eines Geschehens dadurch ausgedrückt. Der Verwendung mit dem Infinitiv ist wohl die mit dem 1. Partizip vorhergegangen: *-end* und *-en* sind in Texten oft vermengt worden (Moser 1951, S. 40f., vgl. auch § 139). Moser (1909, S. 326) zitiert Luthers *das heer ward laufend* (vgl. Franke 1914, II, S. 312f.). Bei Wittenweiler (§ 217) finden wir: *... wurdens ... lachent und ... sprechent* (Vers 5427.), bei der Kottannerin *pessern ward* (§ 225, 221f.).

§ 141 3.4.4c tun + Infinitiv

Die Umschreibung des Verbs durch Formen von *tun* (§ 124) mit dem Infinitiv ist frühnhd. häufig (Moser 1909, S. 226). Wir finden bei Brant (§ 76, Z. b) *důt für sich gan,* bei Fischart (§ 181, Vers 588) *thât eylen* 'eilte'. Paul (1920, IV, § 349) schreibt von «massenhaften Belegen» bei Hans Sachs.

§ 142.1 3.4.4d lassen + Infinitiv

Die Verbindung von *lassen* mit dem Infinitiv in adhortativer Bedeutung wurde von den Grammatikern als Imperativform verbucht (vgl. oben § 132.1; Erben 1970, § 53).

§ 142.2 3.4.4e Modalverb + Infinitiv

Alle modalen Verben (§ 125) bilden Fügungen mit Infinitiven von Verben. Dazu gehören die erwähnten Formen von *wollen* für das Futur (§ 137), von *sollen* mit «imperativischer» Bedeutung (§ 132.1). Die 2. Partizipialform (§ 133) der Modalverben wie auch von *lassen* (§ 142.1) ist in der Verbindung mit einer Infinitivform selbst dem Infinitiv gleich. Dazu hat das Gleichlauten der beiden Formative (*-en,* Inf. und 2. Partizip) beigetragen, ebenso die Verwendung von *ge-* im Infinitiv (§ 132.2) und syntaktische Überschneidung (Erben 1970, § 52). Diese Konstruktion fiel schon den frühnhd. Grammatikern auf. Ölinger (1573, S. 98) erwähnt *Er hat das sőllen thůen.* Schottel (1663, S. 575) kontrastiert *ich habe dir schreiben wollen* mit *ich habe gewolt dir schreiben.*

3.5 Syntax des Substantivs

§ 143 3.5.1 Zur frühnhd. Syntax

Die einzelnen Wortarten (§ 106) mit oder ohne Flexive haben eine syntaktische Funktion, d. h. eine Rolle im Satz. Als Satzteile können wir nach der traditionellen Grammatik Subjekt, Prädikat, Objekte, Adverbiale (adverbiale Bestimmungen) unterscheiden. Der Satz im *Ackermann* (§ 66, 19–23) *leides gewent habt ir mich* enthält z. B. das Subjekt *ir*, Objekte im Akkusativ (*mich*) und Genetiv (*leides*), ein Prädikat mit einer Verbfügung (*habt gewent*). Unabhängige Sätze und abhängige Sätze (Gliedsätze, Nebensätze) haben dieselben Satzglieder (Satzteile). Eine Spezialuntersuchung könnte entscheiden, ob das Frühnhd. schon und in welchem Ausmaße alle nhd. «Satzbaupläne» enthält. Die Wortarten nehmen die Stelle der einzelnen Satzteile ein: z. B. Substantive oder substantivierte Lexive unter anderem die von Subjekt (§ 144) und Objekten (§ 147). Wir wollen zuerst die Rolle der frühnhd. Substantive, dann die der Adjektive und Pronomen (§ 149 ff.) und schließlich die des Verbs (§ 159 ff.) im einfachen Satz untersuchen, wobei wir uns auf diachronisch relevante Züge beschränken müssen. Nach den einfachen Sätzen besprechen wir die Satzreihen und Satzgefüge (§ 164 ff.).

§ 144 3.5.2 Substantiv als Subjekt

Im idg. Satz besteht die Kongruenzregel: diese fordert Übereinstimmung in den grammatischen Kategorien wie Person, Kasus, Numerus, Genus in Wortgruppen (§ 145) und zwischen Subjekt und Prädikat, d. h. zwischen Substantivgruppen und Verbalgruppen (Verbalfügungen), in einem Satz.

Frühnhd. finden wir gelegentlich Fälle, wo ein Substantiv im Singular, das lexikalisch eine Mehrzahl ausdrückt, mit einer Pluralform des Verbs verbunden ist: z. B. *die gesellschafft wunderten sich* (Mentelin § 169, Z. 34 f.). Der Kasus des Subjekts und der nominalen Prädikatsteile ist der Nominativ: *Wir Maximilian ... Erwelter Rômischer Kayser ... empieten* (§ 230.1) zeigt Übereinstimmung in Person (erste), Kasus (Nominativ), Numerus (Plural «der Majestät», Apposition im Singular), Genus (maskulin).

Einige Verben, die sogenannten «unpersönlichen», haben kein Substantiv als Subjekt, höchstens die indefinite Pronominalform *es*: nhd. *es regnet*. Bei Brant (§ 76, Z. 28) lesen wir *Inn hungert nit.*

§ 145 3.5.3 Substantiv in Wortgruppen

Die Wortart Substantiv bildet das flexivisch gekennzeichnete Zentrum von nominalen Wortfügungen mit Kongruenz (§ 144) von Kasus, Genus,

Numerus. «Nullflexion» des Adjektivs im Nominativ (§ 112) zeigt keine Kongruenz des Genus: z. B. *Der geistlich..., die geistlich..., das geistlich...* bei Albertus (1573, S. 76). Unsere Texte geben viele Beispiele für die Kongruenz: *Erster algemeiner Lehrsatz* (Schottel, § 89), *dises Französische Werck* (Dornblüth, § 98), *ein lustige Stube* (Grimmelshausen, § 240). Wir finden oft nach Präposition die Verbindung von Artikel oder attributiver Pronominalform + Adjektiv + Substantiv: z. B. *zu synnreichen hohen meistern* (mit Dativ nach *zu, Ackermann* § 66, 46ff.), *auff solche treuhertzige Erinnerung* (Grimmelshausen, § 240). Substantive oder Nominalgruppen in Genetiv oder mit Präposition können noch zum Substantivzentrum dazutreten: z. B. *an die Burgermeyster und Radherrn allerley stedte ynn Deutschen landen* (Luther, § 82). Lexikalisch geregeltes Genus (*Erinnerung* feminin, *Werck* neutral), syntaktisch geregelter Kasus (Akkusativ nach *an: Burgermeyster*) und der Numerus des Substantivs bestimmen die Flexive der übrigen Fügungsteile, also der Artikel, Adjektive, attributiven Pronominalformen: *synnreichen hohen* vor *meistern* (Dat. Plural). Ganz selten ist schon frühnhd. die Bezeichnung des Genus im Plural (§ 220).

§ 146 3.5.4 Genetivkonstruktionen beim Substantiv

Frühnhd. können Substantive und Substantivgruppen im Genetiv dem zentralen Substantiv der Wortgruppe (§ 145 oben) vorangehen oder nachfolgen. Die Voranstellung ist besonders im älteren Frühnhd. häufig: z. B. *des clagers wider red, meiner eren rauber* im *Ackermann* (§ 66); *menschen gepott* (Luther, § 82). Ölinger (1573, S. 110) fordert ausdrücklich: *deß vatters Son,* nicht etwa *hauß deß vatters.* Bei Erweiterung ist Nachstellung erforderlich: *die art Göttlichs worts vnd wercks* (Luther, § 82, 141ff.). Diese Nachstellung ist bei «partitiver» Bedeutung normal: *viel blutts* (Luther, § 82, 64f.) oder *ichts gutes* (*Ackermann,* § 66, 192f.), bei dem die Flexive *-es* von Genetiv und Neutralform homonym sind. Manchmal tritt die Genetivkonstruktion zwischen Pronomen oder Adjektiv und dem Substantiv (vgl. Schmidt 1969, S. 352f.).

Genetivattribute, besonders beschreibende, werden später meist durch Präpositionalfügungen oder Apposition im selben Kasus ersetzt (Erben 1970, S. 431). Bei Mentelin (§ 169) steht *Welcher ewer* (Z. 10) neben *welcher von euch* (Z. 25f.). Bei Hans Sachs (§ 235) steht noch partitiver Genetiv ohne Beziehungswort: *seiner würst* (Z. 22).

§ 147 3.5.5 Substantiv als Objekt

Es gehört zu den lexikalisch bestimmten Eigenheiten der Verbalformen des Prädikats, ob sie im Satze ein persönliches Subjekt haben und überhaupt Objekte als Ergänzung nehmen und wenn ja, in welchem Kasus diese Objekte stehen müssen. Man hat das die lexikalisch-syntaktische «Valenz» der Verben genannt. Es braucht also zur Vervollständigung eines Satzes das Verb des Prädikats kein, ein oder zwei Objekte, ausgedrückt durch Substantive, «substantivische» Pronomen oder Nominalgruppen mit Substantiv. Die Objekte stehen im Genetiv, Dativ, Akkusativ oder nach (wiederum kasusbestimmenden) Präpositionen («Präpositionalobjekt»). Im Satze *vnser teglich brot gib vns heut* (Mentelin § 169, Z. 6f.) hat das Verb *gib* das Dativobjekt *vns* und das Akkusativobjekt *vnser teglich brot* (Pronomen + Adjektiv + Substantivzentrum; vgl. § 145).

Für Genetivobjekte bei Verben treten später oft Akkusativobjekte oder Präpositionalobjekte ein (vgl. Schmidt 1969, S. 342). Aber nhd. Unterschiede von der frühnhd. Objektkonstruktion der einzelnen Verben zählen wir zum lexikalischen Wandel, den wir nicht als Teil der diachronischen Grammatik behandeln.

§ 148   3.5.6 Substantiv in adverbialen Fügungen

Substantive und Substantivgruppen im Akkusativ und Genetiv ohne Präposition drücken im Satze auch den Satzteil 'adverbiale Bestimmung' (§ 143) aus. Nhd. finden wir zeitliche Bestimmungen im Akkusativ *jeden Monat* (bestimmt), im Genetiv *eines Tages* (unbestimmt). Frühnhd. werden Adverbiale (adverbiale Bestimmungen) der Art und Weise, der Beschaffenheit durch Genetivkonstruktionen ausgedrückt, die als selbständige Satzglieder vorkommen. Bei Dornblüth (§ 98) finden wir z. B. folgende adverbiale Genetivfügungen: *eytler Weis* (22f.), *alles Gewallts* (348f.), *Eingangs der Vorrede* (26–28, örtlich). Bestimmte Zeitangaben im Akkusativ lesen wir bei Brant (§ 76): *eyn gantzen dag* (Z. 28), *lang zytt* (Z. 33). Genetivkonstruktionen können auch einen Prädikatsteil darstellen. Schottel (1663, S. 745) gibt als Beispiele: *Er ist beliebter Sitten; Sie sind wunderliches Vorhabens* usw.

3.6   Syntax des Adjektivs, Pronomens

§ 149   3.6.1 Adjektiv in Satz und Wortgruppen

Das Adjektiv kann wie im Nhd. im Satz als Teil aller Satzglieder fungieren: als Teil des Prädikats (z. B. § 150), als Teil des Subjekts und der Objekte (§ 152) und der Adverbialen (§ 148). Es kann aber auch selbständig ohne Flexiv als Adverbial auftreten (§ 151). Im *Ackermann* (§ 66) finden wir das Adjektiv als Teil des Prädikats: *wy stüpf ich bin* (34ff.); als Teil des Subjekts *Alle freud* (116f.), als Teil von Objekten *wūsames leben* (74f.), *michels schadēs* (273f.), als Teil von Adverbialbestimmungen *nach grosser missetat* (174 ff.). *vngenediclich* (156) ist Adverbial mit dem Formativ *-lich*.

Adjektive können selbst Zentrum einer nominalen Fügung mit abhängigem Genetiv oder Dativ sein. Das prädikative *gewaltig (ist)* (§ 66, 264) ist das Zentrum der Genetivfügung *des todes vnd lebēs*. Auch eine Akkusativfügung kann folgen: z. B. *fůnf Finger hoch* (Schottel 1663, S. 753).

§ 150   3.6.2 Partizip

Die Partizipien des Präsensstammes (1. Partizip) und des Perfektstammes (2. Partizip) gehören zur Wortart Adjektiv. Das 2. Partizip bildet mit den «Hilfsverben» (§ 135) Verbalgruppen als Prädikat von Sätzen. Es ist aber bei einigen Partizipien Lexikalisierung zu rein adjektivischer Bedeutung eingetreten. *Gewant* (*Ackermann* § 66, 219) «gewöhnt» entspricht verbalem *gewent* (20) und des Fynerdruckes Adjektiv *gewone*. Luthers *getrost* (§ 82, 285) ist eigentlich das 2. Partizip von *trösten*. Zur Syntax des Partizips vergleiche man auch unten § 162.

§ 151   3.6.3 Adjektiv als Adverbial

Das Adverb(ium) als (nichtflektierende) Wortart kann als ein Teil von Wortgruppen mit Adjektiven, anderen Adverbien oder als selbständiger Satzteil, nämlich als Umstandsbestimmung, als Adverbial, auftreten. Nhd. kommen die meisten Adjektive auch adverbial mit Nullflexion vor. Frühnhd. finden wir vielfach noch Formative (*-e, -lich, -lichen*): z. B. bei Luther (§ 82) *krefftiglich* (83), *frůndlich* (210), *trewlich* (257), aber *heys* (396) und *bas* 'besser' (246), die Superlative (§ 112.2) *am meysten* (152 f), *auffs hôhist* (157 f.). Opitz verwendet *zum hefftigsten* (§ 186, 148 f.).

§ 152   3.6.4 Adjektiv in Wortgruppen

§ 152.1   3.6.4 a Wortstellung, Kongruenz

In Substantivgruppen (§ 145) steht auch frühnhd. das Adjektiv immer vor dem Substantiv und nach Artikel oder Pronominalformen. Nachstellung (mit Nullflexion) findet sich in poetischen Texten, z. B. *vnser Schiflin schmal* (Fischart, § 181, Vers 604). Opitz (1624, S. 27) wendet sich gegen diesen Gebrauch: *Wie denn auch sonsten die epitheta bey vns gar ein vbel außsehen haben / wenn sie hinter jhr substantiuum gesetzt werden / als: Das mŭndlein roth* usw. Schottel (1663, S. 708) stimmt mit Opitz überein.

Bei Voranstellung des Adjektivs gilt starke oder schwache Flexion (§ 152.2 f.) und Kongruenz (§ 144), d. h. Übereinstimmung in Kasus,

Numerus, Genus. Unterscheidung des Genus im Plural (§ 112.1) geht frühnhd. außer bei *zwei* (§ 113.1) verloren (vgl. Wittenweiler § 220).

§ 152.2   3.6.4b Starke Flexion

Die Verwendung der Flexion des Adjektivs ist syntaktisch geregelt. Nhd. steht schwache Flexion nach Artikel oder flektierten Pronominalformen, starke Flexion bei Fehlen von Artikel oder flektierter Pronominalform, Nullflexion bei prädikativer oder adverbialer (§ 151) Verwendung. Schwanken besteht manchmal in Wortgruppen mit gewissen, meist indefiniten Formen, die Adjektiv- und Pronominalzüge verbinden: *manche brave Kinder* und *manche braven Kinder* (Grebe u. a. 1973, S. 578).

Frühnhd. ist die Verteilung der starken und schwachen Adjektivflexion (§ 112) noch nicht ganz so streng geregelt. Wir finden starke Formen auch nach flektiertem Artikel oder Pronomen, z. B. im *Ackermann* (§ 66) *meiner guter lebtag* (62–64), aber im Fynerdruck (§ 67) *miner gůttē lebtagen*, bei Dornblüth (§ 98) *die gemeine Leut* (185ff.), *die hier mitgeteilte Observationes* (317ff.). Schottel (1663, S. 237) hält *der starker Adler* für zulässig, er schreibt selbst *alle diejenige Buchstabe* (§ 89, 112–4) und *dieses misbräuchliches Wesen* (197ff.). Stieler (1691, S. 95) verlangt geradezu *die arme Leute*.

§ 152.3   3.6.4c Schwache Flexion

Durch Apokope (§ 49) fallen die *-e*-Formen der schwachen Flexion mit der Nullflexion zusammen, z. B. bei Albertus im Nominativ (§ 145 oben) *Der weiß Mann 'Sapiens vir'* (S. 137). Doch sind endungslose Formen auch Varianten der starken Flexion (§ 152.2), was beim Neutrum bis spät ins 18. Jh. zutrifft: *lang zytt* 'lange Zeit' (Brant, § 76, Vers 33, vgl. oben § 148), *kein griechisch wort* (Opitz, § 186, 262ff.). Schwache Adjektivformen finden wir auch nach Personalpronomen oder starkflektiertem Adjektiv, z. B. *mir beschedigten manne* (*Ackermann* § 66, 14ff.), *wegen angeführter zweyfachen Ursach* (Dornblüth, § 98, 260ff.). In der Anrede ist schwache Flexion üblich: *Fürsichtigen weysen lieben herrn* (Luther, § 82, 12–15). Vgl. dazu Behaghel (1923), § 114.

§ 153   3.6.5 Pronomen in Satz und Wortgruppen

Von den Artikelformen sind besonders *der*-Formen (§ 115.1) frühnhd. nicht von Pronomen zu trennen. Die meisten Pronomen können nhd. und frühnhd. adjektivisch, also attributiv in einer Substantivfügung (*dieser neue Freund*, § 145), prädikativ (*es ist dieser*) und substantivisch, also alleinstehend als Subjekt oder Objekt (*dieser, diesen*, § 144, 147), verwendet werden. Nicht alle frühnhd. Fügungen sind noch nhd. üblich:

z. B. *solchen jhren Eigenschaften* (Schottel, § 89, 32 ff.). Die Kongruenz-regel (§ 144) gilt auch hier wie bei allen Substantivfügungen, wird nur durch Zusammenfall der Endungen (Flexive) wegen Synkope, Apokope (§ 49), Schnellformen («Allegroformen») nicht immer deutlich: *eyn gantzen dag* (Brant, § 76, Vers 28) 'einen'.

Es gibt aber auch Pronomen, die nie adjektivisch in Wortgruppen, nur «substantivisch» im Satz verwendet werden können: z. B. die Personal-pronomen (*ich, du* usw., § 154), die Reflexivform *sich* (als Objekt, § 156), Relativ- und Fragepronomen *wer, was* und Indefinitpronomen wie *etwas, jemand, niemand* u. dgl.

3.6.6   Pronomen

§ 154   3.6.6a Ihrzen und Duzen

Im *Ackermann* (§ 66) wird der Tod stets mit *ir* (2. Pers. Plural) ange-sprochen, während dieser immer den Ackermann mit *du* anredet. In der Anrede an Gott steht der *du*-Imperativ (*ergeze* 269, aber bei Fyner, § 67: *ergetzt*). Diese Verschiedenheit der Anrede ist auch bei Wittenweiler (§ 217) zu beobachten. Die Dorfbewohner duzen sich untereinander, z. B. Pertschi die Alte (*du*, Vers 5447). Er ist aber böse über des Spiel-manns *du* (Vers 1336), der ihn sofort mit *ir* anspricht (1350: *mein lieber herr seit irs*), als er ihn erkennt (vgl. Ehrismann 1904). Bei Steinhöwel (§ 177), wo eine Übersetzung aus dem Lateinischen vorliegt, sagen die Diener *du* zum Herrn (*nim hin* 140f.). Opitz (§ 186, 171 ff.) hat natür-lich die «vornehme» Pluralform: *Nemt an ... madonna*. Seit den ersten Jahrzehnten des 17. Jhs. finden wir höfliche Anreden in der dritten Person Singular: *Er, Sie* (Keller 1904, S. 170).

§ 155   3.6.6b Fehlen des Pronomens

§ 155.1   Personalpronomen, Artikel

Gegen das Auslassen des Personalpronomens (§ 117), bei dem sich wohl Umgangssprachliches mit Nachahmung lateinischer Syntax trifft, wendet sich Fabian Frangk (1531, S. 104). Er verurteilt *hab dein schreiben / für ich hab dein* etc. *Thu dir wissen / für / ich thu dir* usw. Der bestimmte (und der unbestimmte) Artikel wird im allgemeinen wie nhd. verwendet. Besonders bei fremden Personennamen stehen *der*-Formen außerhalb des Nominativs (§ 111, 186.1). Steinhöwel (§ 180.1) gebraucht in eini-gen lokalen Präpositionalfügungen das Substantiv ohne Artikel (*von acker*). Auch bei attributiven Genetivfügungen mit Adjektiv und Sub-stantiv (§ 146) fehlt oft der Artikel, z. B. bei Luther (§ 82), im Titel von Helbers (1593) Büchlein.

§ 155.2   Relativpronomen

Dieses (§ 119.1) muß sich in Genus und Numerus (nicht im Kasus!) dem Beziehungswort im Vordersatz angleichen. Dieses Beziehungswort fehlt manchmal: Luthers *Segenet die euch fluchen* (Erben 1954, S. 147, «Ersparung»). Umgekehrt kann das Relativpronomen im Relativsatz fehlen: Luthers *den ersten fisch du fehist* (Schmidt 1969, S. 349).

§ 156   3.6.6c Reflexivform

Die frühnhd. Grammatiker erwähnen meist die rückbezügliche (reflexive) Verwendung des Personalpronomens. Im maskulinen, später auch neutralen Genetiv wurde die ursprünglich reflexive Form (ahd., mhd. *sîn*) verallgemeinert. Die reflexive Akkusativform ist *sich*. Aber im Dativ ist das Personalpronomen auch rückbezüglich auf das Subjekt üblich, nach Präposition dringt allmählich die Akkusativform *sich* ein. Albertus (1573, S. 92) kennt reflexiv im Dativ *Ihm, Ihr, Ihm,* im Akkusativ *Sich,* im «Ablativ» *Von sich oder ihm* usw. Ölinger (1573, S. 59) kennt Dativ *jhm / vel sich,* Clajus (1578, S. 63f.) will reflexiv im Dativ *jhm selbs.* Bei Mentelin (§ 169) finden wir *in im selber* (40), bei Wittenweiler (§ 217, Vers 5407) *im nemen* 'sich nehmen', bei Steinhöwel (§ 177, 337–9) *under in selber* 'unter sich', bei Opitz (§ 186, 25) *jhm* 'sich'. Schottel (1663, S. 536) kennt noch kein *sich* im Dativ ohne Präposition, Herzogin Liselotte (§ 191, 27f.) schreibt *zu sich.*

§ 157   3.6.6d Pronominaladverbien

§ 157.1   dar-

Adverbbildungen mit *da(r)-* + Präposition (§ 116.2) nehmen im Satz die Stelle von demonstrativen oder relativen Pronomen ein. Die relative Verwendung von *dar*-Formen hört erst spät im 18. Jh. auf. Wir finden bei Luther *mehr ... da mit* 'womit' (§ 82, 485f.), bei Opitz (§ 186, 308f.) *sünde / daran* 'an die'. Herzogin Liselotte schreibt (§ 191, 178ff.): *daß ich ... lieb habe, woran.* Der Bezug ist auf Sachen und Personen, z. B. Ölinger (1573, S. 64) *die leut / davon.*

§ 157.2   so

Die Partikel *so* wird bis ins 18. Jh. statt aller Relativformen verwendet. Ölinger (1573, S. 62) zitiert: *Die seind Gott angenehm / so jhne förchten / id est welche jhne.* Schottel (1663, S. 543f.) sagt von *so:* «*Dieses Vorwörtlein ist unwandelbar*». Im *Ackermann* (§ 66, 70ff.) steht *alles des das* 'alles von dem, was' und im Fynerdruck (§ 67) dafür *alles des so.* Parallel zu *solch gutet die* (226ff.) steht *Solch gnad so* (234ff.).

§ 158 3.6.7 Negierung

Im Frühnhd. bis ins 18. Jh. gilt die doppelte Verneinung als Verstärkung, nicht etwa als Aufhebung der Negierung. Wir lesen bei Fischart (§ 181, Vers 624): *Man kainen Namen nicht berait*/ 'Man macht sich keinen Namen'. Ursprünglich war *kein* (aus *dehein*) nicht der Träger der negativen Bedeutung. Im *Ackermann* (§ 66, 191 f.) *nymāt ichts* 'niemand etwas' steht einfache Negierung, aber der Fynerdruck (§ 67) hat *niemā nútz* 'niemand nichts'. Von *(n)ichts*, ursprünglich eine Genetivform, ist selbst ein Genetiv (*gutes*) abhängig. Die Negationspartikel *nicht* und *nit*, auch *nichten* (Mentelin, § 169, Z.15) sind landschaftliche, manchmal lexikalisch-stilistische Varianten. Die Partikel *en-* (§ 225, 188) ist schon im 16. Jh. selten (Stopp 1973, § 8).

3.7 Syntax des Verbs

§ 159 3.7.1 Das Verb im Satz

§ 159.1 Unpersönliche Verben

Das Verb oder die finite Verbalform in der Verbalfügung im einfachen Satz stimmt mit dem Subjekt in Numerus und Person überein. Manche Verben haben kein persönliches Subjekt (vgl. § 144): *es regnet*. Schottel (1663, S. 604 f.) unterscheidet nicht zwischen solchen «subjektlosen» Sätzen, Sätzen mit indefinitem Subjekt (*man lauft*) und Sätzen mit lexikalisierter unpersönlicher Konstruktion (*Es verdreust mich. Es gefellt mir.*).

§ 159.2 Valenz, Verbalfügungen

Als Zentrum der Verbalgruppe bestimmt das finite Verb Zahl und Kasus der Substantivobjekte («Valenz») und kann als Prädikat mit Nominalformen Fügungen eingehen (§ 147). Zur Bildung von Tempusformen wie Perfekt, Plusquamperfekt (§ 136), Futur, Futur II (§ 137), Passiv (§ 138) verbinden sich die sogenannten Hilfsverben (Auxiliare), Schottels *Hůlfworter* (§ 135), mit 2. Partizip bzw. Infinitiv. Das Hilfsverb fehlt öfters, besonders in Satzgefügen (vgl. unten § 162.2).

§ 159.3 Aktionsart

Aktionsart wie «durativ, perfektiv, ingressiv» u. dgl. als grammatische Kategorie, nicht bloß semantische Komponente der Wortformen, scheint auch im Frühnhd. im allgemeinen nicht vorhanden zu sein. Ansätze dazu hat man z. B. in der Verwendung bzw. dem Mangel von *ge-* im 2. Partizip (*komen, funden*, § 133) und in der Konstruktion von *sein* + 1. Partizip (§ 139) gesehen (vgl. Paul-Moser-Schröbler 1969, § 295).

§ 159.4 Wortstellung

Im einfachen Aussagesatz steht die finite Verbalform des Prädikats, d. h. die Form mit den Personalendungen (Flexiven), schon frühnhd. meist als zweites Satzglied: z. B. im *Ackermann* (§ 66) *Nach schaden volgt spotten* (1–4); *das enpfinden wol die betrubten* (5–9); *Also geschicht …* (10 f.). Fragesätze und Befehlssätze haben Anfangsstellung des Verbs: z. B. /*sag mir du schalckhafft' knecht* (Steinhöwel, § 177, 433 ff.); *haust du nit mer sorg…*

Bei Verbalfügungen steht 2. Partizip und Infinitiv frühnhd. schon meist am Ende des Satzes; z. B. im *Ackermann* (§ 66): *Alle freud ist mir … verschwunden* (116 ff.), *wes sol ich mich nu freuen* (84 ff.). Schottel (1663, S. 742 f.) gibt diese Klammerkonstruktion als Regel zum *sonderlichen Wollaut*, daß das Hilfsverb zuerst kommt und «*das Haubtzeitwort aber biß zuletzt gesparet werde*».

§ 160   3.7.2 Tempus

§ 160.1   Präteritum, Perfekt, Plusquamperfekt

In der Verwendung der Tempusformen des Verbs finden sich im Prinzip in den Schriftdialekten anscheinend selten Unterschiede von der nhd. Schriftsprache. Es scheint für die Vergangenheit die Wahl zwischen Perfekt und Präteritum Bezug oder Nichtbezug auf die Gegenwart auszudrücken. Landschaftliche Variation mit oberdeutscher Bevorzugung des Perfekts zeigt sich bereits. Im ostfränkischen *Ackermann* (§ 66) finden wir vor allem Perfektformen: *ist verschwunden, ist entwischt, habt entzucket, habt gemachet;* das einzige Präteritum *kondt* (170) ist ein deutlicher Hinweis auf die abgeschlossene Vergangenheit. Auch der Nürnberger Hans Sachs (§ 235) hat vor allem Perfektformen: *hat geschlagen, hat geschicket, hab geladen, hat gehort* usw.; einmal steht das Präteritum *heimschickten* (Z. 78) in einem Relativsatz.

Das Plusquamperfekt drückt wie im Nhd. Vorzeitigkeit zu einer Handlung in der Vergangenheit aus, z. B. bei Mentelin (§ 169, Z. 2 f.): *do er hett aufgehort einer … sprach* 'als er aufgehört hatte, sprach…' Das Präteritum mit *ge-* drückt ebenfalls Vorzeitigkeit aus (vgl. § 159.3), z. B. im Wittenweilertext (§ 217): *do … ein end genam* 'genommen hatte' (Vers 5403, vgl. Biener 1959, S. 75).

§ 160.2 Futur

Das Präsens wird mhd. zur Bezeichnung zukünftigen Geschehens verwendet (Paul-Moser-Schröbler 1969, § 297). Frühnhd. werden Fügungen mit Modalverben wie *wollen, sollen* und mit *werden* häufig mit futurischer Bedeutung gebraucht. Im Luthertext (§ 82) ist *wil ich reden* (164ff.) noch modal, aber *will solichs gras důrre werden* (371ff.) nicht mehr.

§ 161   3.7.3 Modus

Die frühnhd. Verwendung von Indikativ, Konjunktiv, Imperativ entspricht im allgemeinen schon der neuhochdeutschen. Konjunktiv finden wir im Hauptsatz zum Ausdruck des Wunsches, der subjektiven Behauptung, des Irrealen, in Nebensätzen (Gliedsätzen) als Ausdruck der subjektiven Darstellung von Äußerungen, Meinungen, auch der Unwirklichkeit, bloßen Möglichkeit, Absicht u. dgl.

Nur eine ausführliche Spezialstudie ließe erkennen, in welchem Ausmaße frühnhd. die Konjunktivformen des Präteritalstammes («Konjunktiv II») an Stelle der Konjunktivformen des Präsensstammes («Konjunktiv I») getreten sind, die nicht vom Indikativ verschieden sind (z. B. *wir haben; sie werden, brechen, machen*). Fischart (§ 181) scheint noch «Konjunktiv I»-Formen, die dem Indikativ gleich sind, zu verwenden: *empfinden* (Vers 597), *befinden* (598), *erlangen* (602). Oder sind das Indikativformen? Es scheint deutlich, daß schon frühnhd. die Formen des Präteritalstammes grammatisch nicht mehr Bezug zum Tempus (§ 160.1) Präterium (= Vergangenheit) haben, sondern schon die grammatische Modusbedeutung «irreal» zeigen. Bei Brant (§ 76) ist *hielt* (Z. 1) 'hielte' irreal, ebenso *werens* 'wären sie' (Z. 3) nach *als* (ob). Die Konjunktive *entsprungen sy* (Z. 6), *sy* (18), *geb* (30) sind subjektive Darstellung in abhängigen Sätzen.

§ 162   3.7.4 Partizipien

§ 162.1   3.7.4a Partizip I

Das Partizip des Präsens (1. Partizip) kommt frühnhd. in Fügungen mit *sein* zur Tempusbildung (§ 139) und solchen mit *werden* (§ 140) vor. Im letzteren Fall wurde es durch den Infinitiv ersetzt, dem es phonetisch nahesteht. Die Fügung *zu schlachtend* entwickelte sich aus dem Infinitiv *zu schlachten* (Erben 1970, S. 432). Das Partizip I selbst wird immer mehr aus dem prädikativen Gebrauch verdrängt und auf den attributiven in Substantivgruppen (§ 145) beschränkt.

Das zweite Partizip (§ 150) ist in Verbalfügungen zu einem Teil des deutschen Verbparadigmas geworden. Frühnhd. und noch nhd. erhalten die Partizipialformen durch Weglassen des Hilfsverbs in vielen Sätzen die Funktion des finiten Verbs. Schottel (1663, S. 744) billigt das ausdrücklich und zitiert: *Als sie mitleydentlich verspůret /* (= verspürt haben) *daß ihrem geliebten Vaterlande ein so großer Mangel angefallen /* (= angefallen war) (vgl. auch z. B. § 232, 242).

Unter dem Einfluß der lateinischen, später auch der französischen Syntax werden auch Partizipien oft attributiv und als Apposition gebraucht: z. B. bei Luther (§ 82, 18 ff.) *ich ... verbannet vnd ynn die acht gethan.* Die Auflösung lateinischer absoluter Partizipialkonstruktionen wurde im Lateinunterricht geübt, z. B. heißt es im *Exercitium puerorum* (1491, S. 39) *Deo graciam dante . so got ist genad gebende* (§ 162.1 oben), *vt viso domino . do der her ist gesehen hant* (S. 36). «Absolute» Partizipialkonstruktionen wurden auch in der Kanzleisprache selten direkt nachgeahmt.

§ 163   3.7.5 Infinitiv

Infinitivfügungen können einen Nebensatz, z. B. einen Finalsatz, vertreten. Bei Brant (§ 76, Z. 3 f.) lesen wir *louffen vmb ... Můd fůß zů machen* 'laufen herum, ... um sich müde Füße zu machen'.

Infinitive bilden Fügungen mit Modalverb (§ 142.2), mit *lassen* (§ 142.1), mit *hören, sehen* u. dgl. Frühnhd. finden wir auch die Nachahmung der lateinischen Akkusativ+Infinitiv-Konstruktion nach Verben wie *sagen*. V. Moser (1909, S. 227) sieht hier mehr als einen bloßen Latinismus, da auch Hans Sachs die Konstruktion kenne. Wir finden bei Mentelin (§ 169, Z. 42 f.) *ir sagt mich auswerffen die teuffel.* Die Infinitivform hat in Fügungen mit Modalverben die Form des 2. Partizips verdrängt («doppelter Infinitiv», § 133). Schon Ölinger (1573, S. 98) schreibt: *Sie haben ... wǒllen reisen pro gewǒlt.*

Die Verwendung des Infinitivs als Substantiv ist häufig: *... volgt spottē* (*Ackermann,* § 66, 4); *auch im schreiben* (Schottel, § 89, 274).

3.8   Syntax der Satzgefüge

§ 164   3.8.1 Satzreihung

Die Sätze eines Textes können gereiht (parataktisch), d. h. beigeordnet sein oder sich als Gliedsätze oder Nebensätze, gleichsam als Erweiterung von Satzgliedern wie Subjekt, Objekt, Adverbiale Bestimmung usw. um

Hauptsätze gruppieren, also teilweise untergeordnet, hypotaktisch gegliedert sein. Die Abhängigkeit der Nebensätze kann durch Wortstellung (§ 168), durch einleitende Partikel oder Pronomenformen ausgedrückt werden (§ 165 ff.).

Parataktisch finden wir bei Luther (§ 82, 362 ff.) *die hohen schulen werden schwach / klôster nemen ab.* Die Verknüpfung der Sätze erfolgt lexikalisch durch Verwendung von Partikeln und Adverbien wie *vnd* (63, 370, 376 usw.), das auch Wortgruppen verbindet (8, 24 usw.), *Denn* (216, 313), *so* (226), *sondern* (252), *Darumb* (163) usw.

Bei Mentelin (§ 169, Z. 12 f.) lesen wir: *mein freúnd der ist kumen.* Diese Wiederaufnahme des Subjekts führt zu einer Art Substantivgruppe, keinem neuen Satz.

3.8.2 Satzunterordnung

§ 165 3.8.2 a Asyndetisch

Durch Anfangsstellung des Verbs wird ohne Konjunktion die Unterordnung des Satzes gekennzeichnet: *Laust du mich mit dir essen, so gib ich ain weg* (Steinhöwel, § 177, 242 ff.) 'Wenn du mich mir dir essen läßt, so...' Der Konjunktiv, also die Wahl des Modus, zeigt die Abhängigkeit des Satzes, z. B. bei Luther (§ 82, 195 ff.): *bitte nu euch ... / wôlltet ... annemen.*

§ 166 3.8.2 b Konjunktionen

Die Unterordnung des Satzes wird durch die einleitende Konjunktion bezeichnet, wie z. B. bei Luther (§ 82): *Wie wol* (16 f., konzessiv) 'obwohl', *weyl* (173 'während'; 69, 384, 421 kausal), *als* (111 'als ob'), *das* ('daß', 132, 236, 426), *sintemal* (139 'da'), *bis das* (176, temporal). Die Verbstellung (§ 165 oben) in *als lache* (111 f.) weist auf *als wenn* (*als ob*). Manche dieser Konjunktionen finden sich nicht mehr in der nhd. Schriftsprache: *sintemal, weil* 'während', auch *maßen* (Dornblüth, § 98, 391; Grimmelshausen, § 240, 104, kausal).

§ 167 3.8.2 c Relativ- und Fragepronomen

Die Unterordnung von Sätzen ergibt sich aus der Verwendung von Fragepartikeln, Fragepronomen und Relativpronomen (§ 119) und Pronominaladverbien (§ 116.2) als einleitende Glieder. Luthers (§ 82) *An wilchem* (123 f.) ist nicht unterordnend, sondern anreihend (§ 164) wie eine Demonstrativform. *das meyne...* (240 f.) wird durch unterordnendes *wilchs* (243) wieder aufgenommen. Weitere Beispiele aus dem Luthertext (§ 82) sind die Verwendung von relativen *wer* (128, 275, 304), *was*

(321), *wilchs* (149, mit Satzbezug), *da hyn* 'wohin' (264f.), *da mit* 'womit' (485f., nicht die finale Konjunktion), *wo* (32, 291 'wenn'), *wo hyn* (323f.).

§ 168   3.8.3 Wortstellung im Nebensatz

Die Unterordnung bei Satzgefügen (§ 165ff.) wird erst deutlich, wenn die Endstellung des finiten Verbs im Gliedsatz zur Regel wird. Das gilt noch nicht z. B. für Mentelin (§ 169): *do er bettet an einer stat* (Z. 1f.), *als auch iohannes lert sein iunger* (Z. 4) usw. Luther (§ 82) zeigt Endstellung in Nebensätzen: *geschewet hett* (39f.); *verfolgen* (62 nach *wie denn*); *auffgethan hatt* (75f.); *anzůndet werde* (192f.); *suche* (242) usw. Es gibt aber auch Abweichungen: z. B. *das dise sache mus Gottis eygen seyn* (132ff.) mit Zweitstellung des Verbs nach der Konjunktion *das* und *wilchs ich viel bas mǒcht ... vberkommen* (243ff.) nach relativem *wilchs* (aber vgl. § 167).

Auch das Nhd. kennt in Nebensätzen keine Endstellung des finiten Verbs nach Modalformen (§ 163 oben). Wir finden bei Luther (§ 82, 29–31) nach *Wie wol* (16f.) ... *hette sollen schweygen* 'hätte schweigen sollen'; bei Dornblüth (§ 98): *hǎtte dienen kǒnen* (98ff.), *solle lesen kǒnen* (138ff.), *die ... kǒnen begangen werden* (323–5).

Roloff (1970, S. 147ff.) konnte zeigen, daß in der Kunstprosa Abweichung von der Endstellung des Verbs Rhythmisierung des Satzschlusses bedeuten kann.

§ 169   3.9 Johann Mentelins «Erste Deutsche Bibel» (1466)

§ 169.1   (Luk. XI, 1–19)

1 Es wart gethan do er bettet
   an einer stat: vnd do er hett aufgehort einer
   von sein iungern sprach zů im. O herr lere
   vns bettē: als auch iohannes lert sein iunger. Vñ
5 er sprach zů in · So ir bet so sprecht · Vatter gehei-
   ligt werd dein nam: zůkum dein reich: vnd vnser
   teglich brot gib vns heut: vnd vergibe vns vnser
   súnde ernstlich als auch wir eim ieglichen der vns
   ist schuldig vergeben: vñ fůre vns nit in versůch-
10 ung. Vnd er sprach zů in. Welcher ewer hat ein
   freúnd vñ geet er zů im zů mitternacht vñ spricht
   zů im freúnd leich mir · iij · brot: wann mein freúnd
   der ist kumen zů mir von dem wege · vñ ich hab nit
   das ich leg fúr in: vnd er antwurt inwendig vnd

15 spricht · nichten wôst mir sein leidig · mein túre ist
ietzunt beschlossen · vnd meine kind seint mir mir
in der kamer · ich mag nit aufsteen vnd dir geben
Vnd ob er vollent zeklopffen: ich sage euch · ob er
nit aufstet vñ im gebe · dorumb dz er ist sein freúnd
20 idoch vmb sein verdriessunge stet er auff · vnd gibt
im als vil er hat durft. Vnd ich sag eúch. Eischt
vnd eúch wirt gegeben: sůcht vñ ir vindet: klopfft
vnd eúch wirt aufgethan. Wann ein ieglicher der
do eischt der enpfecht: vnd der do sůcht der vindet:
25 vnd dem klofenden wirt aufgethan. Wañ welcher
von euch eischt dem vatter das brot: gibt er im deñ
ein stein? Oder ein visch: gibt er im deñ fúr dē visch
ein schlangen? Oder ob er eischt ein ay: raicht er im
denn ein scorpen? Dorumb ob ir so ir seyt vbel ir
30 derkennt gůte gab zegebē ewern súnen: wieuil mer
ewer vatter gibt dem gůten geiste vom himel dem
eischenden von im. Vnd ihesus waz auswerffent dē
teuffel vnd der was stum: vñ do er hett ausgewor-
fen dē teuffel der stum der redt: vñ die gesellschafft
35 wunderten sich. Wann etlich von in die sprachen.
In beltzebůb dem fúrsten der teuffel wirffte er aus
die teuffel. Die andern versůchten in: vnd sůchten
von im ein zaichen vom himel. Wañ do er hett gesechē ir gedanckē er sprach zů in. Ein ieglich reich
40 geteilt in im selber wirt verwůst: vñ das haus velt
auff das haus. Wann ob ioch sathan ist geteilt in
im selber: in welcherweys bestet sein reich: wann ir
sagt mich auswerffē die teuffel in beltzebůb? Weñ
ob ich auswirff die teuffel in beltzebůb: ewer súne in
45 wem werffent sis aus?

§ 169.2   3.9.1 Allgemeines zum Text

Die obige Stelle ist zeilengetreu aus der bei Johann Mentelin ungefähr
1466 gedruckten *Ersten Deutschen Bibel* (*Gesamtkatalog der Wiegendrucke* 1925, Nr. 4295; Hain 1826, Nr. 3130), die W. Kurrelmeyer
(1904) neu herausgab. Er brachte auch im «Anhang» (S. XXXI–XLVIII)
die Fassungen dieser Stelle in folgenden Drucken: Heinrich Eggensteyn
(Straßburg 1470), J. Pflanzmann (Augsburg 1475), G. Zainer (Augsburg
1475, 1477), «Schweizerbibel» (1478?; Hain 1826, Nr. 3122), A. Sorg
(Augsburg 1477, 1480), A. Koberger (Nürnberg 1483), J. Grüninger
(Straßburg 1485), H. Schönsperger (Augsburg 1487, 1490), Hans Otmar

(Augsburg 1507), Silvanus Otmar (Augsburg 1518) und in der Tepler Hs. (Codex Teplensis) und der Freiberger Hs. (Codex Fribergensis). Schon W. Walther (1889) gab einen Vergleich verschiedener Übersetzungen von Stellen, z. B. von Lukas 68–79. Solche Zusammenstellungen ergeben nicht nur ein Bild des Fortschreitens der Übersetzungstechnik, sondern auch eines der frühnhd. Wandlungen.

Die Vorlage des Mentelindruckes stammt wahrscheinlich aus dem späten 14. Jh. Aus der Untersuchung des Wortschatzes schloß Gössel (1933), daß der Übersetzer in der Nürnberger Gegend beheimatet war.

3.9.2 Orthographie und Phonologie

§ 170 3.9.2a Orthographisches

Im Exemplar der Herzog-August-Bibliothek in Wolfenbüttel finden wir an Interpunktionszeichen . : umgekehrtes ? (§ 23). Großschreibung findet sich nur nach dem Punkt (§ 26). Unter den Vokalzeichen bemerken wir ů (zů, sůchten), ȍ, ú (fúrsten, aber vbel, Z. 29), ee (geet), ew (ewer), eú (freúnd), eu (teuffel). ai (zaichen 38), ay (28) 'Ei' stehen neben ey, ei: raicht (28, mhd. reichet) wird von reich (42, mhd. rîch) unterschieden.

Unter den Konsonantenzeichen ist ⟨ff⟩ im Inlaut häufig, im Anlaut steht v: vindet (24) visch (27). z und s wechseln noch: waz (32), was (33) 'war', das (14), dz (19, § 25) (vgl. § 61).

§ 171 3.9.2b Phonologisches

Wir deuten phonologisch die Schreibungen als Anzeichen für die frühnhd. Diphthongierung (§ 45; dein 6, aus 45, teuffel 43) noch mit teilweiser Trennung von mhd. Diphthongen (raicht, § 170 oben). Wir finden keine Monophthongierung (§ 46), die Erhaltung der Umlautvokale (§ 51), obd. u (§ 53; zůkum 6, súne 44), manchmal ⟨o⟩ für ā (dorumb 19, § 52), weitgehenden e-Schwund (bettet 'betete' usw., § 49). Vor t ist Dehnung (§ 47) nicht eingetreten: bettē (4), Vatter (5). Im Auslaut heißt es: leich (12) 'leihe', enpfecht (24) 'empfängt', im Inlaut gesechē (38f.) mit dem -ch- des Auslauts (§ 62.2). eischt (26) ohne h (von heißen) ist die etymologisch ältere Form.

3.9.3 Morphologie

§ 172 3.9.3a Nominale Flexion

Unter den Substantiven beachte man die endungslosen Plurale (§ 109) brot (12) 'Brote', kind (16) 'Kinder', teuffel (36, 44), aber súne (44),

Dativ *súnen* (30). *geiste* (31) als Dativ beruht wohl auf falscher Auflösung von *dē* der Vorlage als *dem* statt *den* (so bei Zainer 1477, Sorg 1480 usw.). Neben endungslosen Femininformen im Singular (§ 110) wie *stat* (2), *gab* (30), *versúchung* (9f.), allerdings *verdriessunge* mit *-e* (20), stehen bei Mentelin schwache Formen wie *zungen, grúben, salben, taffeln* usw. *schlangen* (28) ist schwaches Maskulin (dazu Tschirch 1975², II, S. 149).

Apokope und Kontraktion mit Synkope (und Nullflexion) machen attributive Adjektiv- und Pronominalformen oft endungslos (§ 112): *sein* 'seinen' (3), 'seine' (Pl. 4), 'seine' (fem. 20), *teglich* 'tägliches' (7).

§ 173   3.9.3 b Verbale Flexion

Auch hier haben *e*-Schwund und Kontraktion oft Endungen beseitigt oder verkürzt. In der 1. Person Sing. steht *ich sage* (18) neben *ich sag* (21), *hab; auswirff* mit oberdeutschem *i* (§ 127), in der 2. Pers. Pl. *bet* (5) 'betet', im schwachen Präteritum *antwurt* 'antwortete', *vollent* 'vollendete', *bettet* 'betete', im Konjunktiv I *werd* (6) 'werde', *zúkum, leg* (14) (§ 134), im Imp. Sing. (§ 132.1) *lere* (3), *fúre* (9), sogar *vergibe* (7) neben *gib* (7). *-ent* ist die Endung der 3. Person Pl. *werffent* (45; § 129).

An Partizipien (§ 133) finden wir *verwúst* (40) mit Kontraktion, *kumen* (13) ohne *ge-*, *aufgehort* (2) mit Rückumlaut (§ 122.2). Das Präfix *der-* 'er-' in *derkennt* (30) behält nur Eggensteyn (1470) bei. Der auffallenden Konjunktiv-II-Form *wirffte* (36) 'würfe' mit schwachem Präteritalformativ entsprechen in späteren Drucken ausnahmslos Präsensformen (Vulgata: *eiicit*): *wirfft, wirft, wúrft, wúrfft, wúrffet* (§ 134).

An Verbalfügungen finden wir Plusquamperfektverbindungen (2, 33) mit *hett* 'hatte' (§ 136) und zahlreiche Passivfügungen (§ 138) mit *werden* (5f., 22, 23, 25, 40). Das Hilfsverb *sein* (§ 135.3) zeigt große Variation in den Drucken. Für (ir) *seyt* (29) steht *seyndt* (Zainer 1475), *sind* («Schweizerbibel»), *seind* (Sorg 1477), für *seint* '(sie) sind' (Z. 16) steht *seiend* (Zainer 1475, 1477, Sorg 1477), *seind* (Sorg 1480, Grüninger 1485, S. Otmar 1518), *sind* (Koberger 1483, Schönsperger 1487, 1490, H. Otmar 1507), *sint* in den Tepl und Freiberg Hss.

3.9.4   Syntax

§ 174   3.9.4 a Nominale Fügungen

Ab Zainer (1475) steht statt dem Singular *Gesellschaft* (34, vgl. § 144) die Pluralform *die scharen* bei *wunderten*. Bei *Welcher ewer* (10) finden wir ab Zainer Präpositionalfügung statt des Genetivs (§ 146): *wólcher vnder euch* (Zainer 1475) (dazu Behaghel (1923), I, § 388) u. dgl. Die anaphorische Wiederaufnahme des Subjekts durch eine Pronominalform wie *mein freúnd der; der stum der* (34), *etlich von in die* (35) wird von Schottel (1663, S. 695) besonders erwähnt. *do* in *der do* (23 f.) betont die relative Funktion, *selber* (40, 42) nach *im* die reflexive Bedeutung (§ 156).

§ 175 3.9.4 b Verbale Fügungen

Präteritalformen überwiegen in dem Text, obwohl sie durch den *e*-Schwund nicht immer deutlich vom Präsens in der Form unterschieden sind: *bettet* (1) 'betete', *lert* (4) (Vulgata: *docuit*) 'lehrte'. Die Perfektbildung *der ist kumen* (13) hat deutlichen Bezug auf die Gegenwart des Sprechers (§ 160.1). Ab Zainer (1475) steht für die Präsensform *ir vindet* (22) die Futurbildung *ir werdent vinden* u. dgl. (§ 137). Die Verbindung von *sein* mit dem Partizip I in *waz auswerffent* (Vulgata: *erat eiiciens*) (32) hat durative Bedeutung. Für *bettet* (1) steht ab Zainer (1475) *was betend* in den Drucken, wobei öfter durch die Interpunktion das Partizip als Apposition gekennzeichnet ist (Vulgata: *cum esset orans*). Für die Partizipform *auswerffend* steht bei Zainer (1475), Sorg (1477), H. Otmar (1507), S. Otmar (1518) die Infinitivform *außwerffen* nach *was* 'war' (§ 139). Die lateinischen Passivformen ohne Subjekt werden durch subjektlose Konstruktionen mit dem Präsens von *werden* + Partizip II wiedergegeben (*wirt aufgethan* 25, vgl. § 138).

Der starke Einfluß der lateinischen Syntax zeigt sich in der wörtlichen Nachbildung des negativen Imperativs (§ 132.1): *nichten wŏst* (aus *wŏlst*) *mir sein leidig* (Vulgata: *noli mihi molestus esse*), bei Zainer (1475) *du sollt mir nit hŏrt sein. -en* in *nichten* (15) kann die alte Negationspartikel (*en, ne* vgl. § 158) sein. Lateinisches Muster erklärt die Infinitivkonstruktion mit dem Akkusativ nach *sagen: ir sagt mich auswerffē* (42 f.).

§ 176 3.9.5 Satzverknüpfung

Die Satzverbindung erfolgt parataktisch durch die Konjunktion *vnd* (6, 7, 13, 20 usw.) und hypotaktisch-unterordnend durch Relativpronomina wie *das* 'was' (14), *der do* (24), die Relativpartikel *so* (29), Konjunktionen wie *als, do, ob* 'wenn' (18, 29), *wann, wann do* (38), *wann ob* (41), *wenn ob* (44), *dorumb dz* (19).

Bei Voranstellung des Gliedsatzes steht im Hauptsatz meistens das Subjekt, nicht das Verb zuerst: *do er hett aufgehort einer ...* (2); hier steht im Gliedsatz das finite Verb (*hett*) der Verbfügung nicht in Endstellung. Diese SV(O)-Stellung gilt für die meisten Nebensätze, z. B. für die Stellung von *bettet* (1), *lert* (4), *leg* (14), *ist* (19), *hat* (21) usw. Auch wenn nicht ein Nebensatz, sondern nur eine parataktische Partikel im Hauptsatz vorangeht, folgt nicht das Verb, sondern das Subjekt: z. B. *wieuil mer ewer vatter gibt ...* (30 f.; vgl. Teudeloff 1922).

§ 177   3.10 Heinrich Steinhöwels Äsopübersetzung (1480)

§ 177.1

ESopus[1] ist alle zyt[5] syꝰes lebens überflyssig zů der lerꝰ[10]ung gewesen? von
dē[15] glúck aigꝰer knecht? vß d'[20] gegent phirigia / dar iꝰ[25] troya gelegen ist?
von ammonio dem wyler[30] geborꝰ. Er het fúr andere men[35]schen ain langes
vngestaltes angesicht? aiꝰ[40] grossen kopff / gespúczte ougꝰ / swar[45]czer farb /
lang backen / ain kurczen[50] halß / groß wadē brait fůß[55] / Ain grosses mul /
fast hoferot[60] / zerblåten buch? vnd das aꝰ im das bösest was? Er[70] hett ain
übertråge zungenn / darumb[75] er ser staczget. Aber[80] mit lústen / geschydikait
vnd mangerlay schimpf[85] kallen was er úber die[90] mauß begaꝰbet. Als aber syn[95]
her mercket / dz er[100] zů burgerlichen wercken[105] vntoꝰggenlichen was? sendet
er in / yn das[110] gö / das feld ze buwen. Vff ainen tag als der her iꝰ[115] das gö
geritten was / sa[125]melt d' mayer deß hofes[130] zytig fygen / vꝰ antwurt die[135] dē
herrꝰ[140] vꝰ sprach. Her nim hin die erstꝰ frucht dises[145] iares von dinē åckern /
d'[150] herr wz fro vꝰ sprach[155]? by hail dz sind úber[160] schön fygen / vꝰ schůf[165] mit
synem knecht agatopo dz[170] er die fygen neme vꝰ die[175] behielte biß dz er
wider[180] vß dem bad kåme. Von geschicht[185] fůgt sich dz esopus[190] von acker
kam? syn[195] tåglich brot ze holen nach[200] syner gewonhait / Agatopus dem
die[205] fygꝰ waꝰrend befolhen? als er[210] zwo von den selben versůcht[215] hett? sprach
er zů sinem mitge[220]sellen / waꝰ ich minen herrꝰ[225] ꝰit fúrchtet ich wölte die
fygen[230] alle essen? dz nit[235] aine úber belibe. Da[240] sprach syn gesell? laust du
mich[245] mit dir essen? so gib ich[250] ain weg daz vns[255] kain úbel daꝰr umb begegnet.
dö[260] sprach agathopus? wie möchtt das[265] gesyn / antwúrt er / wann der[270] her
von bad komet? so[275] sprich zů im? O[280] her / esopus als er von acker[285] komen
ist? haꝰt die fygꝰ[290] alle geessen. So sich aber[295] esopus von trågi wegen syner[300]
zungen nit kan versprechen[305] so wúrt er geschlagen? vnd werdenn[310] wir
vnsern lust mit den[315] fygen erfúllen. In den wyln[320] als sie der ding ains[325] wurden
aꝰ[340]ssen sie die fygenn[330] aine nach der andern / vꝰ[335]d sprachen vnder in selber.
O du armer esope wee dyꝰen[345] schultern / Also wurden die fygen[350] alle von
in[355] geessen. Als aber d' her von dē[360] bad komen was? begeret er[365] im die fygen
fúr[370] zeseczen? sprach agathopus? O myn her[380] / do esopus húwt von acker
kam vmb das brot? als er den keler offen[390] fand? da gieng er hin yn vnd haꝰt
on alle[400] vernunft die fygen alle[405] geessen. Do das d' here höret[410] ward er in
zorn bewegt / vꝰ sprach? bald[420] lassen mir esopū berůffen. Als er aber
komē was sprach d'[430] her zů im / sag mir du schalckhafft'[450] knecht haust du
nit[440] mer sorg vff mich wann dz du so geturstig bist[450] das du alle fygꝰ åssest
die mir in den keler[460] behalten worden sint. Von den selben wortten erzittert
esopus / Vnd[470] als er von vnschicklihaitt syner zungen sich nicht verant-
wúrten kundt[480] betrachtet er in im die sachꝰ[490]? wie sie an iꝰ selber beschenhen
warent? vnd wendet syne oꝰgen[500] gegenn denen die in gegen dem herren der
fygen hettent geschuldiget.

§ 177.2   3.10.1a Allgemeines zum Text

Heinrich Steinhöwel (1412–ca.1482) wurde in Weil der Stadt in Würt-
temberg geboren, studierte in Wien, Heidelberg, Padua und war ab 1450
in Ulm Stadtarzt. Obige Stelle ist aus seiner zwischen 1475 und 1480 bei
Joh. Zainer in Ulm erschienenen Übersetzung der Fabeln des Äsop mit
dem lateinischen Originaltext (Hain 1826, Nr. 330), von der die Herzog-
August-Bibliothek in Wolfenbüttel ein Exemplar besitzt. Hermann Österley veröffentlichte 1873 den Text (S. 38f.) und den lat. Originaltext
(S. 6f.).

§ 178.1   3.10.1b Orthographie

Steinhöwel interessierte sich für die Interpunktion (§ 23). Er beschrieb
in seiner Übersetzung von Boccaccios *De claris mulieribus* «*Von etlichen
frowen*» (1473) die Bedeutung von *virgula (virgel)*, von *coma*, von
periodus oder *finitiuus* (Müller 1882, S. 7f.; Götze 1942, S. 22f.). Diese
drei Satzzeichen, nämlich / , ⸮ wie ein schräges Rufzeichen, manchmal
mit *s*-artigem Strichlein, und . finden sich in unserem Text. Großschreibung ist vor allem nach dem Punkt (*Er* 31, *Aber* 79 usw.) die Regel.
 An Vokalzeichen bemerken wir *y v* im Anlaut, die Umlautzeichen
ú ů ô å, für Diphthonge *ai au aᵛ ou oᵛ ů* ie. An Konsonantenzeichen
finden wir: *z* im Anlaut neben *cz* im Inlaut, -*ss*- und -*s*- (*grosses, bösest*)
im Inlaut, *ß s*, in Abkürzungen *z* im Auslaut (*groß, das; dz, wz* neben *was*).
Nasalstrich über Vokal ist nicht häufig (*dē* 'dem' 13), wohl aber über *n*
für *en*: *fygñ* (290) neben *fygen* (316, 350), *fygenn* (330). Apostroph-
artiger Strich steht für -*er*: *d'* (408), über *r* für *r*: *heŕe* (409).

§ 178.2   3.10.1c Phonologisches

Der Text zeigt die mhd. Langvokale *ī ū ū̄* (zyt, mul, húwt) und Diphthonge
uo ie üe (*zů, behielte, fůß*), *ei ou öu* (*aigner, ougñ, gô* 110, 122). Die
Schreibung *au aᵛ* könnte die schwäbische Diphthongierung von /a:/ zu
[au] ausdrücken oder schon durch Schreibungsumwertung für (etwas
gerundetes?) /a:/ stehen: *mauß* 'Maß' (91), *laust* (242), *haᵛt* (288),
haust (438). Entrundung (§ 51) scheint nicht eingetreten zu sein, da
die Umlaute regelmäßig geschrieben werden, aber Hyperformen sind
besonders zahlreich: *lústen* 'Listen' (81), *gespúczte* 'gespitzte' (43), *wúrt*
'wird' (306). Für die Dehnung (§ 47) finden wir kaum graphische
Anzeichen: *komet* (274), *komen* 'gekommen' (286), aber *geritten* mit
-*tt*- (123). Die Form *beschenhen* 'geschehen' (492) zeigt Nasaleinschub.

3.10.2 Morphologie

§ 179.1 3.10.2a Nominalflexion

Wir finden noch starke und schwache Flexion der Femininen (§ 108ff.) im Singular: *farb* (46) und *zungenn* (74, Akk.), im Plural *frucht* (144) 'Früchte' und *fygen* 'Feigen'. *lust* (313) hat oberd. maskulines Geschlecht (Paul 1917, II, S. 98f.). Alleinstehendes *aine* (Akk. Sing. fem. 331) hat -*e* neben *ain* (72). *zwo* (210) ist feminine Pluralform des Zahlworts (§ 113.1).

§ 179.2 3.10.2b Verbalflexion

Die 1. Person Sing. *gib ich* (249f.) hat *i* im Stamm (§ 127), die Endung der 3. Person Plural (§ 129) ist -*ent,* sogar im Präteritum: *waˇrend* (206), *hettent* (507) neben -*en* in *aˇssen* 'aßen' (327), *wurden* (348) und dem Imperativ *lassen* (419).

Durch *e*-Schwund (§ 49) sind die schwachen Präteritalformen nicht immer deutlich vom Präsens unterschieden: *mercket* (97) 'merkte', *sendet* (105) *'transmisit'* im Original. Verbalfügungen drücken das Perfekt, Plusquamperfekt (§ 136), Futur (§ 137) und Passiv (§ 138) aus: *geritten was* 'war geritten' (123f.), *versůcht het* 'versucht hatte' (214f.), *werdenn wir … erfüllen* (310ff.). Das passive Perfekt hat sogar *worden: behalten worden sint* (461–3).

Die Konjunktivform (?) *ảssest* (455) hat die Endung -*st* wie *haust* (438).

3.10.3 Syntax

§ 180.1 3.10.3a Nominalfügungen

Die abhängigen Genetivfügungen folgen dem Substantiv (§ 146): *d' mayer deß hofes* (126ff.), *vnschicklihaitt syner zungen* (474ff.). Der Artikel fehlt (vgl. § 155.1) vor dem Substantiv in *von acker* (191f., 284f.), auch einmal in *von bad* (272f.). Die Zeitbestimmung *alle zyt synes lebens* (3ff.) steht im Akkusativ (§ 148), die Bestimmung der Art und Weise *swarczer farb* (45f.) im Genetiv.

Das Adjektiv *vntoˇggenlichen* (103) in prädikativer Verwendung hat eine adverbiale Form oder Akkusativform auf -*en* (§ 112).

Nach der Interjektion *wee* steht eine Fügung im Dativ (344–6) (vgl. Behaghel 1923, I, S. 663).

§ 180.2 3.10.3b Verbalfügungen

Neben den überwiegenden Präteritalformen finden wir Perfekt und Plusquamperfekt (oben § 179.2) in der Textstelle: *ist … gewesen* (2–11), *ha῾t geessen* (398–405) mit nhd. «Klammer» in der Wortstellung. Wunderlich (1901, I, S. 118) meint, daß «der Ulmer Steinhöwel» mit «bewusster Konsequenz zwischen erzählendem Präteritum und umschriebenem Perfekt unterscheidet».

Die Konjunktivformen im Nebensatz sind vom Präteritum gebildet («Konjunktiv II», § 134): nach der Präteritalform *schůf* (164) heißt es *behielte, kåme,* aber auch *neme* (173), der Schreibung nach Konjunktiv I. Im Bedingungssatz nach *waň* (221) stehen *fúrchtet* 'fürchtete', *wȯlte* mit konsekutivem *belibe* 'bliebe'. Die interessante Form *ȧssest* (455) 'gegessen hast (?)' hat Beziehung zur Vergangenheit.

§ 180.3   3.10.3c Satzkonstruktion

Die Sätze zeigen in der Regel Zweitstellung des finiten Verbs und Endstellung vom Partizip, Prädikatsteil nach Hilfsverb, Infinitiv: *mit … kallen was er … bega῾bet* (80ff.). Im Nebensatz ist meistens, aber nicht immer das finite Verb am Ende. Das Adverb *darumb* (75) wirkt wie eine unterordnende Konjunktion. Bei Voranstellung des Nebensatzes beginnt nicht immer das Verb den Hauptsatz, sondern auch das Subjekt (vgl. oben § 176): z. B. *ich wȯlte* (227f.), aber *sendet* (105), *samelt* (125), *sprach* (216), *a῾ssen* (327).

§ 181   3.11 Johann Fischarts «Das Glückhafte Schiff» (1577)

§ 181.1

585 Aber je meh der Rein fort stis
Je meh die Sonn jr kraft bewis /
Dann als sie mit jrn schnellen geulen
So hefftig inn die hȯh thåt eylen,
Zu sein im Mitten zu Mittag/
590 Auff das sie da ausspannen mag/
Ward sie vom eilen so erhitzt
Das sie nur feürstral von jr schwitzt,
Die schos sie hin vnd her sehr weit
So wol auff arbeitsame leut
595 Als müsige/ auff jene drumb
Das bald zu end jr arbeit kumb
Auff dise drum, das sie empfinden
Wie sich arbaitend Leut befinden.
Dan welchen die hiz thut gewalt
600 Die stellen nach der Küle bald/
Vnd fȯrdern jre sachen meh
Das sie diselb erlangen eh.

Fürnåmlich aber schos jr stral
Die Sonn auf vnser Schiflin schmal,
605 Weil sie jm schir vergonnen thet
Das es lif mit jr vm die wett/
Vnd wolt jr nachthun jren lauf/
Mit jr gehn nider/ wie auch auf:
Jdoch die manlich Raisgefårten
610 Achteten nichts der beschwården,
Jr ehrenhitzig Rumbegird
Stritt mit der Sonnen Hiz vngeirrt,
Die åuserliche prunst am leib
die jnnerlich prunst nicht vertreib,
615 Je meh erhitzigt ward jr Plut,
Je meh entzindet ward jr Mut/
Je meh von jnen der Schwais flos
Je meh Muts jn die Rais eingos,
Dan arbait/ mühde/ Schwais vnd Frost
620 Sind des Rums vnd der Tugend kost,
Das sind die staffeln vnd stegraif
Darauf man zum lob steiget steif.
Mit müsiggang vnd gmachlichkait
Man kainen Namen nicht berait/
625 Die schimlig faulkait vnd wollüst
Ligen vergraben inn dem Mist:

§ 181.2   3.11.1 Allgemeines

Johann Fischart, um 1546 in Straßburg geboren, lebte dort und in Worms, wurde 1574 Doktor der Rechte in Basel, war 1580 bis 1583 Advokat in Speyer, starb Ende 1590 als Amtmann in Forbach im Elsaß. Die obige Stelle ist Vers 585–626 aus seinem gereimten Kurzepos vom «*Glückhafften Schiff*», das G. Baesecke (Fischart 1577) herausgab. Eine Faksimileausgabe erschien 1926 bei O. Füßli in Zürich für das Buchantiquariat Rudolf Gering in Basel. Der volle Titel (nach dem Exemplar der University of Illinois Library) lautet: *Das Glückhafft Schiff von Zürich Ein Lobspruch / vonn der Glücklichen vnd Wolfertigen Schiffart / einer Burgerlichen Gesellschafft auß Zürich / auff das außgeschriben Schiessen gen Straßburg den 21. Junij / des 76. jars / nicht vil erhörter weis vollbracht.* Das Büchlein erschien wohl 1577 in der Druckerei von Fischarts Schwager B. Jobin in Straßburg.

§ 182.1   3.11.2a Orthographie

Der Originaldruck hat als Interpunktion (§ 23) Virgel, virgelartigen Bei-strich, Punkt. Großschreibung (§ 26) ist regelmäßig am Zeilenanfang und bei vielen Substantiven zu finden (*Sonn, Mittag, Küle* usw.). Unter den Vokalzeichen stehen *j v* (*jr, vnd*) im Anlaut; Umlaut wird geschrieben als *å ȯ ü eü åu* (*thẚt, hȯh, müsige, feürstral, åuserliche*). Bis einschließlich Vers 597 stehen *ei, ey* für mhd. *î* und *ei* (*eylen, eilen, arbeitsame* 594), dann steht *ei* für mhd. *î* und *ai* für mhd. *ei* (*steiget* 622, *arbaitend* 598). Bedeutet das, daß die Druckvorlage bis Vers 597 systematisch im Verlag zu *ei ey* geändert wurde? (Vgl. dazu Moser 1915, S. 170ff.). Fischarts persönlichem Gebrauch scheint die Unterscheidung *ei/ai* zu entsprechen. Bei den Konsonantenzeichen findet sich (Quentin 1915) *mb* (*drumb* 595) nicht mehr nach Vers 597 (*drum* 597). *ff* ist häufig (*auff*, aber *auf* 608, *hefftig*). *s* findet sich in allen Stellungen (*müsige, stis, flos*). Neben *Hiz* (612) steht *-hitzig, erhitzigt*.

§ 182.2   3.11.2b Phonologie

Der Text zeigt frühnhd. Diphthongierung (*sein, auf, feür*) ohne (ab Vers 598) Zusammenfall mit dem mhd. Diphthong (*arbeitend*) (§ 45). *-lin* in *Schiflin* (604) hat Kurzvokal im Formativ. Auf Monophthongierung (§ 46) deuten die Schreibungen *schir* (605), *stis* (585) 'stieß' im Reim auf frühnhd. [i:] in *bewis* 'bewies', *zu, küle* (600) 'Kühle'. *ie* steht nie für [i:]. Gerundete Vordervokale (§ 51) werden zwar konsequent geschrieben, aber nicht im Reim beachtet: *geulen / eylen, weit / leut, Wollüst / Mist*. Anderswo schreibt Fischart *hörgot, mör* u. dgl. (Moser 1910, S. 155). *entzindet* (616) kann allerdings auf eine historische Nebenform zurückgehen (mhd. *zinden* 'brennen, glühen'). *å* neben *eh, e* deutet zumindest auf zwei lange *ē*-Laute. Md. *o* (§ 53) ist häufig, ebenso *e*-Schwund (§ 49: *Sonn, Leut; gmach-* 623). Im Anlaut scheinen *b-* und *p-* nicht unterschieden: vor Liquid steht *p* (*prunst, Plut,* § 57).

3.11.3   Morphologie

§ 183.1   3.11.3a Nominalflexion

Die Femininen zeigen noch zweierlei Flexionstypen (§ 108) im Singular: *krafft, Küle, prunst*, aber *Sonnen* (612, Gen.). Bei Adjektiven und attributiven Pronominalformen finden wir in der Verszeile Schwanken zwischen durch Apokope (§ 49) endungslosen Formen (§ 152.3) und solchen mit Flexiv: *arbeitsame leut* (594) und *arbaitend Leut* (598), *Die åuserliche prunst* (613) und *die jnnerlich prunst* (614). Fischart hat niemals die alte schwache Femininendung *-en* im Akkusativ (Moser 1910, S. 183).

jnen (617) steht mit *jn* (618) 'ihnen' in Variation (§ 117). *Darauf* (622) ist Relativpartikel (§ 116.2).

§ 183.2   3.11.3b Verbalflexion

Formen mit und ohne *e*-Schwund (§ 49) stehen auch hier nebeneinander: *schwitzt* (592) 'schwitzte', *wolt* (607) 'wollte', *erhitzigt* (615) neben *steiget* (622) 'steigt', *Achteten* (610). Die Endung der 3. Pers. Pl. ist -*en*: *stellen nach* (600), *Ligen* (626) im Indikativ (§ 129) und auch im Konjunktiv des Präsens: *empfinden* (597).

Das starke Verb zeigt im Stamm «Ausgleich» in *bewis* (586), *stritt* (612), aber hat *ei* in *vertreib* 'vertrieb' (614, § 123(1); vgl. Brown 1911, S. 34; Geyer 1912, S. 54f.). -*weisen* war mhd. noch ein schwaches Verb. Die Schreibung bei *schos* (593), *flos* (617), *eingos* (618) deutet auf [o:] (§ 123(2)). Neben *thåt* (588) und *thet* (605) findet sich bei Fischart auch *that* mit dem Vokal des Plurals (Brown 1911, S. 121); vgl. § 124.

3.11.4   Syntax

§ 184   3.11.4a Nominale Fügungen

Genetivfügungen gehen dem Substantiv voran: *der Sonnen Hiz* (612), *des Rums ... Kost* (620), aber *meh Muts* (618). Apokopierte Adjektivendungen wie *arbaitend, manlich, ehrenhitzig, jnnerlich* (oben § 183.1), *schimlig* bedeuten keine syntaktisch bedingte Nullflexion (§ 152.2) wie adverbiales *hefftig* (588), *steif* (622). Der Dativ *jr* (592) ist reflexiv (§ 156). Man beachte die anaphorische Verwendung der Formen des Demonstrativpronomens (§ 116.1): *jene* (595) 'die ersteren', *dise* (597) 'die letzteren'.

§ 185   3.11.4b Verbalfügungen

Das Präteritum der Erzählung (§ 160) (*stis, bewis, schwitzt*) kontrastiert mit dem Präsens des Kommentars (*thut, stellen nach, sind, steiget*). Umschreibung mit *tun* (588, 605; § 141) scheint nicht syntaktisch bedingt. Die Satzverknüpfung (§ 164ff.) erfolgt durch Konjunktionen wie *als* (587), *auff das* (590), *das* (592, 606), *weil* (605), *dan* 'denn' (599, 619), *vnd* (601, 607), die Relativpartikel *darauf* (622) (§ 166f.). Die Endstellung des finiten Verbs im Nebensatz und die Zweitstellung im Hauptsatz ist in den Verszeilen unregelmäßig durchgeführt. Endstellung finden wir z. B. Zeile 590, 592, 596, 597, nicht Z. 588, 599, 602, 606f., 622. Nebensatz (585) und Hauptsatz (586) mit einleitendem *je* 'je – desto' haben Endstellung des Verbs (vgl. Paul 1919, II, S. 76f.; 1920, S. 263f.). Die Wahl der Konjunktivformen ist nicht durch das Tempus des Hauptsatzes bestimmt: nach dem Präteritum *schos* steht der Präsens Konj. («Konj. I») *kumb* (596) 'komme', *empfinden*, aber nach *thet* Konj. II *lif* 'liefe' (606) (vgl. § 161).

§ 186 3.12 Martin Opitz: Buch von der deutschen Poeterey (1624)

§ 186.1

Von der zuebereitung vnd ziehr der Worte.

NAch dem wir von den dingen gehandelt haben / folgen jetzund[10] die worte; wie es der natur auch gemeße ist. Deñ[20] es muß ein Mensch jhm erstlich etwas in seinem gemůte[30] fassen / hernach das was er gefast hat außreden. Die worte[40] bestehen in dreyerley; inn der elegantz oder ziehrligkeit / in der[50] **composition** oder zuesammensetzung / vnd in der dignitet vnd ansehen.

Die[60] ziehrligkeit erfodert das die worte reine vnd deutlich sein. Damit[70] wir aber reine reden mögen / sollen wir vns befleissen deme[80] welches wir Hochdeutsch nennen besten vermögens nach zue kommen / vñd[90] nicht derer örter sprache / wo falsch geredet wird / in vnsere[100] schrifften vermischen: als da sind / es geschach / fůr / es geschahe[110] / er sach / fůr / er sahe; sie han / fůr sie haben[120] vnd anderes mehr: welches dem reime auch bißweilen außhelffen sol[130]; als:

Der darff nicht sorgen fůr den spot /
der einen[140] schaden kriegen hot.

So stehet es auch zum hefftigsten vnsauber[150] / wenn allerley Lateinische / Frantzösische / Spanische vnnd Welsche wörter in den[160] text vnserer rede geflickt werden; als wenn ich wolte sagen[170]:

Nemt an die **courtoisie,** vnd die **deuotion,**
Die euch ein[180] **cheualier, madonna,** thut erzeigen;
Ein' handvol von **fauor petirt** er[190] nur zue lohn /
Vnd bleibet ewer Knecht vnd **seruiteur** gantz[200] eigen.

Wie selttzam dieses nun klinget / so ist nichts desto[210] weniger die thorheit innerhalb kurtzen Jharen so eingeriessen / das ein[220] jeder der nur drey oder vier außländische wörter / die[230] er zum offtern nicht verstehet / erwuscht hat / bey aller gelegenheit sich[240] bemůhet dieselben herauß zue werffen / Da doch die Lateiner eine[250] solche abschew vor dergleichen getragen / das in jhren versen auch[260] fast kein griechisch wort gefunden wird / das zwar gantz griechisch[270] ist. Dann Juuenalis setzet inn einem orte ζωὴ καὶ ψῦχὴ[280] eben dieselben auß zue lachen / die sich in jhren buhlereyen[290] mit griechischen wörtern behelffen: in dem andern orte aber thut[300] er es darumb / das er die schändliche sůnde / daran Christen[310] auch nicht gedencken sollen / lateinisch auß zuesprechen abschew treget: wiewol[320] er sonsten kein blat fůr das maul nimpt. Was aber[330] die **nomina propria** oder eigentlichen namen der Götter / Männer vñd[340] Weiber vnd dergleichen betrifft / důrffen wir nach art der Lateiner[350] und Griechen jhre casus nicht in acht nemen / sondern sollen[360] sie so viel möglich auff vnsere endung bringen. Als / ich mag[370] künlich nach der Deutschen gebrauche sagen:

Der schnelle plitz[380] / des Jupiters geschoß /

vnd nicht / des Jouis. Item / der Venus[390] pfeile / nicht veneris. Wie es denn auch die Römer mit[400;] den griechischen wörtern machen. Die Frantzosen gleichfals.[407]

§ 186.2 3.12.1 Allgemeines zur Textstelle

Die obige Stelle ist der Anfang des 6. Kapitels (Opitz 1624, S. 24 f.) aus MARTINI OPITII *Buch von der Deutschen Poeterey. In welchem alle jhre eigenschafft vnd zuegehör gründtlich erzehlet / vnd mit exempeln außgeführet wird.* Das Büchlein wurde bei A. Gründer in Brieg gedruckt und bei David Müller in Breslau verlegt. Der in Bunzlau in Schlesien geborene Martin Opitz (1597–1639) wurde damit der Verfasser der ersten, überaus einflußreichen deutschen Poetik. Seine Stellungnahme gegen die Sprachvermengung durch überflüssige Fremdwörter entspricht den Bestrebungen der Sprachgesellschaften. Man beachte seine Verwendung von *Hochdeutsch* (83) im Sinne einer gemeinsprachlichen Norm, nicht etwa nur im Gegensatz zu Niederdeutsch (oben § 4). Die Zeilen 132–143 sind Opitz als sprichwörtliche Wendung bekannt (vgl. G. Schulz-Behrend, Anm. in dessen Opitz-Ausgabe, Bd. II, S. 372).

3.12.2 Orthographie und Phonologie

§ 187 3.12.2 a Orthographie

Die Interpunktion (§ 23) hat Virgel, Punkt, selten Strichpunkt (nach 43) oder Doppelpunkt (nach 294). Großschreibung (§ 26) findet sich nach Punkt, für Lebewesen (*Mensch, Knecht, Lateiner*), für Sprachbezeichnung (*Hochdeutsch* 83, *Lateinische* 153). An Vokalzeichen bemerken wir im Anlaut *j v* (*|jhm, vns*), als Umlautzeichen *å ö ü* (*schändliche, möglich, gemüte*), *ue* stets in *zue, ey ew* im Auslaut (*drey, abschew*).

Bei den Konsonantenzeichen drückt *h* oft Vokallänge aus (*jhm, buhlereyen* 290); *th* steht vor Langvokal (*thorheit* 213), *jh* in *Jharen* (216). Im Inlaut steht *ß* neben *ss: gemeße* (18), *fassen* (31, nach Kurzvokal). *ff* ist häufig (*auff, dürffen* usw.). Weitere Digraphien sind *ck* (*gedencken* 313), *tz* im Lautwert von [ts] in *selttzam* (203, mhd. *seltsæne*).

§ 188 3.12.2 b Phonologisches

Opitz' Rechtschreibung zeigt frühnhd. Diphthongierung (§ 45) mit Zusammenfall (*bey* 237, mhd. *bî; allerley,* mhd. *ei* 152), Monophthongierung

(§ 46) durch die Verwendung von *ie* für [i:] in *viel* (363), Dehnung (§ 47) in offener Silbe (*jhren* 289). Dehnung von *i* in *eingeriessen* (218) ist eine schlesische Entwicklung. Die zwei langen *ē*-Laute (§ 50), die Opitz (Opitz 1624, S. 33) annimmt, nämlich aus gelängtem Umlaut-*e* (*entgegen, bescheret;* [e:]?) und aus gelängtem «germ.» *ě* sowie ahd. *ē* (*pflegen, lehret*) sind nicht orthographisch geschieden: *treget* 'trägt' (319), *nemen* (358), *gemeße* (18). Opitz kennt die Entrundung (§ 51): das zeigen seine Reime und die Angabe (Opitz 1624, S. 33), daß in *hŏren* der offene *e*-Laut zu sprechen sei. *e*-Schwund (§ 49) ist bei ihm selten: *reine* (66), *deme* (80), *gebrauche* (Dat. 376), *stehet* (145). Phonotaktische Wandlungen (§ 65) zeigen die frühnhd. häufigen Formen wie *erfodert* (62) 'erfordert' mit dissimilatorischem *r*-Schwund, *nimpt* (328) mit bei Opitz regelmäßigem Einschub von *p* (vgl. Fleischmann 1921, S. 81 f.). *pl-* in *plitz* ist oberdeutsche Orthographie (Baesecke 1899, § 9.2).

§ 189   3.12.3 Morphologie

§ 189.1   Nominalflexion

Der Mangel an Apokope (§ 49), die Opitz auch als poetische Freiheit mißbilligt (Opitz 1624, S. 34 f.), bewahrt die Flexionsendungen der Adjektive: *schåndliche* (307), *außlåndische* (227), aber neutrales *griechisch* (263) ist endungslos (§ 152.2 f.). Im Genetiv *besten vermŏgens* (85 f.) steht die schwache Endung des Adjektivs (§ 112.1). Die Demonstrativform *derer* (92) steht attributiv vor *ŏrter* (§ 115.1). *kŭnlich* (372) ist Adverbialbildung mit *-lich* (§ 112.3).

§ 189.2   Verbalflexion

Die Stelle bringt Opitz' Empfehlung der *e*-Endung für das starke Präteritum (§ 130): *sahe, geschahe. erwuscht* (235) 'erwischt' zeigt Rückumlaut (§ 122.2, 133) zu *erwüschen* mit *ü* nach *w*, beeinflußt von *wußte* neben *wissen. sein* (69) 'seien' ist wohl 3. Pers. Pl. des Präsens Konj., könnte aber bei Opitz auch Indikativ sein, bei dem er aber *sind* (§ 135.3) vorzieht (Baesecke 1899, S. 74; Fleischmann 1921, S. 141–6).

3.12.4   Syntax

§ 190.1   3.12.4a Nominalfügungen

Genetivfügungen (§ 146) finden wir nach dem Substantiv (*ziehr der Worte* Titel, *namen der Gŏtter* 336 ff.) oder vor dem Substantiv (*derer ŏrter sprache* 92 ff., *nach der Deutschen gebrauche* 373 ff.).

Opitz empfiehlt hier den Artikelgebrauch vor fremden Eigennamen (*der Venus* 389f.); *des Jupiters* (381f.) hat überdies die deutsche Genetivendung *-s*. Relative Pronomen und Partikel (§ 157, § 167) verknüpfen die Sätze: *was* (34, zu *das* 33), *welches* (81 zu *deme* 80), *welches* (124 mit Satzbezug), *daran* (309 zu *sůnde*), *was* (329).

§ 190.2 3.12.4b Verbalfügungen

Die Textstelle hat keine Präteritalformen (§ 160.1) in den Sätzen, nur Präsens- und Perfektfügungen: *gehandelt haben* (7f.), *gefast hat* (36f.), *ist ... eingeriessen* (208ff.). Das Hilfsverb *haben* fehlt bei *getragen* (255); diese Eigenheit findet sich noch im Nhd. gelegentlich (vgl. § 162.2).

Die Stellung der Verbformen (§ 168) ist in Opitz' Prosa im allgemeinen schon wie im Nhd. (aber siehe die Statistik bei A. Schultze 1903, S. 72). Wir finden Zweitstellung des Verbs im Hauptsatz, Endstellung im Nebensatz, Anfangsstellung bei vorhergehendem Nebensatz (*folgen 9, sollen 76*). Endstellung von Partizip und Infinitiv ist durchgeführt (*eingeriessen 218, fassen 31*). Aber im abhängigen Nebensatz steht finites *wolte* (169) nicht am Satzende. Kein Verb steht im Hauptsatz am Ende: das nennt Opitz (Opitz 1624, S. 28) sogar in der Poesie «*verkehrung der worte*».

§ 191 3.13 Liselotte von der Pfalz: Brief (1696)

§ 191.1

St. Clou den 22. Julli 1696.

Hertzliebe Louisse undt Amelisse, gestern abendts habe ich gantz ohngefehr, aber mitt nicht weniger bestürtzung auß der holländische gazetten gesehen, wie daß gott der allmächtige Caroline zu sich gezogen hatt. Ich versichere Eüch, daß ichs recht entpfinde, beklage Eüch auch daneben von grundt meiner seelen; den ich leicht gedencken kan, waß Ihr beyde bey dießem trawrigen fall außstehen müßet. Gott der allmächtige wolle Eüch trösten undt dießes hertzenleydt mitt taußendt freüden ersetzen! Ich weiß nicht, ob Ihr in Hollandt noch seydt, oder ob Ihr bei dießem trawerigen spectacle Eüch in Engellandt gefunden habt, welches wöll etwaß abscheüliches noch were. Ich will Eüch nicht lange mitt meinem schreiben auffhalten, liebe Louisse undt Amelisse! den ich wöll gedencken kan, daß Ihr in keinem standt jetzt seydt, [welcher] daß leßen vertragen kan; derowegen bitte ich Eüch nur, dießen beyliegenden brieff ahn dem duc de Schomberg zu schicken, welchen ich auff frantzösch schreibe; den ich weiß nicht, wie ich einen duc auff teütsch tractiren soll undt waß vor einen tittel ich ihm geben könte. Adieu, liebe Louisse undt Amelisse! Seydt

145

versichert, daß ich Eüch [180] alle recht lieb habe, woran [185] Ihr woll nicht zweyfflen [190] soltet, wen Ihr sehen köntet, [195] wie viel threnen mir Carline [200] todt kost. Gott der allmächtige wölle [205] Eüch erhalten! Macht doch auch [210] meine condolentz ahn Carl Moritz [215] von meinetwegen undt [220] ambrassirt ihn!

Elisabeth Charlotte. [222]

§ 191.2   3.13.1 Allgemeines zur Textstelle

Elisabeth Charlotte, die Tochter des Kurfürsten Karl Ludwig von der Pfalz, geboren 1652 in Heidelberg, gestorben in Saint Cloud 1722, heiratete den Bruder Ludwigs XIV., den Herzog Philipp I. von Orléans. Sie führte während ihres Lebens am französischen Hof eine umfangreiche Korrespondenz. W. L. Holland gab die Briefe von 1676 bis 1722 in 6 Bänden der *Bibliothek des Lit. Vereins in Stuttgart* heraus. Unser Text ist auf S. 68 von Band 88 (1867).

Liselotte von der Pfalz, wie sie genannt wird, hatte in Frankreich keinen Sekretär, der deutsch schreiben konnte, ja sogar wenig Gelegenheit, Deutsch zu sprechen. Eine Dissertation (Urbach 1899) behandelt die Sprache ihrer Briefe.

3.13.2   Orthographie und Phonologie

§ 192.1   3.13.2a Orthographie

Großschreibung (§ 26) findet sich in der Anrede (*Eüch* 33 usw.) und allen Eigennamen (*Louisse* usw.). An Vokalzeichen finden wir *ä ö eü aw* neben *au ei(ey)*. Unter den Konsonantenzeichen fallen die zahlreichen *dt* (*abendts, grundt, undt, Hollandt* usw.) und *ß* auf (*daß, auß, dießes, leßen*). Doppelzeichen finden wir in *gantz* (9), *brieff* (137), *schicken* (144), *mitt* (12). *ohngefehr* (10, mhd. *âne gevære*) 'ungefähr' enthält die historisch «richtige» Schreibung mit *oh*. Das häufige *frantzösch* (148) gibt eine umgangssprachliche Kurzform wieder.

§ 192.2   3.13.2b Phonologie

Dehnung (§ 47) ist eingetreten, wie Schreibungen mit *ie, ih* (*viel* 196, *Ihr* 52), *ahn* (138) und Doppelschreibung des Konsonanten bei erhaltener Kürze zeigen (*tittel* 166). *e*-Schwund (§ 44) findet sich nur in einigen Formen: *habt* (93), *kost* (201) für *kostet*, dagegen *müßet* (59), *habe* (7) usw. Es finden sich Anzeichen für Nasalschwund im Auslaut (vgl. unten § 193).

Nur e i n /f/-Phonem (§ 60) ergibt sich aus der einheitlichen *ff*-Schreibung: *auff, brieff, zweyfflen*. Auch bei den Sibilanten (§ 61) sind Fortis und Lenis im Inlaut zusammengefallen: *dießen* (135), *leßen, müßet;* *ss* in *Louisse, ambrassirt* (219) drücken französische Zischlaute aus.

Phonotaktischer Einschub von *p* findet sich in *entpfinde* (37), von *-t-* in *meinetwegen* (217; vgl. § 65).

§ 193 3.13.3 Morphologie und Syntax

§ 193.1 Nominalflexion

Das schwache Feminin hat *-en* im Singular (§ 110): *gazetten* (19, Dativ), *seelen* (45, Genetiv). In *Carline todt* (199f.) hat der Name im Genetiv keine Endung (vgl. Urbach 1899, S. 54). Der schwachen Form *holländische* (18) fehlt *-n* im Auslaut. Nach *an* steht der Dativ in *ahn dem* (138f.), eine regelmäßige Konstruktion bei Liselotte (Urbach 1899, S. 50).

§ 193.2 Verbalflexion

Die Präsensendung *-e* der 1. Pers. Sing. ist wie im Nhd.: *habe, beklage, bitte,* aber Liselotte schreibt auch (Urbach 1899, S. 63) *ich haben, ich beklagen.* Diese Hyperformen sind ein deutliches Zeichen für dialektischen *n*-Schwund (oben § 192.2).

schreibe (149) ist wohl Präsens, nicht Präteritum 'schrieb' mit altem Vokal (§ 123(1)) und *-e.* Es überwiegen in dem Text die Perfektfügungen (§ 136): *habe ich ... gesehen, gezogen hatt, gefunden habt.* Der Konjunktiv (§ 161) findet sich in Wünschen: *wolle* (63, 205), als Möglichkeit *könte* (170), *soltet* (190), irreal *were* (99), *köntet* (194). Die Wortstellung entspricht der neuhochdeutschen. Nach *den* 'denn' (46, 113) ist aber wie nach einer unterordnenden Konjunktion das Verb *kan* in Endstellung.

4. Der Wortschatz im Frühneuhochdeutschen

4.1 Wortbildung

§ 194 4.1.1 Zur Analyse des Wortschatzes

Eine Untersuchung des frühnhd. Wortschatzes, wie ihn unsere Texte zeigen, muß sämtliche wichtigen Aspekte umfassen. Da ist zunächst die Frage der Wortbildung (§ 195–201). Durch Formative als Vorsilben (Präfixe) und Nachsilben (Suffixe) werden neue Substantive, Adjektive, Adverbien, Partikel, Verben durch Hinzufügung aus dem Stamm gebildet. Ebenso werden neue Wörter durch Zusammensetzungen von Lexiven gebildet: oft sind bei diesen Kompositen noch die Teile getrennt geschrieben (§ 24), was anzeigt, daß die Schreiber sich noch der Entstehung des Wortes bewußt sind oder es überhaupt noch als eine Wortgruppe auffassen. Eine weitere wichtige Frage im Frühnhd. ist die der Entlehnungen aus fremden Sprachen, besonders aus dem Lateinischen und Französischen (§ 202 ff.).

Die einzelnen Textsorten, die auch z. T. individuelle Sprachhandlungen widerspiegeln, zeigen charakteristische Unterschiede im Wortschatz. Das Verhältnis zur Mundart und zu den Fremdsprachen wechselt dabei je nach Landschaft, Zeitperiode, Textsorte. Wir bringen als Beispiele dazu Textstellen aus Wittenweiler (§ 217), den Denkwürdigkeiten der Kottannerin (§ 225), ein Schreiben der Kanzlei Maximilians I. (§ 230), Auszüge aus H. Sachs (§ 235), Grimmelshausen (§ 240). Versdichtung, Fachprosa, Kunstprosa, Kanzleisprache begünstigen einen von der Alltagssprache verschiedenen Stil und Wortschatz, dagegen Satire, unterhaltende Literatur, Briefe und Tagebücher zum Teil Annäherung an die Umgangs- und Alltagssprache. Zu beachten ist stets, daß Stilschicht und Stilbedeutung einzelner Wörter seit dem Frühnhd. nicht gleich geblieben sind. Damit kann eine «konnotative» Veränderung ohne «denotativen» Wandel verbunden sein.

Jeder muttersprachliche Leser der Gegenwart geht bewußt oder unbewußt an frühere Texte in seiner Sprache von der gegenwärtigen Wortbedeutung heran, wobei er diese mit der Textbedeutung des Wortes oft abwägend kontrastiert. Auch wissenschaftlich ist diese Art von Analyse, wobei die unmittelbar nachprüfbaren nhd. Bedeutungswerte das Gegebene darstellen, durchaus vertretbar. Semantische Wandlungen eines Wortes werden so erkannt. Wir finden unter ihnen teilweisen oder vollkommenen Schwund, wenn Begriff oder Sache entweder selten oder nur mehr «historisch» geworden sind, ferner Erweiterung oder Verengung des inhaltlichen (semantischen) oder grammatischen Bezugs, Veränderung von Stilwert oder Stilschicht. In den folgenden Abschnitten wollen wir den frühnhd. Wortschatz von diesen erwähnten vier Standpunkten aus behandeln: Wortbildung (§ 195 ff.), Wortentlehnung (§ 202 ff.), Wortschatzschichtung (§ 207 ff.), Wortschatzwandel (§ 213 ff.).

§ 195 4.1.2 Zur Wortbildung

Im frühnhd. Wortschatz finden wir viele Neubildungen, die das Mhd. noch nicht kannte. Zu den Wortstämmen («Wurzeln») als Basis werden durch Zusammensetzung mit gebundenen (formativen) oder noch freien (lexiven) Morphemen neue Wörter gebildet. Im ersteren Falle sprechen wir von Affixierung durch Präfixe, Suffixe, auch Infixe (§ 196–99), im letzteren von Zusammensetzung im engeren Sinne oder Komposition (§ 200). Diese Komposition kann lexikalisch oder syntagmatisch, also auch durch Entwicklung aus syntaktischen Wortfügungen erfolgen. Alle nominalen Wortarten zeigen in verschiedenem Ausmaße Beispiele für die erwähnten Vorgänge der Wortbildung: besonders häufig Substantive und Adjektive, aber sogar Pronomen, obwohl sie einen geschlossenen Worttyp darstellen. Auch verbale Neubildungen durch Zusammensetzung mit Präfix und Partikel sind zahlreich. Unter den nichtflektierenden Wortarten ist das Adverb aktiv mit Neubildung. Präposition, Konjunktion, Interjektion zeigen vor allem eine dritte Art der Wortbildung neben Affixierung und Komposition, nämlich den Wortartwechsel (§ 201), also z. B. von Substantiv zu Präposition (*laut, kraft* u. dgl.). Auch durch Stammrückbildung aus Ableitungen können neue Wörter entstehen: z. B. *Gegensatz* 'Opposition' (Maurer-Stroh 1959[1], S. 363).

Es ist ein Verdienst der frühnhd. Grammatiker und Lexikographen wie z. B. Schottel (1663) und K. Stieler (1632–1707), durch ihre morphologischen Analysen und Listen auf die Wortbildung durch Zusammensetzung hingewiesen zu haben. Opitz erkannte die Wichtigkeit für die Sprache der Dichtung (vgl. unten § 211), auch Schottel sah in den Wortbildungsregeln des Deutschen die Möglichkeit schöpferischer Tätigkeit eines Schriftstellers. In der Fachprosa der Wissenschaft ergab sich die Notwendigkeit zu neuen Ausdrücken durch neue wissenschaftliche Entdeckungen, z. B. bei Paracelsus (Weimann 1963, S. 366).

Für das Verständnis des Stils frühnhd. Texte ist die Beachtung der Wortbildung besonders wichtig. Wir haben bei unseren eigenen Textbeispielen (§ 66 ff., 169 ff.) bis jetzt noch nicht darauf hingewiesen.

§ 196 4.1.3 Affixierung bei Substantiven

Unter den Suffixen zur Bildung von Substantiven finden wir u. a. *-er, -heit, -keit, -nis, -ung, -lein.*

(1) Das Suffix *-er* (aus germ. **-arja* von lat. *-arius*) zeigt im *Ackermann* (§ 66) zahlreiche Bildungen, was schon Eggers (1969, S. 107) auffiel. Wir finden *rauber* (58), *steler* (65), *vernichter, zu storer, ebrecher, gerecher.* Man beachte die Schreibung *wittwar* (49, Fyner: *wittwer;* vgl. Stopp 1973, § 48).

(2) Das Suffix *-heit,* noch mundartlich als selbständiges Lexiv belegt (Trübners *DW* 3, 395) bildet abstrakte Substantive besonders von Adjektivstämmen (Henzen 1947, S. 190 ff.): *Freyheit* (§ 89), *narrheyt* (§ 76). Es tritt auch an Adjektive mit dem ahd. Suffix *-ac, -ig* (mhd. *-ec, -ig*); aus *-(e)c + -heit* wurde so phonotaktisch das neue Suffix *-keit* (Stopp 1973, § 27.1 b): *parmherzikeit* (*Ackermann,* § 66, 210; § 67 *barmhertzikeit*), *geschydikait* (Steinhöwel, § 177), *üppikeit* (Brant, § 76), *faulkait* (Fischart, § 181, Z. 625). In Luthers *gerechtigkeyt* (§ 82, 179) ist *-ig-* [iç] das wiederhergestellte Adjektivsuffix.

(3) Die schon ahd. Variation des Suffixes *-nis / -nus / -nŭs* ergibt frühnhd. dialektische «Kennformen» (Götze 1905). Der ostfränkische *Ackermann* hat *gedechtnus* (22. Kap.), der Niederalemanne Brant (§ 76) *årgernisz* (Kap. 49), der Niederdeutsche Schottel (1663, S. 375 f.) *-niß.* Aber *-nus* ist nicht nur oberdeutsch im 16. Jh., auch wmd., omd. neben *-nis* häufig (Wilmanns 1899, II, § 270–2, Henzen 1947, S. 178–80; Besch 1967, S. 225–8; Stopp 1976, S. 47–51, 72).

(4) Weitere Substantivsuffixe sind *-e, -ei, -in, -ling, -sal, -schaft, -tum, -ung:* z. B. bei Schottel (1663) *Abtey, Åbtissin, Abkŏmling* (S. 370 ff.), *Armsal* (S. 377), *Meisterschaft* (§ 89), im *Ackermann* (§ 66) *waffentum, pesserung.* Albertus (1573, S. 69 f.) erwähnt neutrale Bildungen mit dem Präfix *Ge-* ohne Endung: *das gebåw* 'Gebäude' aus *der baw.*

(5) alem. *-i* in *trågi* 'Trägheit' aus ahd. *-ī(n)* (Steinhöwel, § 177, 298) ist landschaftlich beschränkt (Stopp 1973, § 24). Als Diminutivendung überwiegt frühnhd. *-lein.* Albertus (1573), der S. 61 *dŏctorlein* 'doctorellus' u. dgl. zitiert, warnt (S. 74) gegen *månnel* statt *månlein.* Schottel (1663, S. 320, 363 f.) kennt schwäbisches *-le,* der Schweizer *-lin* und Luthers *-ichen,* will selbst *-lein.* Bei Fischart (§ 181) finden wir stets *Schiflin.*

§ 197 4.1.4 Suffixierung bei Adjektiven

(1) Schottel kennt folgende *Haubtendungen* für das *beystendige Nennwort* (Adjektiv): *bar, en, ern, haft, icht, ig, isch, lich, sam* (Schottel 1663, S. 318). Unsere Texte zeigen Beispiele: *offenbar* (Schottel 1663, S. 325), *eiseren* (Schottel § 89, 236), *mangelhaft* (Schottel, S. 343), *gewaltig* (*Ackermann*), *heilbertig* (Luther), *himlisch* (*Ackermann*), *låcherlich*

(Dornblüth), *arbeitsam* (Fischart). Albertus (1573, S. 71) gibt *-in* statt *-en* an: *eysin* 'ferreus', *Papierin*.

(2) Albertus (1573), S. 73 führt *-lecht* an: *rotlecht* 'rubeus', *grünlecht* (mhd. *-eht*, Stopp 1973, § 29, 31). Das Suffix *-icht*, noch nhd. in *töricht* erhalten, erhält sich im allgemeinen nur noch bis ins 18. Jh. Schottel (1663, S. 346 f.) sieht als Bedeutung *eine Menge oder Fülle des Dinges: Adericht, Bergicht* usw.

-ot in *hoferot* 'höckerig' (Steinhöwel, § 177, 60) entwickelte sich aus *-oht* (Stopp 1973, § 32).

(3) Partizipialbildungen mit den Suffixen *-end* (§ 162.1) und zum Perfektstamm *-(e)t* oder *-en* (Partizip II, § 162.2) sind im Frühnhd. manchmal als Adjektive oder Substantive (§ 201.1) lexikalisiert, meistens ist die Beziehung zum verbalen Paradigma erhalten. Unsere Texte haben: *arbaitend Leut* (Fischart, § 181, Z. 598), *verschwestert, unvergönnet* (Schottel § 89), *verdorbene* [*Übersetzung*], ein *gelehrter* [*Herr*] (Dornblüth § 98).

§ 198 4.1.5 Suffixierung bei anderen Wortarten

§ 198.1 Pronomen

Auch Pronominalformen zeigen Suffixierung mit *-ig, -lich*. Ölinger (1573, S. 60 f.) führt an *jedlicher / vel jeglicher / vel jetzlicher, der jenige, ettliche vel etzliche*, S. 63 Bildungen mit *-ley: derley, diserley*.

§ 198.2 Adverbbildung

Nhd. werden die meisten Adjektive mit Nullflexion auch adverbial verwendet. Einige Formen mit *-lich* als Formativ sind lexikalisierte Adverbien, bei denen die Beziehung zum Adjektiv verlorengegangen ist: *freilich, schwerlich*. Frühnhd. gilt im allgemeinen *-lich, -lichen* noch als Adverbformativ zum Adjektivstamm: Albertus (1573, S. 122) will *manlig* 'fortis', *manlich* 'fortiter'. Ölinger (1573, S. 102) kennt als Adverb *mächtich vel mächtiglich*. Für Schottel (1663, S. 775) ist *heilsamlich* Adverb zu *heilsam*. In unseren Texten steht z. B.: *vngenediclich* (Ackermann, § 66, 156), *krefftiglich, trewlich* (Luther § 82), *künlich* (Opitz § 186), *erstlich* (Schottel § 89).

§ 198.3 *-o*

Nhd. hat sich noch *desto* mit *o*-Endung erhalten. Diese ist frühnhd. auch sonst als Adverbialendung belegt. Sie findet sich in Zusammensetzungen als Flexiv *derowegen* (Liselotte, § 191, 130), *derogleichen* (Schottel, § 89, 186). Aus diesem flexivischen *-o* (§ 115.1) in *dero, Ihro* (Behaghel

1928, S. 545, Stopp 1973, § 26, Anm. 6) hat sich -o als Adverbformativ entwickelt: *ietzo, hinfůro* (Kaiserl. Schr. § 230, 266), *dannenhero* (Schottel § 89, 48).

§ 198.4 Verbformen

Bei verbalen Formen finden wir frühnhd. Formative zwischen Stamm und Endung, wie z. B. *-ir (-ier), -ig, -el.* Opitz (1624, S. 27) nennt die Bildungen mit *-isieren* wie *Pindarisiren* nach französischem Muster *nicht vnartig.* Diese Verben auf *-ieren* gehören alle zur schwachen Klasse, haben frühnhd. vielfach noch *ge-* im Partizip II (§ 133). Grimmelshausen (§ 240) hat *erlustieren,* Dornblüth (§ 98) *franzȫßlen* (382) wie *franzȫßiren* (388), *verwålschlete* (55). Bei Brant (§ 76) finden wir *-ig* in *ersettigt;* Luther kennt *sünden* und *sündigen* (Besch 1967, S. 210 ff.).

§ 199   4.1.6 Formative als Präfixe

§ 199.1   *un-, miß-, Erz-*

Die Vorsilben *un-, miß-, Erz-* bilden Adjektive bzw. Substantive. Wir finden z. B. im *Ackermann* (§ 66): *vngenediclich, vnergezet, vnthat,* bei Brant (§ 76) *vnratts,* bei Schottel (§ 89) *misbråuchlich,* im *Ackermann erzschalck.*

§ 199.2   *be-, ent-, ge-* usw.

Verben werden mit den «untrennbaren» Vorsilben *be-, ent-, ge-, er-, ver-, zer-* gebildet. In der Zusammensetzung mit dem Verbstamm ergeben sich einige phonotaktische Veränderungen bei *ent-* (vgl. § 75). *ge-* hat oft obd. *e*-Schwund, z. B. *gschickt* (Sachs § 235). Die *ge*-Bildungen drücken frühnhd. Vollendung (Perfektivierung) aus: man vgl. in den Textstellen *gesåch, gesehen* (Wittenweiler § 217, Vers 5437 f.), *gehaben* 'haben' (Kottannerin § 225, 320), *gesyn* 'sein' (Steinhöwel, § 177, 266).

§ 199.3   Mundartliche Formen

Neben *er-* finden wir in frühnhd. Schriftdialekten auch *der-* und *her-*: *derkennt* (Mentelin § 169, Z. 30), *hertåilt* 'geurteilt' (Wittenweiler § 217, V. 5435). *der-* findet sich in bairischen, ostfränkischen, vereinzelt auch in ostmd. Texten (Ahldén 1955, Stopp 1973, § 12); zur Entstehung vgl. V. Moser (1951), S. 3 (aus *dar-?,* aus *durch-?*), zu *her-* ebenda, S. 8.
    vor- für *ver-* ist besonders ostmd., nach Fleischer (1966), S. 80 bis zum Ende des 16. Jhs. in Dresden und Zeitz üblich (vgl. Stopp 1973, § 17). *zu(r)-* für *zer-* ist nicht nur ostmd. verbreitet (Stopp 1973, § 19 f.). Im *Ackermann* (§ 66, 81 f.) finden wir *zu storer* (Fyner § 67: *zerstȫrr*); bei

Luther (§ 82) *zur gehen* (359f.) Es handelt sich hier auch um Unterschiede in der Akzentuierung neben dem graphischen Ausgleich (Stopp 1973, § 38).

§ 200   4.1.7 Zusammensetzung (Komposition)

§ 200.1   Substantive

Eine reiche Quelle für neue Wörter ist die Zusammensetzung von Lexiven. Schottel (1663) nennt das «Doppelung» zum Unterschied von der «Ableitung» mit Formativen. Substantive gehen frühnhd. immer häufiger mit anderen Substantiven, Adjektiven, Verbalstämmen, Partikeln Verbindungen ein. Orthographisch finden wir neben der Zusammenschreibung, die die vollendete Lexikalisierung zur Einheit ausdrückt (*Ackermann* § 66: *gutet* 227), auch einfache oder doppelte Bindestriche zwischen den Teilen (Schottel § 89, *Mit=uhrsache*) oder Worttrennung (§ 24; Kottannerin, § 225: *pett rokch* 'Schlafrock'). Zusammensetzungen können aus Genetivfügungen (§ 146) entstehen, z. B. der Buchtitel *Das Narren Schyff* (§ 76). Schottel (1663, S. 746f.) schlägt vor, aus *das Stůrmen des Windes* «*das Windstůrmen*» zu bilden. Beispiele aus unseren Texten für Zusammensetzungen sind: *lebtag, heilstet, ebrecher* (*Ackermann*), *Burgermeyster, Radherren, stille schweygen* (Luther), *Redkunst, Vorrede, Handwercksmann, Ubersetzungs=Kunst* (Dornblüth) usw.

§ 200.2   Adjektive, Adverbien

(1) Zusammengesetzte Adjektive finden sich in unseren Texten: *synnreich, gnadeloß,* (*Ackermann*), *heilbertig* (*Luther*), *ehrenhitzig* (Fischart), *recht=Teutsch* (Schottel), *vernunfftmåßig* (Dornblüth).

(2) Zusammengesetzte Adverbien oder Partikel gehen meist auf syntaktische Fügungen mehrerer Adverbialformen, Partikel oder auf Nominalgruppen zurück: z. B. *danoch, allzu, do pei* (Ackermann), *wie wol, darumb, darynnen, hierinn, wo hyn, allenthalben, da mit* (Luther) usw. Worttrennung (§ 24) ist besonders bei Pronominaladverbien mit *da(r)-* (§ 116.2) überaus häufig, was zeigt, daß die Schreiber sich der Zusammensetzung der Lexive bewußt sind: z. B. auch *dar by* (Brant, § 76, Z. 5), *dar zú, dar Inn* (Kottannerin, § 225).

§ 200.3   Verben

Verben gehen nicht nur mit Formativen (§ 199.2), sondern auch mit Lexiven, und zwar Adverbien (Partikeln), Nominalformen wie adverbial gebrauchten Adjektiven Zusammensetzungen ein. Wenn diese Lexive rein formativ oder metaphorisch gebraucht werden, verlieren sie den Hauptakzent (*übersétzen, hintergéhen*) und werden «untrennbar». Bleibt die lexive adverbiale, z. B. lokale Bedeutung in der Zusammensetzung, erfolgt Trennung im Hauptsatz mit Endstellung des Adverbteils, als ob er ein Teil des Prädikats wäre: *louffen vmb* (Brant, § 76, Z. 3) 'laufen herum'. In Nebensätzen wird bei Endstellung schon frühnhd. die Partikel im Infinitiv oder Partizip II vielfach mit der Verbform zusammengeschrieben: *ob ... aufstet* und *stet er auff* (Mentelin § 169), *außreden*, aber *herauß zue werffen* (Opitz § 186).

Die Infinitivpartikel *zu* wird in frühnhd. Texten oft mit der Infinitivform zusammengeschrieben: *auß zuesprechen* (Opitz, § 186, 316f.), *zuthun* (Grimmelshausen, § 240, 182).

§ 201.1   4.1.8 Wortartwechsel

Eine weitere ergiebige Quelle zur Neubildung ist der Wortartwechsel, was meistens eine semantische Spaltung (§ 215) bedeutet. Wir finden eine Reihe von Typen belegt. Wichtig ist die Substantivierung, die bei allen Wortarten eintreten kann. Häufig ist sie bei den Infinitivformen des Verbs: *Nach schaden volgt spottē* (*Ackermann* § 66, 1ff.); hier ist *schaden* mit flexivem *-en* (Dativ) nominal. Brants *dantzen* (§ 76) ist noch keineswegs in dem Ausmaße lexikalisiert, wie z. B. nhd. das *Leben,* was eine seltene Entwicklung darstellt. Wie bei Partizipien (§ 197(3)) bleibt bei den meisten substantivierten Infinitivformen der Bezug auf das Verb bewahrt.

Adjektive können substantiviert werden, bewahren aber ihre Adjektivflexion (§ 112): z. B. *kein Unparteischer* (Dornblüth § 98).

§ 201.2   Partikelentwicklung

Substantiv- und andere Nominalformen können durch Schwund der Flexion zu Partikeln, d. h. nichtflektierenden Formen wie Adverbien, Präpositionen, Konjunktionen, Interjektionen werden. Innerhalb der Partikel ist ein Übergang in eine andere syntaktische Gruppe oft belegt. *ee* als Präposition (*Ackermann* § 66, 123) kommt nhd. nicht mehr vor.

(1) Bei *halben, wegen* (Erben 1970, S. 436) ist die Kasusform des Dat. Pl. zur Partikel geworden.

(2) *kraft* (Schottel § 89, 240) wird als Präposition verwendet, wenn sie auch Schottel selbst nicht als *Vorwort* (Schottel 1663, S. 613), zu denen er übrigens alle formativen Präfixe rechnet, anführt. Das Substantiv *weil* als Konjunktion, z. B. bei Schottel (1663, S. 665) *weil / dieweil / aldieweil,* bei Dornblüth (§ 98) *weilen,* geht bei Luther von temporaler (zeitlicher) zu begründender (kausaler) Bedeutung über: vgl. *weyl* 'da' (§ 82; 69, 384, 421), 'solange' (172).

(3) Pronominaladverbien werden zu Konjunktionen. Schottel (1663), S. 664 erwähnt als *Fügewörter: damit, darnach, darum, demnach, nach-*

dem. Die Pronominalform *das* wird zur Konjunktion *daß*, die im älteren Frühnhd. nur ganz vereinzelt auch orthographisch geschieden wird, nicht z. B. bei Luther.

(4) Der Wandel eines Eigennamens zum Gattungsnamen ist innerhalb der Wortart Substantiv auch eine Art Wechsel. *Kůntz* und *Måtze* bei Brant (§ 76, Z. 27) bleiben Eigennamen, aber *Måtzli* bei Wittenweiler (§ 217) bedeutet an einigen Stellen einfach 'Bauerndirne' (Wießner 1970).

4.2 Das Fremdwort im Frühneuhochdeutschen

§ 202.1 4.2.1a Fremdsprachen und Wortschatz

Die Gebrauchslage des Frühnhd. gegenüber Lateinisch und Französisch (oben § 5) mußte zu dessen starker Beeinflussung durch diese Sprachen führen, nicht in Phonologie und Morphologie, aber in Syntax und vor allem Wortschatz. Die Übernahme fremder Wörter wurde also begünstigt durch die andauernde Rolle des Latein als Sprache der Forschung und Unterrichtssprache der Hochschulen und mittleren Schulen, durch die neulateinische Literatur auf deutschem Boden, durch die Weiterverwendung der lateinischen Kanzleisprache neben der deutschen, durch das Vorherrschen des Französischen als Verkehrssprache an deutschen Höfen und beim Adel. Die Übernahme neuer Sachen, z. B. im Heereswesen, der Baukunst, Technik usw., neue geistige Bewegungen wie zuerst der klassische Humanismus, dann die französische Aufklärung, führten zur Entlehnung von neuen Wörtern. Der im allgemeinen in der Neuzeit viel ausgedehntere Kontakt der Deutschen mit Sprechern fremder Sprachen begünstigte Entlehnungen. Es überrascht also nicht, daß der Einfluß fremder Sprachen über unsere Periode hinaus mit voller Stärke noch bis zur Mitte des 18. Jhs. andauerte. Albertus (1573, S. 15) meint, da nicht einmal die Lateiner ohne griechische Wendungen auskamen, könnten auch die Deutschen *in quotidianis tum grauibus rebus* ohne die griechische, lateinische, französische (*Gallicis*) Sprache nicht auskommen. Das erste deutsche Fremdwörterbuch, Simon Roths *Dictionarius*, erschien schon 1571 in Augsburg (Roth 1571). Vgl. auch Ising (1968), S. 105–134.

§ 202.2 4.2.1b Sprachpflege

Mit dem Einsetzen der Idee von Sprachpflege (§ 8) wurde nicht nur Mundartliches der Kritik unterworfen, sondern auch Fremdwörter. Der Humanist Johannes Aventinus (Turmair von Abensperg) verurteilt genau wie das *Kůchen Latein* der Deutschen die Sprachmischung: *wo man das Teutsch vermischt mit frembder Sprach / demnachs zerbrochen vnd vnverstendig wirdt* (Müller 1882, S. 310, in der Vorrede zur *Baieri-*

schen Chronica, gedruckt 1566). Schon Niclas von Wyle kritisierte 1478 *fremder sprachen worte zesůchen / die vnser fordern gebůrlicher haben vermitten* (Müller 1882, S. 16).

In den Sprachgesellschaften des 17. Jhs., z. B. der Fruchtbringenden Gesellschaft oder dem Palmenorden von Prinz Ludwig von Anhalt-Köthen (1617), Philipp von Zesens Teutschgesinnter Genossenschaft in Hamburg (1643), dem Pegnesischen Blumenorden Nürnbergs, dem Elbschwanenorden Joh. Rists (1660) war der Widerstand gegen die sprachliche Überfremdung organisiert. Die Kritik an Fremdwörtern verwendete naheliegende ästhetische Argumente gegen Sprachmischung und Sprachvermengung, gegen Barbarolexis, wofür sich aus dem lateinischen Widerstand gegen griechische Einflüsse eine klassische Parallele ergab. Hervorragende Schriftsteller der Zeit, wie z. B. J. M. Moscherosch, Grimmelshausen, A. Gryphius, J. Lauremberg, wendeten sich oft in scharfen Satiren gegen die «alamode» Nachäffung französischer Eigenheiten auch in der Sprache. Da mit Recht das Sprachliche nur als ein Teil der Übernahme eines fremden Lebenstiles empfunden wurde, ist ein nationalistisch-patriotischer Einschlag in der Bekämpfung des überflüssigen Fremdwortes nicht verwunderlich. Poetiken verwarfen Fremdwörter in der Dichtung. Das zeigt unsere Opitzstelle (§ 186). 1643 erschien anonym *Der Vnartig Teutscher Sprach = Verderber. Beschrieben Durch Einen Liebhaber der redlichen alten Teutschen Sprach* von Christoph Schorer (Flemming 1958, S. 13).

Neben ästhetischen und patriotischen Argumenten gegen Barbarolexis fehlt das didaktische nicht, denn z. B. für den Volksschulunterricht war das Monopol lateinischer Fachausdrücke eine schwere Belastung.

§ 203 4.2.2 Fremdworttypen

Die produktive Verwendung einiger weniger Wortbildungselemente (Formative) aus dem Französischen wie *-ei* beim Substantiv (*Bäckerei*), *-lei* beim Pronomen (*allerlei*), *-ieren* (§ 243) beim Verb bleibt vereinzelt. Die meisten frühnhd. Fremdwortlexive waren Substantive und Verben; fremde Adjektive sind seltener. Die Pronomen sind eine geschlossene Wortart, auch Präposition, Adverb und Konjunktion erhalten kaum Zuzug. Fremde Interjektionen mögen recht zahlreich gewesen sein, sind aber nur selten in Schriftdialekte eingedrungen.

Die Übernahme von Fremdwörtern kann auf mündlichem Wege erfolgt sein oder aus fremden Texten, z. B. solchen der Kanzlei, Literatur, Fachwissenschaft. Die erste Stufe der Übernahme kann dabei bloßes Zitieren sein: z. B. Ausdrücke bei Dornblüth (§ 98) wie *falsis significationibus, observationes bonae versiones* u. dgl. sind noch bloße Zitate. Verwendung ganzer fremder Wortfügungen ist ein Zug von individueller Mischsprache

156

(vgl. Liselotte § 191), bedeutet aber noch keine allgemeine Lexikalisierung in dem Schriftdialekt.

Zu den fremden Eigennamen kann man außer Personennamen auch Ortsnamen, Ländernamen und Namen von fremden Institutionen rechnen. Sie werden nur in beschränktem Ausmaß Teile des einheimischen Wortschatzes, eigentlich nur dann, wenn sie ihre fremde Form aufgeben. Für das Frühnhd. ist charakteristisch, daß die Flexion lateinischer Eigennamen im deutschen Satz lateinisch bleibt, z. B. bei Steinhöwel (§ 177) *Esopus* (281), *Esope* (342), *Esopum* (421), bei Luther (§ 82) *Christus* (178), *Christo* (301), *Christon* (311, griech. Flexion). Opitz wendet sich gegen dieses Prinzip (§ 205.1).

§ 204 4.2.3 Fremdwort und Lehnwort

Die Unterscheidung zwischen Fremdwort und Lehnwort beruht auf dem Grade phonologischer, phonotaktischer und morphologischer Abweichung vom einheimischen Wortmaterial. In frühnhd. Drucken ist seit dem 16. Jh. das Fremdwort von dem eingebürgerten «Lehnwort» schon typographisch durch Antiqua innerhalb des Frakursatzes unterschieden. Im Wiegendruck des *Ackermann* (Fyner, § 67) steht *masseneien* (Pfister, § 66, *geschopf*) mit deutscher Flexion in Fraktur. Bei Opitz (§ 186) steht Antiqua bei *composition, courtoisie, deuotion, nomina propria,* aber Fraktur bei *elegantz, dignitet, text, casus, item,* Grimmelshausen (§ 240) hat *Reliqien, Ornat, Scapulier, disponiren* in Antiqua, *Kammer, Ducaten, Pistolen* usw. in Fraktur. Dornblüth (§ 98) bringt *Materi, Histori* in Fraktur, *Original, docirt* (S. 45) und Wörter mit fremder Flexion in Antiqua. Neuentlehnte Fremdwörter haben meist noch die Orthographie der Ursprungssprache wie die Zitatformen: z. B. *courtoisie;* früher entlehntes *elegantz* hat deutsche Schreibung und reimt wohl mit *Kranz* in der Aussprache (Opitz § 186). Neuentlehnungen haben noch fremde Flexion: z. B. bei Schottel (§ 89) *Consonantes* usw., bei Dornblüth (§ 98) die lateinischen Pluralformen *Professores, Gallicismi, Barbarismi.* Die Bedeutung der entlehnten Fremdwörter bleibt zuerst durchaus die der Ursprungssprache.

§ 205 4.2.4 Verdeutschung

§ 205.1 4.2.4a Eindeutschung

Bei Brant (§ 76, Z. 15) fanden wir den unveränderten Akkusativ *Venus.* Opitz (§ 186) setzt sich für die deutschen Flexive bei lateinischen Eigennamen ein, er will *der Venus, des Jupiters* statt *Veneris, Jovis.*

Die äußere Form der Fremdwörter wird öfter deutschen Morphemen angeglichen, oft nur orthographisch: *elegantz* (Opitz). Mentelins (§ 169) *scorpen* drang nicht durch; spätere Bibeldrucke haben *scorpion.* Phonologisch-orthographische und morphologische Eindeutschung ist natürlich noch keine Verdeutschung der fremden Entlehnungen, die nur durch Übersetzung erfolgen kann.

§ 205.2   4.2.4b Lehnübersetzung, Lehnprägung

Zahl und Art der Fremdwörter ist (vgl. unten § 207) von der Textsorte abhängig. Das gilt auch von Übersetzungen fremdsprachiger Werke, wo die Zahl der Entlehnungen aus dem Original von einem Minimum bei Poesie und der Bibel zu einem Maximum bei Fachprosa schwankt. Die meisten Übersetzungen der Fremdwörter in individuellen Schriftdialekten haben als Gelegenheitsbildungen nur beschränkte Annahme in der Schriftsprache gefunden. Das gilt auch z. T. für die Kunstwörter der Fachprosa (§ 206 unten).

Die Einführung der Lehnübersetzung erfolgte oft zuerst als Glosse zum Zitat oder als Synonym des Originalworts, z. B. im Kaiserlichen Schreiben (§ 230): *indulgentz vnd ablas,* bei Opitz (§ 186): *elegantz oder ziehrlichkeit, composition oder zuesammensetzung* (46–53) und besonders *die nomina propria oder eigentlichen namen* (332 ff.).

Statt oder neben der Lehnübersetzung wie im obigen *composition* (mit *com-* 'zusammen' usw.) finden wir verschiedene Arten von Lehnbildungen. Schottels (1663) *Selblautende* für *vocales* ist eine Lehnprägung parallel zur Lehnübersetzung *die Mitlautenden* für *consonantes* (*con-* 'mit', *sonantes* 'lautenden' (vgl. § 206)).

Eine «Lehnbedeutung» ergibt sich durch semantische Erweiterung, Verengung, Verschiebung der Bedeutung eines deutschen Wortes unter dem Einfluß der Fremdsprache: Steinhöwels (§ 177) *von dem glück aigner knecht* für *fortuna servus* gibt *glück* (14) die Bedeutung von 'Geschick' (*fortuna*).

§ 206   4.2.4c Grammatische Kunstwörter

Schottel (1663) verwendet deutsche grammatische Fachausdrücke (§ 16) nicht nur aus didaktischen Gründen. Sie sollen von dem Knaben nach dem Studium der ausländischen gelernt werden (Schottel 1663, S. 12). Er meint (ebenda, S. 13, § 42): *«Es ist auch keine Unmöchligkeit / daß nicht allein in der Sprachkunst / sondern in anderen Künsten und Wissenschaften die Kunstwörter recht deutlich Teutsch gegeben und aufgebracht werden können».* Der Vergleich vieler von Schottels Kunstwörtern mit ihren lat. Entsprechungen erweist sie deutlich als Lehnbildungen (§ 205.2 *vocales*). In den Zusammensetzungen ist meist ein Lexiv aus dem Lateinischen übersetzt: z. B. *præpositio* ist *Vorwort* (*præ-* 'vor'), *interjectio* ist *Zwischenwort* (*inter* 'zwischen'), *adverbium* ist *zuwort* (*ad* 'zu'), *pronomen* wird *Vornennwort* (*pro-* 'vor, für'; *nomen* 'Nennwort'). Schottels *Lehrsatz* übersetzt lat. *regula*. Er verwendet *Rechtschreibung* für *orthographia*, *Wortforschung* für *etymologia*, *Wortfügung* für *syntaxis*. Für *literae* schreibt er *Buchstaben* und *Letteren* (aus frz. *lettre* 'Druckbuchstabe'), die er beide als «*Teutsches Uhrsprungs und einerley Deutung*» ansieht (Schottel 1663, S. 52f., 183). Für Vokale und Konsonanten finden wir bei Grammatikern außer Schottels Bezeichnungen auch Ausdrücke wie *Stimmer, Mitstimmer* u. dgl. (vgl. Leser 1914, Pfaff 1933).

In der Grammatik sind die lat. Kunstwörter nhd. nicht ersetzt worden. In anderen Fachgebieten war der Erfolg z. T. größer. Man beachte z. B. V. Ickelsamer (1530, S. 148): *Dann welcher brauchet vnd redet nit Supplicatz / citatz / policey / syndicus / vocat?* Das gilt nicht mehr für das Nhd.

4.3 Wortschatz, Sprachstil und Sprachhandlung

§ 207 4.3.1 Textsorten und Wortschatz

Wir haben oben (§ 16–19) die Texte unseres Bandes sprachlich charakterisiert. Aus dieser Beschreibung geht auch hervor, welche Aspekte des frühnhd. Wortschatzes darin vertreten sind. Kunstwörter, also Fachausdrücke, bleiben darunter auf Grammatik und Poetik beschränkt (§ 206).

Die Verschiedenheit der Textsorten bedingt verschiedenen Sprachstil und verschiedenen Wortschatz. Opitz (1624, S. 30) forderte verschiedene *merckzeichen der worte:* man solle *zue niedrigen sachen schlechte / zue hohen ansehliche, zu mittelmässigen auch mässige vnd weder zue grosse noch zue gemeine worte brauchen.* Die satirischen Züge der Werke Brants (§ 76) und Wittenweilers (§ 217) begünstigen die Verwendung mundartlicher Formen (§ 208) aus der Sprache des Alltags. Hans Sachs (§ 235) zeigt in seinem Fastnachtspiel Stil und Wortschatz eines frühnhd. Alltagsgesprächs. Auch die nhd. Schriftsprache hat im Wortschatz des Alltags noch die größte landschaftliche Variation, wie z. B. P. Kretschmers und J. Eichhoffs Forschungen gezeigt haben. Die Fremdwörter (§ 202ff.) spielen auch in der landschaftlichen Variation eine Rolle, da der Kontakt mit fremden Sprachen wie Französisch, Italienisch und slawischen Sprachen auch landschaftlich bedingt ist. In «Privattexten» (§ 13) kann der mundartliche Wortschatz großes Ausmaß annehmen, z. B. bei der Kottannerin (§ 225).

Verschiedene Sprach- und Sprechhandlungen wie Predigen, Reden halten, Unterrichten, Überreden, Beschimpfen, Gespräche führen, vom Plaudern des Alltags bis zu Aussagen vor Gericht, mit ihrer Unmenge von möglichen Partnern oder Adressaten aller sozialen Schichtungen verlangen bei jedem Sprecher eine Reihe verschiedener Sprachstile mit Wortschatz-verschiedenheit. Eggers (1969, S. 103 ff.) sieht m. E. ohne Berechtigung in der weitgehenden, oft sehr realistischen Synonymik der frühnhd. Zeit auch teilweise das Resultat einer philosophischen Richtung, nämlich des Nominalismus. Es handelt sich wohl um weitergehende Widerspiegelungen von mehr Arten von Sprachhandlungen in den Schriftdialekten. Aber auch im Frühnhd. können die Textsorten nur einen beschränkten Einblick in die Verschiedenheit der Sprachhandlungen gewähren.

Der Stil von Urkunden, Rechtsdokumenten, Verfügungen der Verwaltung u. dgl. hat den charakteristischen Wortschatz von Geschäftsprosa und Kanzleisprache (§ 210). Wir bringen zwar keinen lyrischen Text als Textsorte in diesem Band, aber in Fischarts gereimtem Kurzepos finden wir neben Zügen der Alltagssprache auch die der Dichtersprache (§ 181), wie sie in den Poetiken der Zeit beschrieben werden.

Tabu- und Vulgärformen im «Grobianus»stil finden wir besonders reichlich in satirischen und unterhaltenden Texten (§ 212).

4.3.2 Alltagswortschatz

§ 208 4.3.2a Landschaftliche Variation

Adam Petri, ein Basler Drucker, versah seine Ausgaben von Luthers *Neuem Testament* (1522–4) mit einem Glossar von 199 Wörtern («ettliche wörter ... auf unser hoch teutsch außlegen»), die Verschiedenheiten des md. (Luthers) und oberd. Sprachgebrauches hervorhoben. Der Basler Drucker Thomas Wolf fügte ein Glossar zu Luthers *Altem Testament* (1523) hinzu. Der Vergleich des Wortschatzes der Bibelübersetzungen gibt ein gutes Bild der landschaftlichen Verschiedenheit des Wortschatzes. Das zeigt Kluge (1918, S. 99–103) in seiner Wortliste, in der er Luthers Ausdrücke mit denen der Ingolstädter Bibel Johann Ecks (1537), L. Hätzers und Hans Dencks «*Propheten*» von Worms 1527 und der Zürcher Bibelausgabe von (1527) vergleicht.

An Formativen erwähnten wir bereits *der-* für *er-* (oben § 199.3), das bei Wittenweiler (§ 217) und Mentelin (§ 169) vorkommt. Bei *-lein* (§ 196(5)) und *-chen* zeigt sich frühnhd. noch nicht die nhd. landschaftliche Verteilung (vgl. Eichhoff 1978, Karte 121; Tschirch 1975, II, S. 147).

In unseren Texten bemerken wir eine Reihe von charakteristischen Wortschatzvarianten:

Bub. Schottel (1663) verwendet *Knabe* (S. 12). Grimmelshausen [1943] bespricht im *Teutschen Michel*, S. 207 die semantischen Verschiedenheiten von *Knab / Bueb / Jung / Jüngling* (Eichhoff 1977, Karte 1).

empfinden im *Ackermann* (§ 66,6) ist die Glosse zu *fůlen* bei Petri, steht auch statt dessen bei Eck (Kluge 1918, S. 100; Bahder 1925, S. 8).

feist bei H. Sachs (§ 235). Gegenüber Luthers *fett* hat Eck *faißt,* die Zürcher Bibel *feist,* die Wormser Propheten *fett, feist* (vgl. Ising 1968, II, S. 60f.).

Geiß bei Brant (§ 76) ist oberdeutsch für *Ziege* (Bahder 1925, S. 12ff.). Luthers *Ziegenbock* entspricht bei Eck *Gaißbock,* in Zürich *Geißbock.*

Kilch- bei Brant (§ 76, Z. 20). Schon Frangk (1531, S. 108) erwähnt *kilchen* für *kirchen* als Aussprache der Schweizer.

leiden im ostfränkischen *Ackermann* (§ 66, 33) entspricht im schwäbischen Fynerdruck (§ 67) *tulden.*

lernen bei Luther (§ 82, 469) zeigt die ostmd. charakteristische Vermengung mit *leren* (§ 82; 460, 484), auch z. B. bei Hans Fabritius (1532, S. 13, 15) (vgl. Besch 1967, S. 184–8).

Lippen bei Luther glossieren Petri und Wolf mit *lefftzen.* Letzteres ist die Bezeichnung bei den oberd. Lesemeistern und Grammatikern wie V. Ickelsamer, J. Kolroß (*låfftzen*), P. Jordan, O. Fuchßperger. Vgl. Ising (1968), II, S. 12f.; Guchmann (1969), S. 105.

Metzker bei H. Sachs (§ 235, Z. 69). Nhd. Sprachlandschaften kennen dafür *Fleischer, Schlächter, Schlachter, Fleischhauer* (Eichhoff 1977, Karte 19).

pfert findet sich bei der Kottannerin (§ 225; 186, 215), auch bei Schottel (1663) als die landschaftlich am wenigsten beschränkte Form. Bei Fischart (§ 186, Z. 587) steht *geulen.* Grimmelshausen (siehe oben unter *Bub*) erwähnt die Synonyme *Roß, Gaul, Pferd* (Eichhoff 1978, II. Karte 99).

staffel bei Fischart (§ 181, V. 621) entspricht mitteldt. *stufe* (Bahder 1925, S. 9).

toben bei Luther (§ 82, 106) glossiert Wolf als *grymmig, zornig sein* (Kluge 1918, S. 114).

Im Genus der Substantive finden wir ebenfalls landschaftliche Variation, z. B. bei *-nis/nus* zwischen md. Neutrum und meist oberd. Feminin (§ 196(3): nhd. das *Bildnis, Gefängnis,* die *Finsternis, Kenntnis* usw. Zu Steinhöwels neutralem *gô* 'Gau, Land' (§ 177) tritt erst im 17. Jh. *der Gau,* seinem mask. *lust* entspricht *die Lust* in den frühnhd. Wörterbüchern Caspar Stielers von 1691, Ch. E. Steinbachs von 1734, J. L. Frischs von 1741. Frühnhd. Nebenformen sind auch z. B. *die Bach, die Dunst* («meißnisch»), *der Gewalt, der Luft, der Gunst* usw.: vgl. Kaiser (1930, S. 180–203), Penzl (1980, S. 86, 225 [bei Gottsched]).

§ 209 4.3.2b Französische Einflüsse

Der Einfluß des französischen Wortschatzes und ihres heimischen Dialektes ist in den Briefen der Pfälzer Herzogin Liselotte (§ 191) überaus stark. Sie lebte in Frankreich, doch scheint ihre Verwendung von französischen Fremdwörtern sich in der Zahl nicht von der ihrer Standesgenossen in Deutschland zu unterscheiden. Wir finden im Text Ausdrücke wie *gazette* (19) mit deutscher (schwacher) Flexion, *spectacle* (88) 'Ereignis, Vorfall', *condolentz* (seit 1631 belegt) 'Beileid, Kondolenz', *ambrassirt* (219) 'umarmt', *tractiren* (160), *duc* (140). Sie erklärt, warum sie dem Herzog *'de Schomberg'* auf französisch schreibt: für die gesellschaftliche Korrespondenz fehlen ihr die deutschen Wendungen.

In einem etwas früheren Brief der Herzogin vom 11. Juni 1696 finden wir: *auß eines von ma tante schreiben.* Die französische Verwandtschaftsbezeichnung *Tante,* die im 16. Jh. mit *Onkel, Papa, Mama, Cousin, Cousine* ins Deutsche eingedrungen ist und mit diesen *Muhme, Base, Oheim, Vetter* zu verdrängen beginnt, zeigt die Tendenz, für die eigene Familie «Prestige»ausdrücke zu verwenden.

4.3.3 Kanzleistil und Dichtersprache

§ 210 4.3.3a Kanzleisprache

Das Kaiserliche Schreiben (§ 230) zeigt Eigenheiten des Wortschatzes der kaiserlichen Geschäfts- und Rechtssprache. Nominalbildungen aus Verbstämmen durch *-ung* (§ 196(4)) sind sehr häufig: *pawung* (79) 'der Bau', *betrachtung, vnnderhalltung, vermeydung, maynung.* Von der Einführung von Fremdwörtern (§ 205.2) war bereits die Rede: *Suma gelts* (103), *Arrest vnd verpott* (252). Die Notwendigkeit in der Rechtspflege, alle einschlägigen Faktoren, Umstände, Personen, Tätigkeiten aufzuzählen, und der rhetorische Stil der lateinischen Muster haben die Verwendung von synonymen und parallelen Ausdrücken begünstigt: *wissen vnd verhenngnuss* (123–5); *Armen, durfftigen* (159f.); *demnach vnd damit* (188–190); *einpracht* (106) und *erlanngt* (250); *publiciern, außgeben, anslahen, verkunnden* (285ff.) (vgl. auch § 234). Die Syntax begünstigt (hypotaktische) Satzgefüge (§ 165ff.).

§ 211 4.3.3b Zur Dichtersprache

Der Fischarttext (§ 181) zeigt einige charakteristische Eigenheiten des Stils der Dichtung. Wortfügungen wie *des Rums vnd der Tugend kost* (Vers 620), Antithesen wie *arbeitsame leut* und *müsige* (594f.), *äuserliche prunst* und *jnnerlich prunst* (613f.), Parallelen wie *erhitzigt* (615) und *entzindet* (616), *müsiggang* vnd *gmachlichkait* (623) zeigen poetische Wortwahl. Die Zusammensetzung *ehrenhitzig* (611) (§ 200.2(1)) ist nur dichterisch möglich, hat dabei wie einige der obigen Kopplungen einen leise humoristischen Einschlag. Daß die erhitzte Sonne poetisch klingende *feürstral schwitzt,* bringt eine dichterisch-metaphorische Erweiterung der

Alltagsbedeutung des Verbs, gleichzeitig einen komischen Stilwiderspruch durch die Wortwahl.

§ 212   4.3.4 Grobianismen

Charakteristisch für Sprachstil und Sprachschichtung ist die unterschiedliche Verwendung oder Nichtverwendung von Vulgär- oder Tabuformen des Wortschatzes oder, wie man für das Frühnhd. sagen könnte, von Grobianismen. In Brants *Narrenschiff,* im 72. Kapitel (*«Von grob narren»*) wird ein neuer unflätiger Heiliger, Grobian, eingeführt, den auch Thomas Murner aufgegriffen und F. Dedekind lateinisch behandelt hat (was von Kaspar Scheit übersetzt wurde). Mit Grobianismen meinen wir Beschimpfungen, Flüche, Zotenhaftes, derbe Ausdrücke für menschliche Körperteile und Körperfunktionen, die in den meisten Sprachstilen vermieden oder euphemistisch umschrieben werden, da ein gesellschaftliches Tabu gegen ihren Gebrauch besteht. Frühnhd. bemerken wir, wie z. B. Schirokauer (1957, Sp. 1058) hervorgehoben hat, hierin Unterschiede gegenüber dem Nhd. Bei Wittenweiler (1400) wird komische Wirkung öfter durch Grobianismen erzielt. Pertschi «Triefnas» nennt die Alte *hůrr* 'Hure' (§ 217, Vers 5445). In der Verführungsszene zwischen Arzt und Mätzli heißt es z. B.: *den frawen ist der ars ze preit* (2103), *Der ward lachent daz er fartzet* (2116). Dem Ausspruch bei H. Sachs (§ 235, Z. 50) *Es solt vns wol der Teuffel bescheissen* entspricht eine ähnliche Stelle bei Brant (1494, Kapitel 23, Z. 23). Fischarts (§ 181, 625f.) *schimlig faulkait … inn dem Mist* klingt derb und humoristisch übertrieben, hat aber keine Tabuformen.

4.4   Wandlungen des Wortschatzes

§ 213   4.4.1 Wandeltypen

Die individuellen Bedeutungsunterschiede der frühnhd. und der nhd. Wörter ließen sich im Kontext am besten durch eine wirklich idiomatische Übersetzung herausarbeiten. Dann müßte man *Ackermanns die betrubten* (§ 66, 8f.) mit *alle die, denen ein Leid zugefügt worden ist* paraphrasieren und *vnd nicht gesetzt pin zu synnreichen hohen meistern* (42ff.) etwa mit *ich nicht zu weisen hochgestellten Lehrern gehöre* übersetzen. Wir können aber hier nur einige einschneidende semantische Änderungen dem Typus nach besprechen.

Frühnhd. Lexive können in der Entwicklung zum Nhd. abgesehen von Phonemwandel auch als Morpheme sich ändern, z. B. frühnhd. *ereugen* 'vor Augen stellen' mit der Nebenform *eröugnen* wird im 17. Jh. zu *ereignen* mit Einfluß des Lexivs *eigen* und der Entrundung (§ 51) in den Mundarten. Der Wandel der Lexive kann ohne morphologische Veränderung ein grammatischer sein, z. B. beim Substantiv Änderung des Genus (Steinhöwel: *der Lust* § 208), der Deklinationsklasse, beim Verb Änderungen der Valenz, d. h. der Verbindung mit Objekten (von Genetivobjekt zu Präpositionalobjekt u. dgl.). Jeder syntaktische Wandel eines Lexivs bedeutet fast immer auch einen semantischen Wandel.

Ein Lexiv kann sich denotativ ändern, indem es seinen Bedeutungsbereich erweitert, verengt, oder innerhalb des lexikalischen Wortfeldes, zu dem es gehört, verschiebt. Des *Ackermanns -schalck* (§ 66, 286 'Bösewicht'), Steinhöwels (§ 177, 436) *schalckhafft* 'böse' hat seine Bedeutung nhd. "verbessert" und verengt. Brants *toub* (§ 76, Z. 3) 'verrückt, närrisch' hat seine Bedeutung nhd. verengt, *vnratt* (Z. 12) 'Unheil, Schaden' verengt und «verschlechtert», ebenso *schympf* (Z. 18) 'Scherz, Spaß'. Bei *Maul,* das wir bei Steinhöwel (§ 177, 58) und Opitz (§ 186, 327) finden, ist die Änderung konnotativ, also pragmatisch, d. h. in Bezug auf Sprechhandlungen und den dazugehörigen Sprachstil; auf Menschen bezogen ist es neben *Mund* nhd. ein Grobianismus (§ 212), wenn auch keine Tabuform geworden.

§ 214 4.4.2 Lexivzusammenfall, Lexivschwund

Eine Reihe von mhd. Lexiven geht während oder nach der frühnhd. Zeit in der Schriftsprache verloren (vgl. Erben 1970, S. 436). Bei *kunkel* (Dornblüth, § 98) und *rocken* (vgl. oben § 208; Bahder 1925, S. 59) ist nur mit der Sache das Wort selten geworden. Der diachronische Vergleich der Überlieferung desselben Textes zeigt oft das Veraltern eines Ausdrucks, also einsetzenden Lexivschwund, z. B. bei den frühnhd. Bibeldrucken. Das schon idg. Adjektiv *michel* steht neben dem westgerm. *groß* bei Wittenweiler (1400), z. B. *Grosses vich wil michel gras* (Vers 3244), hier als Mengenbezeichnung. *michel* ist im *Ackermann* (§ 66), bei Mentelin (§ 169) belegt, wird aber durch *groß* in den späteren Bibeldrucken ersetzt (vgl. Ising 1968, S. 79ff., Guchmann 1969, S. 12f., 98ff.), wo auch *lützel* als Antonym von *groß* durch *klein,* als Mengenbezeichnung durch *wenig* ersetzt wird (Besch 1967, S. 188ff., Fritz 1974, S. 96–106). Andere Wörter Mentelins, die sich nicht erhalten, sind *zeswen* und *winster,* wofür schon bei Eggensteyn (1470) *gerechten, lincken* steht, ferner z. B. *ambechten, entwelen, itwiß,* die durch *dienen, wonen, spot* ersetzt werden (Volz 1963, S. XIII).

Unter den frühnhd. Lexiven der Schriftdialekte aus unseren Texten, die sich z. T. nicht einmal mit veränderter Semantik in der nhd. Schriftsprache finden, sind folgende: Schottels *Ausrede, ausreden* (§ 89) ist durch *Aussprache, aussprechen* ersetzt worden; *bas* (Brant § 76, Luther § 82) 'besser' ist paradigmatisch isoliert; *blo̊kkig* (Schottel § 89) nicht üblich, *sam* (Wittenweiler § 217) 'wie' geschwunden. Zeitliches mhd. *dō* und

164

örtliches *dā* (vgl. § 52) sind frühnhd. meist zusammengefallen, wobei die temporale Form durch *als* ersetzt wird. Verschwunden sind *dannenhero* (Schottel § 89) der Kanzleisprache (vgl. § 210), ebenso die Pronominalform *ichts(s)* (*Ackermann* § 66) 'etwas', das *kallen* in *schimpfkallen* 'cavillationibus' (Steinhöwel § 177), *sintemal* (Luther § 82) mit dem verdunkelten ersten Teil der Zusammensetzung, *Redekunst* (Dornblüth § 98) hat sich als Kunstwort, als verdeutschende Übersetzung von *Rhetorik* eigentlich nicht durchgesetzt (§ 206).

§ 215   4.4.3 Lexivspaltung

Wortartwechsel ist eine Art der Wortbildung (§ 201) und bedingt meist eine Lexivspaltung, z. B. *das/daß*. *Kraft* bei Schottel (§ 89, 240) ist Präposition aus dem Substantiv; vgl. *in crafft desselben* (Kais. Schreiben § 230, 98). *wenn* und *wann*, *denn* und *dann*, auch noch *für* und *vor* sind frühnhd. vielfach semantisch gleiche Nebenformen. Ihre Scheidung im Sinn der nhd. Bedeutung ist wie eine Lexivspaltung. Dabei verdrängt *wenn* bedingendes *ob*, *als* das *denn/dann* beim Komparativ, *denn* das kausale *wenn* (vgl. Huldi 1957, auch § 216 unten).

§ 216   4.4.4 Lexivverschiebung

Von einer Verschiebung der Lexive kann man eigentlich nur schreiben, wenn ein Bezug auf ein gegliedertes lexikalisches System oder Wortfeld besteht, also z. B. bei Farbbezeichnungen, Verwandtschaftsnamen, aber auch bei geschlossenen Wortarten wie Pronomen, Präposition, Konjunktion (siehe oben § 215) oder grammatischen Gruppen wie den Modalverben.

(1) Petri (§ 208) glossiert Luthers *nẘff* (Neffe) mit *schwestersun, vetter*, Dr. Eck verwendet *Kindskind*. Die Bedeutung bei Luther war 'naher männlicher Verwandter: Enkel, Vetter, Schwestersohn'. *Vetter* war mhd. 'Vaterbruder (Oheim)' und 'Brudersohn' (Fritz 1974, S. 32–36). Die deutschen Verwandtschaftsnamen gerieten unter französischen Einfluß (vgl. § 209 oben).

(2) Die Modalverben haben ihre Bedeutung seit dem Frühnhd. verändert. *Wollen* und *sollen* haben ihre teilweise futurische Bedeutung und Funktion eingebüßt (§ 137, Imperativ § 132.1). *können* und *mögen* sind frühnhd. meistens synonym, aber letzteres bedeutet 'fähig *und* willens sein', z. B. bei Brant (§ 76): *vmb keren kan* (Zeile c), aber *dantzen mag* (Z. 27). Bei Mentelin (§ 169) heißt es (17) *Ich mag nit aufsteen* 'kann (und will) nicht aufstehen'. Negiertes *dürfen* bedeutet 'brauchen': *Der darff nicht sorgen* (Opitz § 186, 132 ff., auch 345 ff.). Negiertes *müssen* bedeutet nhd. 'nicht dürfen, nicht die Erlaubnis haben': *muß ... ein ... Misbrauch keine Meisterschaft ... haben* (Schottel § 89, 47 ff.).

(3) Die Adverbien *bald, fast, schier* (veraltert), *sehr* haben nhd. ihre frühnhd. Bedeutungen geändert (zu *bald* vgl. Ising 1968, I, S. 82–87). Wir finden *bald* als 'sogleich' (Steinhöwel § 177); *fast* war neben Luthers *sehr* die oberdeutsche Form bei Eck usw. (§ 208), *schier* wurde von 'bald, früh' (*Ackermann,* § 66) zu 'beinahe'.

§ 217 4.5 Heinrich Wittenweilers «Der Ring» (1400)

§ 217.1

```
5403   Do nu die mess ein end genam
       Der pharrer hůb zesagen an
       Hȯrt ir frauwen und jr knecht
       Wisst es ist der kyrchen recht
       Daz einr ein chan im nemen schol
       Offenleich so tůt er wol
       Nicht so haẏmleich ane pfaffen
5410   Dar zů ist mit uns geschaffen
       Daz wir chúndin vberlaut
       Von dem prautgom und d'r praut
       Und vor allem volk dar zů
       In der kẏrchen spât und frů
5415   Ob ẏemant wȧr und wesen scholt
       Der da wider sprechen wolt
       Dar umb gepeut ich pey dem pan
       Wer der ist der bewaren chan
       Daz die Ee nicht redleich sey
5420   Der sag es ze der vart hie pey
       Des chroch ein altes weib her fůr
       An einem stab seẏ sprach ich spůr
       Daz pertschi mit des tiefels rât
       Sein treuw an mir geprochen hat
5425   Es ist ein jar und nicht vil me
       Daz er mir schlechcz verhiess der Ee
       Des wurdens ålleu lachent do
       Und gen pharrer sprechent so
       Wisst die E was geschaffen
5430   Vor múnchen und vor phaffen
       Dar umb so nem ẏm ẏeder gesell
       Ein frauwen do er gernest well
       Umb die red die da geschach
       Von dem weib die in an sprach
```

5435 Ward hertåilt ze lappenhausen
Daz seẏ scholt ein brůche lausen
Und gesåch seẏ noch so wol
Sam ein Eweib gesehen schol
Daz seẏ möcht derkennen
5440 Die laus und dar zů prennen
Und liess die knöpfe stil sten
Daz seẏ schölt für sey alle gen
Und bewåren iren dant
Wolt sey pertschin han zehant
5445 Des zoch der preutgonn ab sein brůch
Und sprach nu se hin hůrr nu sůch
Und prennst du mir des fadens knöpf
Ich reisse dir aus die grawen zöph
Was schol man lengren dises lesen
5450 Seẏ liess die peysser all genesen
Und graffelt an hin mit der hant
Und wo sey einen strike vand
Der hiet sein leben da verlorn
Des lachtens all von rechtem zorn
5455 Der pheyffer hiess man schlahen auf
Und draten hin gen pertschis haus

§ 217.2   4.5.1 Bemerkungen zum Text

Obige Stelle ist aus Heinrich Wittenweilers komischem Epos «*Der Ring*»,
das in einer einzigen Handschrift in der Stadt- und Kreisbibliothek «Anna
Seghers» in Meiningen, DDR, erhalten ist. Die Hs. wurde etwa um 1400
geschrieben und von Ludwig Bechstein (1852) und Edmund Wießner
(1931) herausgegeben. Ich konnte eine Ablichtung der Handschriftstelle
(Wittenweiler 1400) mit Bechsteins (S. 145) und E. Wießners Ausgabe
(Vers 5403–56) vergleichen. Dieser veröffentlichte auch einen ausführ-
lichen, meist literarisch-volkskundlichen Kommentar zum «*Ring*», in dem
sich viele lexikalische Erklärungen finden (Wießner 1970). Der von ihm
angekündigte sprachliche Kommentar ist nie erschienen, so daß Walter
Carl Krafts von Madison S. Beeler geleitete, unveröffentlichte Berkeley-
Dissertation über Wittenweilers Reime die einzige ausführliche Studie der
Sprache des «*Ringes*» bleibt (Kraft 1950).

Wittenweilers Sprache war alemannisch; seine Familie stammte aus
einem kleinen Dorf bei Frauenfeld im Thurgau in der Schweiz. Die Hs.
zeigt jedoch vorwiegend bairische Züge.

4.5.2 Orthographie und Phonologie

§ 218 4.5.2a Orthographie

An Vokalzeichen der Hs. finden wir u. a. *y*, besonders vor Nasal und *r* (*kẏrchen*), neben *i*, *i* (5405); *aẏ* mit zwei schrägen Punkten über dem *y*, *åi* (=mhd. *ei*; Bechstein *äy*, Wießner *ai*), *ei eẏ* (=mhd. *î*; Wießner: ei), *u̇ ů* und *ů* (Bechstein, Wießner: *uo*), *â* mit Zirkumflex (*spât* 5414).

Unter den Konsonantenzeichen erscheint im Anlaut ⟨*ch*⟩ für mhd. *k* (*chan* 5407), *ph* (*pharrer*) neben *pf*; *tz* in der Hs. ist schwer von *cz* zu unterscheiden. *daz* mit *z* ist die traditionelle Schreibung (§ 61).

§ 219 4.5.2b Phonologie

Die frühnhd. Diphthongierung (§ 45) findet sich auch in formativen und flexiven Endungen, aber kein Zusammenfall mit den mhd. Diphthongen: *haẏmleich* (5409) 'heimlich', *ålleu* (5427) 'alle', *seẏ* (5436) 'sie' (mhd. *sî*). Einige ungeänderte Formen mit mhd. Langvokalen im Reim deuten auf phonologische Veränderung durch einen Bearbeiter (Schreiber?): *seiten* und *ziten* (2323f.), *faul* und *mul* (3731f.), *ruwen* statt *reuwen* und *treuwen* (796f.; Kraft 1950, S. 133). Für Monophthongierung (§ 46) gibt es keine Anzeichen; *ir* (5405) bedeutet wohl /i:/ vor *r* (zum Vokalismus vgl. § 54.2). Lindgren (1953) hat die Apokope (§ 49) durchgezählt; das starke Feminin *brüche* (5436) steht neben *brüch* (5445): der *Ring* hat 362 Formen ohne -*e* neben 61 mit -*e*.

sch in *scholt* (5436) 'sollte', *schol*, *schȯlt* entspricht ahd. *sk*, findet sich frühnhd. aber nur bis ins 15. Jh. (Moser 1951, S. 227, Anm. 10). *ch* in *chan*, *chúndin* (5411) gibt wohl die Affrikata [kχ] wieder.

4.5.3 Morphologie und Syntax

§ 220 4.5.3a Nominalfügungen

Der Eigenname *pertschi* hat den Akkusativ *pertschin* (5444), den Gen. *pertschis* (5456). Die Femininen haben schwache oder starke Flexion (§ 110.1) im Singular: *kẏrchen* (Dativ), *frauwen* (5432, Akk.) und *E*, *hand*, *brüch(e)*. Die neutrale Pluralendung des Adjektivs (§ 112.1) und Pronomens (mhd. -*iu*) ist bewahrt: *ålleu* (5427); *küeneu hertzen* (Vers 373); -*eu* kann auch Femininendung im Nom. und Akk. Sing. sein: *eineu* 'eine' (V. 73), *unter diseu ler* (V. 37). Die syntaktische Unterscheidung der Kategorie Genus im Plural ist schon schwankend (§ 145). Bei gleichzeitigem Bezug auf männliche und weibliche Personen wäre Neutralform zu erwarten, z. B. *seu* (mhd. *siu*), *paideu* (1620ff.) bezieht sich auf Pertschi und Mätzli, *seẏ alle* (5442) aber auch auf Männer und Frauen.

Die bairischen Pronominalformen *es enk enker,* historische Dualformen, kommen nie im Reim vor, haben schon Pluralbedeutung: vgl. *Das stet enk wol und ghört euch an* (Vers 1079; Kraft 1950, S. 44f.).

§ 221 4.5.3b Verbalfügungen

An Verbalformen bemerken wir: *gepeut ich* (5417) 'gebiete ich' (vgl. § 123(2)) mit dem Vokal der 2., 3. Person (§ 127), die Konjunktivform *chúndin* (5411) mit erhaltenem *i* (§ 134) und die Verbindung von *werden* mit dem 1. Partizip (vgl. § 140): *wurdens lachent ... sprechent* (5427f.). Das Passiv (§ 138) wird mit *sein* (*was geschaffen,* 5429) und mit *werden* (*ward hertåilt,* 5435) gebildet. Vom Paradigma *haben* finden wir *han* (Inf. 5444), *hiet* (5453) 'hatte' (§ 135.1).

4.5.4 Wortschatz

§ 222 4.5.4a Wortbildung

Adjektivbildungen auf *-leich* finden sich in adverbialer (*offenleich, haẏmleich*) und prädikativer (*redleich*) Verwendung. Der Superlativ *gernest* (5432) 'am liebsten' ist nicht mehr im Nhd. da. Beim Verb sind *ge-*Bildungen noch nicht im allgemeinen auf das 2. Partizip beschränkt (§ 199): *genam* (5403), *gesäch* (5437), *gesehen* (5438, Inf.). Von mundartlichem *der-, her-* (*derkennen* 5439) war schon die Rede (§ 199.3).

Zusammengesetzte Adverbialformen (§ 200.2) werden noch nicht als ein Wort geschrieben: *dar zuo, dar umb, hie pey, her für,* auch *stil sten,* aber *zehant* und *vberlaut* (5411).

§ 223 4.5.4b Mundartliche Wörter

Wittenweilers *Ring* enthält viele landschaftliche Formen, die nicht in die Schriftsprache übernommen wurden. Dazu gehören: *chan* (ahd. *quena,* mhd. *kone;* Bahder 1925, S. 152f.) 'Ehefrau, Gattin' neben *Eweib* (5438), *dant* 'Tand' (5443; Wießner 1970, S. 186 «Geschwätz»), *graffelt* (5451) 'griff hin und her'. *schlechcz* (5426) 'schlechthin, geradezu' hat sich nicht erhalten. *peysser* (5450) 'Beisser' für 'Läuse' findet sich nur im *Ring. tiefel-* (5423), aus mhd. *tiefel, tievel,* ist eine Nebenform zu *teufel,* mhd. *tiuvil.*

§ 224 4.5.4c Frühnhd. Wortbedeutungen

Der Wortschatz im *Ring* zeigt vielfache Verschiedenheiten von der nhd. Bedeutung, wie auch aus den Belegen im *Deutschen Wörterbuch* (DWtb.), in Götzes Glossarbändchen (1967), Wießners *Wortschatz* (1970) hervorgeht. Man vergleiche etwa: *aufschlahen* 'mit dem Trommelschlag beginnen' (Götze, Wießner), *bewären* 'beweisen' (DWtb.), *genesen* 'davonkommen, heilbleiben', *gesell* (Wießner, S. 72), *hůrr* (Wießner, vgl. § 212), *knecht* 'Bursche, Knappe, junger Mann', *lengren* 'verlängern', *pfaffen* 'Geistlicher' (5409), 'Pfaffe(?)' (5430), *redleich* 'rechtschaffen, ordnungsgemäß', *geschaffen* 'eingerichtet, festgelegt', *spůr* 'bemerke', *vberlaut* 'öffentlich', *umb* 'um … willen' (5433, Erben 1970, S. 436).

§ 225   4.6 Denkwürdigkeiten der Helene Kottannerin (1450)

§ 225.1

do kam mein gnedige fråw [5] an mich daz ich dås [10] tůen solt wann die gelegen[15]hait nýmant also wol wesset als [20] ich dem Si dar zů [25] vertrawn mocht, vnd des erkåm [30] ich hart, wann es was [35] mir vnd meinen klainen kinden [40] ain swér wagnuss vnd gedåcht [45] hin vnd her, waz ich [50] dar Inn tůen solt vnd west [55] auch nýmantz Rats ze fragen [60] dann got allain. vnd [65] gedacht ob ich das nicht [70] tét, gieng Dann icht vbl [75] dar aus so wér die [80] schuld mein gegen got vnd [85] gegen der welt Vnd willigat mich [90] der swéren rais in [95] wagnuss meins lebens vnd begérat [100] ains gehilfens, da wart der [105] rat an mich geschoben, wér [110] mich bedewcht dar zú tůgleich [115] wér. da riet ich an [120] ainen der mich bedéucht er [125] wér meiner frawn mit ganczen [130] trewen vnd der was ain [135] krabat, vnd der ward gevódert [140] in den haýmleichen rat, vnd [145] dem ward die sach fuerge[150]halden wes man an in begériet [155]. da erkam der man als [160] hart daz er die vårib [165] verkerat, als ob er halber [170] tod wér, vnd willigat sich [175] auch nicht vnd gieng aus [180] in dem Stal zu seinen [185] phérden Ich enwais nicht [190] ob es gotes wil was. oder [195] ob er sünst torlich vmb [200] gieng daz die mér gen [205] hof komen der hiet sich [210] hart gefallen von dem phért [215] Vnd do sich sein såch [220] pessern ward, do hueb er [225] sich auf vnd rait dá [230] hin ge krabaiten vnd die [235] sach muesaten lenger angesten vnd [240] mein' fraun gnad was tråwrig [245]. daz der daýg vmb [250] die sach nů wessat, vnd Ich [255] was auch in grossen sorgen [260], aber es was freilich góts [265] wil wann hiet die sach [270] zu derselben zeit ainen furgánkch [275] gehabt so wér meiner fråwn [280] gnad mit grossm̄ pauch vnd mit der [285] heiligen kran hér [290] auf gen prespurg geczogen So wér [295] die edel frucht die Si [300] noch trueg gehindert worden [305] an den kronüg wann Si [310] hiet villeicht hinfur solche hilf [315] vnd macht nicht mogen gehaben [320], als Si es die weil [325] het. als es sich seid [330] wol erfunden hat. do nú [335] die recht zeit kam an [340] der got der alméchtig seine [345] wunderwerch würchen wolt, da schikchat vns got [350] ainen man der [355] sich willigat her aus gewýnnen die [360] heiligen kron vnd der [365] was ain Vnger vnd was [370] genant d.

vnd der gieng [375] treulich weislich vnd méndlich mit den [380] sachen vmb, vnd richttaten zú [385] was wir bedorften zu [390] den sachen Vnd nomen ettliche [395] Slos vnd zwo feil dér [400] mit mir wagen wolt sein [405] leben der legt an ainé [410] swarczen samedeinen pett rokch [415] vnd zwen vilczschuech, vnd in yeden [420] schuech stekchat er [425] ain feil vnd die Slos nam [430] er vnder den rokch [433].

§ 225.2   4.6.1 Zum Text

Die Stelle ist aus Handschrift 2920 der Österreichischen Nationalbibliothek (3^v–4^r). Diese enthält den Bericht von Helene Kottannerin, der Kammerfrau der Königin Elisabeth, der Witwe Albrechts II., in dem sie beschreibt, wie sie zusammen mit einem ungarischen Adeligen im Februar 1440 die ungarische Königskrone im Auftrag der Königin entwendete. Die Denkschrift der Kottannerin, die etwa 1450 verfaßt wurde, erschien, von Karl Mollay herausgegeben, als Band 2 von Herbert Zemans *Wiener Neudrucke* (Wien 1971). Unser Text beruht auf Mollays Ausgabe und einem Vergleich mit der Wiener Hs. Die Hs. ist eine Abschrift, die offensichtlich von einem geübten Schreiber stammt. Der Stil des Berichtes dagegen wirkt sehr umgangssprachlich in Syntax und Wortschatz. Der Wiener Schriftdialekt der Hs. hat südbairische Züge.

4.6.2   Orthographie und Phonologie

§ 226.1   Orthographie

Die Interpunktion (§ 23) durch Beistrich und Punkt ist in der Hs. nur sporadisch. Großbuchstaben scheinen keine distinktive Funktion zu haben: *Rats* (59) neben *rat* (106), *Dann* (73) neben *dann* (62), *I* in *Inn* (52), findet sich auch mehrmals in *KungInn* (z. B. S. 12, Z. 11). Die Vokale haben diakritische Zeichen, zwei Punkte schräg nebeneinander oder schrägen Strich: *ü ú e̊ é v̊ ẏ aẏ* neben *ai, eú* neben *ew: tüen, v̊bel, würchen* 'wirken' (347), *nú* 'nun' (335), *te̊t, alme̊chtig, wér, nýmantz, daẏg, rait, bedeúcht* (124) und *bedewcht* (112) usw. *-en* in Endsilben wird manchmal als Schleife mit offenem Bogen geschrieben: z. B. *fragen* (61; vgl. Hans Moser 1977, S. 224f.); wir deuten oben diese Schreibung durch Unterstreichen an, ebenso bei *v̊bel* (75), *grossem* (283).
Bei den Konsonantenzeichen fallen *sl sw* im Anlaut (*swér* 42), *cz* (*swarczen* 411), *kch* (*rokch* 433) auf.

§ 226.2   Phonologie

Der Text zeigt Diphthongierung (§ 45) ohne Zusammenfall von mhd. *î* und mhd. *ei* (*haẏmleichen*, mhd. *heimlîchen*, 143), keine Monophthongierung (§ 46) (*hueb, trueg* usw.), häufigen *e*-Schwund (§ 49) (*solt* 'sollte' 54, *gnad* 243). Wir finden Anzeichen eines Zusammenfalls von /o:/ und /a:/ (§ 52), auch /o/ und /a/ vor Nasal und *r: nomen* (394) 'nahmen', *kran* (289) neben *kron* (363) 'Krone', *sorgen* (260) und *sargen* (S. 14, Z. 39); *vngebornet* (S. 29, Z. 7 mit bairischem ⟨b⟩ für w), *vngewornet* (S. 29, Z. 14) 'ungewarnt' usw. Sproßvokal (vgl. § 63.2) finden wir in *varib* (165) 'Farbe', *starib* 'starb' (S. 10, Z. 24), *parig* '(ver)barg' (S. 15, Z. 15), *d*-Einschub in *mëndlich* (379) 'männlich' (Moser 1951, S. 30; vgl. § 65 oben). Die Schreibung *kch* (*schikchat*, *rokch*) deutet auf die velare Affrikata [kχ] (§ 59). ⟨ai⟩ in *krabaiten* (233) 'Kroatien' neben ⟨a⟩ in *krabat* (136) zeigt den Phonemzusammenfall von mhd. *ei* und mhd. *ā in* [a:]; dasselbe zeigen Schreibungen wie *klainhait* (S. 13, Z. 20) neben häufigem *kleinat* 'Schmuck, Kleinod'.

§ 227 4.6.3 Morphologie und Syntax

Unter den Nominalformen fallen u. a. auf: der maskuline schwache Genetiv *gehilfens* (102: § 110.2), die schwache feminine Adjektivform im Akk. (§ 112.1) *heiligen* (362). Das Auslassen des Pronomens (§ 155) ist häufig: bei *gedacht* (45), *west* (56), *willigat* (90), *richttaten* (385). Auffallend ist prädikatives *meiner frawn* (127f.): possessiver Genetiv oder irrtümliche Ellipse?

Die schwachen Präteritalformen enden, außer bei Modalverben (*solt*, *wolt*) in *-at: willigat* 'willigte', *schickchat*, Pl. *richttaten*, im Konjunktiv (§ 134) finden wir *wesset* (19) 'wüßte' neben dem Indikativ *west* (56), *hiet* (209, 311) 'hätte', *begeriet* (155) neben dem Indikativ *begerat* (100). Unter den Verbalfügungen findet sich *werden* mit Infinitiv: *pessern ward* (221f.; vgl. § 140). Noch «doppelte» Negation steht bei *Ich enwais nicht* (187–9; vgl. § 158). Die Endstellung des nichtfiniten Prädikatteils im Hauptsatz und des Verbs im Nebensatz (§ 168) ist größtenteils durchgeführt, aber nicht z. B. in *der ... wagen wolt sein leben* (400ff.).

Die Satzverknüpfung (§ 164) erfolgt wiederholt mit parataktischem *da* oder *do* (1, 103, 117, 156 usw.) oder mit *vnd* (44, 55, 65 usw.).

4.6.4 Wortschatz

§ 228 4.6.4a Wortbildung

Substantive im Text sind gebildet mit den Suffixen *-hait, -nuss, -ung* (§ 196): z. B. *gelegenhait, wagnuss, kronung*, durch die Stammform, *furgankch* 'Erfolg, Fortschritt' (275), durch Zusammensetzung: *wunderwerch, pett rokch* 'Schlafrock', *vilczschuech* 'Filzschuh' (§ 200.1).

Dem attributiven *haÿmleich-* (143), dem prädikativen Adjektiv *tugleich* (115) 'tauglich' steht *-lich* im adverbialen *torlich* (199), *treulich, weislich, mëndlich* gegenüber; *samedeinen* (412) 'samten' (Stopp 1978, § 33) hat das Suffix *-ein* (mhd. *în*) (vgl. § 197).

Das Präfix *ge-* bildet Verbalformen in *gedacht* 'dachte' (66), *gehaben* 'haben' (320) (§ 199.2).

wann (§ 215) bedeutet 'denn' (33, 267, 309), *dann* (62) 'als', *ob* (67) 'wenn' (§ 215), *icht* (74) ist nhd. geschwunden (§ 214). *mogen* (319) bedeutet 'können' (vgl. § 216.2), *erkomen* (30, 157) 'erschrecken', *erfinden* (332) 'erweisen, zeigen', reflexives *willigen* (90) 'einwilligen' (§ 198.4). *daẏg* 'Feigling' (248; *Deutsches Wörterbuch* 11:1, Sp. 237: *teigen* 'feig sein oder werden') ist nicht schriftsprachlich geworden (§ 208).

§ 230   4.7 Kaiserliches Schreiben an die Stadt Frankfurt (1515)

§ 230.1

Wír Maximilian von gotes gnadn Erwelter Römischer Kaẏser zu allentzeitten merer des Reichs in Germanien Zu Hüngern Dalmacien Croacien u. Kunig Ertzhertzog zu Österreich hertzog zu Burgundj zu Brabanndt vnd phalentzgraue etc. empieten den Ersamen, vnnsern vnd des reichs liebn getrewen .n.ſ Burgermaister vnd Rat, der Stat. Frannkfort, vnser gnad vnd alles guet. Ersamen lieben getrewen. vnns ist glaublich angelanngt. Wie die Brueder prediger Ordens. zu Augspurg in verschiener zeit von Babstlicher heiligkait. ain Indulgentz vnd Ablas. Zu pawung Irs Clossters daselbs zu Augspurg. Auf Ewr vnd ettlich annder vnnser vnd des Reichs Stét erlanngt. vnd in crafft desselben Ablás. ain merckliche Suma gelts darauf einpracht haben. vnd noch fur vnd fur einbringen sollen. Dieweil dann sólhs on vnnser als Romischen Kaẏsers wissen vnd verhenngnuss beschehen ist Vnnd die vom heiligen Geist in Saxen. zu Rom auch solh Indulgentz vnd Ablas erworben. Die wir dann denselben vom heiligen Geist. In betrachtung das solh gelt alain Zu vnnderhalttung der Armen durfftigen. vmb gotzwillen, vnd zu gotzdiennstn vnd kain anndern sachen angelegt wirdet. Auf Ir bete. auf Ewr vnd etlich annder vnnser vnd des Reichs Stét. zuuor zugelassen habn. Demnach vnd damit durch sólh der prediger oder annder Ablas. vnnser vnd des Reichs vnnderthanen. nit Erschópft vnd die vom heiligen Geist mit Irer Indulgentz. verhýnndert werden. So emphelhen wir Euch bey vermeydung vnnser Sweren vngnad vnd straf. Ernnstlich gepiettennd vnd wéllen. das Ir alles das gellt. so die benannten prediger oder ẏemannds annder. Ausserhalb der vom heiligen geist in Saxen. Also erlanngt. in Arrest vnd verpott leget. Vnd das bis auf weitter vnnsern beuelh. nẏemannds volgen. Auch hinfuro. solhen Ablas. vnd Indulgenntz der prediger munich noch. ẏemannds annders Sonnder vnnsers wissen. in Ewr Stat. weitter nit publiciern. außgeben. anslahen noch verkunnden lasset, Sonnder vnns dieselben zueschiket. vnnd dawider ganntz Kain annders thuet. damit wir nit geursacht werden, in annder weg gegen Euch[310] zuhanndl̲n̲. Daran thuet Ir vn̄ser[315] gefallen vnd ernnstliche maÿnung. Geben̄[320] in vnnser Stat ynsprugg am̄ Sibenden[325] tag. des Monets. Marcij.[330] Nach Cristj gepurd funfftzehenhundert vn̄d[335] im funfftzehenden, Vnnser̲e̲r̲ Reiche des[340] Rómischn̲ Im dreissigistn̲ vnd des[345] hungerischen im funfftzehenden Ja̋ren.[349]

per Cesare̲m̲   Admandatum̲ dom̲i̲n̲i̲
               Imperatoris propri̲u̲m̲
               Serntein.

§ 230.2   4.7.1 Zum Text

Obiges Beispiel eines offiziellen Schreibens aus der kaiserlichen Hofkanzlei Maximilians I. beruht auf einer Ablichtung des Originals im Stadtarchiv von Frankfurt am Main. Hans Moser veröffentlichte es als Nr. 1 seines Korpus II (1515–1518) (Moser 1977, II, S. 55 f.). Das Schreiben trägt die Unterschrift des Kanzlers, Cyprian von Northeim, genannt (von) S e r n t e i n, eines Südtirolers aus dem Sarntal. Moser verglich das Schreibungssystem der Kanzlei Maximilians ab 1515 mit dem in seinem Korpus I, nämlich Schriftstücken der Kanzlei von 1490–94.

Der Schriftdialekt der kaiserlichen Kanzlei hat als Muster für andere Kanzleien zweifellos eine Rolle gespielt, die aber nicht zu überschätzen ist (vgl. oben § 17).

4.7.2   Orthographie und Phonologie

§ 231.1   4.7.2 a Orthographie

Die Hs. zeigt als Interpunktion (§ 23) zahlreiche Punkte und kleine Beistriche, die Wortgruppen und Sätze trennen. Großschreibung (§ 26) ist nicht distinktiv: *gotes* (4) ist z. B. klein geschrieben, *I* (*Irs* 80) ist einfach das Anlautzeichen. Die Vokalzeichen haben verschiedene diakritische Zusätze wie Punkte, schräge Strichlein, runde Häkchen usw.: z. B. *aÿ* (*kaÿser*), *ȯ* (*sȯlh*), *ó* (*sólhs*), *ü* (*Hüngern* 17) *ė̀ ė* (*Stėt*). Über *u w* sind kleine Bogen geschrieben, offenbar als ein Teil des Gesamtzeichens. *n* ist öfter mit Schleife für *en* bezeichnet (vgl. oben § 226.1). *tz* und *cz* sind graphisch nicht zu unterscheiden: *ganntz* oder *ganncz?* (297); *tz* steht für *ts* in *gotz* (162, 165). Im Anlaut findet sich *sw-* in *Sweren* 'schweren' (222).

§ 231.2   4.7.2 b Phonologie

Der Text zeigt Diphthongierung (§ 45) mit Scheidung von mhd. *î* (*ei ey*) und mhd. *ei* (*ai ay ei*): *Reichs, alain, heiligkait. heilig* (vgl. Moser 1977,

S. 102), *Geist* haben immer *ei*. Monophthongierung (§ 46) findet sich nicht: *zue, guet* usw. *e*-Schwund (§ 49) ist häufig: *gnad, sólhs, kain* 'keinen' (167) *Reichs* (13, vgl. Bernt 1934, S. 353). *o* steht neben *u* (§ 53): *Sonnder, munich*. In *funff*- (334, 337, 348) haben wir die seit dem Ahd. umlautlose Nebenform zu *fünf*- (Moser 1929, § 60, Anm. 4). *-lh* (§ 62.2) ist erhalten in *emphelhen* (216), *beuelh* (262).

§ 232 4.7.3 Morphologie und Syntax

Schwache Adjektivformen *Ersamen lieben...* (54 ff.) erscheinen in der Anrede (§ 152.3). Genetivfügungen (§ 146) stehen sowohl vor dem Substantiv (*der prediger ... Ablas,* 193 ff.) wie nach dem Substantiv (*merer des Reichs,* 11 ff.).

Perfektformen des Verbs herrschen vor: das Hilfsverb *haben* fehlt bei *erworben* (142), *erlanngt* (250) (§ 162.2). *sollen* (114) hat mehr modale als futurische Bedeutung (§ 137). Die Konjunktivformen (§ 134) *leget* (255), *lasset* (290) usw. haben keine Synkope. Bei *geben* (320) 'gegeben' (§ 133) fehlt das Präfix. Die Satzverknüpfung erfolgt durch Konjunktionen (§ 166), z. B. *wie* (61), *Dieweil dann* (115), *demnach vnd damit* (188 ff.), *damit* (301), Relativpronomen wie *Die* (143), die Relativpartikel *so* (235; vgl. § 157.2). Die Endstellung des finiten Verbs (§ 168) in den abhängigen Nebensätzen ist konsequent durchgeführt, was das Verständnis der kanzleisprachigen Satzgefüge erleichtert.

4.7.4 Wortschatz

§ 233 4.7.4 a Wortbildung

Im Text finden wir Substantive mit *-kait* (*heiligkait*), *-nuss* (*verhengnuss,* 125; § 196), *-ung* (§ 210), dem Verbalstamm ohne Suffix (*Ablas, verpott, beuelh*), der Infinitivform (*wissen, gefallen*). Adjektive mit *-lich* sind häufig: *glaublich* (59, adverbial), *Babstlich, mercklich, ernnstlich*. *-ennd* in *gepiettennd* (227) ist die Endung des 1. Partizips (§ 126.1); die Kanzlei kennt auch *-und* (*eilund*), ebenso die Kottannerin (§ 225, S. 31) *eilunde* (vgl. Stopp 1973, § 42).

§ 234 4.7.4 b Kanzleistil und Wortschatz

Wir haben oben (§ 210) Variation und parallele Kopplungen dieser Stelle als typisch für die Kanzleisprache beschrieben. Unterordnende (§ 166) und beiordnende Konjunktionen (*vnd, auch, sonnder*), unterscheidende Präpositionen (*vmb ... willen, vnd zu ...* 161 ff., *in crafft..., außerhalb*) werden verwendet. Anaphorischer Bezug ist häufig: *daselbs* (82), *desselben* (99), *denselben* (146) usw., wiederholtes *sólh* (117, 153, 192).

Fremdwörter (§ 205.2) erscheinen neben deutschen Wörtern: *Arrest* ('Beschlagnahme') *vnd verpott* (252 ff.). *Marcij* (330) 'März' gibt den lat. Monatsnamen. Die Kanzleisprache hat die deutschen Monatsnamen endgültig verdrängt. Die Kalendarien des 15. bis 17. Jhs. brachten neben den lateinischen auch deutsche oder eingedeutschte Bezeichnungen, z. B. in Nürnberg Johann Küngsperger (Regiomontanus, 1473): *Mertz, Merz.*, bei Ph. von Zesen (1619–1686) *Lenzmonat* (Schumacher 1937).

§ 235   4.8 Hans Sachs: Der gestolen Pachen (1552)

§ 235.1

	19	Weist du nit wie vor zweyen tagen
	20	Herman Dol hat sein Saw geschlagen
		Vier finger hoch mit speck durch spicket.
Heintz Knol spricht.		Hat er dir seiner wůrst geschicket
Cuntz Drol spricht.		Nein / vnd hab jm doch alle Jar
		Geschicket meiner wůrst fůrwar
	25	Doch schickt er mir kein wůrst nie wider.
Heintz Knol spricht.		Er ist ein filtz das merckt ein jeder
		Er ist einer der spinting fladen
		Ich hab jn auch all Jar geladen
		Vast zu allen meinen Seusecken
	30	Vnd er hat mich nit lassen schmecken
		Ein zipffel wůrst von seiner saw
		So filtzig ist er / karg vnd gnaw
		Wurst wider wurst / das alt sprichwort
		Hat er gar offt von mir gehort
	35	Er lest abr red fůr ohren gehn.
Cuntz Drol spricht.		Wie wenn wir heindt zu nacht all zwen
		Hůlffen einander zu den sachen
		Vnd stelen jm sein Schweinen bachen
		Sein grosse karckheyt mit zu rechen.
Heintz Knol spricht.	40	Das selb hab ich auch wőllen sprechen
		Wie wolt wirs aber greiffen ahn
Cuntz Drol spricht.		Da wolt ich selber zu jm gahn
		Vnd bitten mir etwas zu leichen
		Dieweil so mustu heimlich schleichen
	45	In sein kammer hinden ins Hauß
		Vnd jm ein bachen nemen auß
		Dem schaff / da die Saw ligt im saltz
		Vnd streich damit heim vnd behalts
		Darmit wőllen wir zwen vns speissen.

Heintz Knol spricht.	50	Es solt vns wol der Teuffel bscheissen
		Wenn er sollichs auff vns wůrt jnnen
Cuntz Drol spricht.		Wir wŏllen wol ein sinn erfinnen
		Das mans in einem schwang auffnem
		Wenn es gleich fůr den Pfleger kem
	55	Er ließ vns beid darumb nit hencken
		Wann jm ist wol mit guten schwencken
		Wie ers hilfft treiben vbers Jar.
Heintz Knol spricht.		Ja mein Cuntz Drol das ist ye war
		Der Pfleger weiß sein filzig art.
Cuntz Drol spricht.	60	So machen wir vns auff die fart
		Auff heindt wenn man anzůndt das Liecht.
	62	Ich hoff wir wŏllen fehlen nicht

Die zween gehen beide auß.

*Herman Dol der karg Pawr geht
ein / vnd redt wider sich selb /
vnd spricht.*

	63	Nun hab ich ye ein feistes Schwein
		Gestochen vnd gesaltzen ein
	65	Ich hab der Saw stets zu gestossen
		Drumb hat sie ein Schmerlaib ein grossen
		Jtzt erstlich wil ich mich betragen
		Vnd der Schweinen knocken abnagen
		Der Metzker hat sich nit wol bedacht
	70	Die brodtwůrst viel zu lang gemacht
		Zwo hetn sich wol zu dreien gschickt
		Hat den Sewsack zu vol gespickt
		Het wol ersparet halben speck
		Ich solt etlich wůrst schicken weck
	75	Die nachtbawrn zu verehren mit
		Ich wil thun samb versthe ichs nit
		So hab ich die wůrst all zu gwin
		Die sie mir heimschickten vorhin

§ 235.2   4.8.1   Zum Text

Die obige Stelle ist aus einem Fastnachtsspiel von Hans Sachs (1494–1576),
der in Nürnberg als Sohn eines Schneiders geboren wurde und auch dort
starb. Sachs schrieb über 4000 Meisterlieder und 85 Fastnachtsspiele,
auch Verserzählungen und komische sowie tragische Theaterstücke. Unser
Text beruht auf der Ausgabe von E. Goetze (Neudrucke 42) und der von
Theo Schumacher (1970²).

e-Reime bei Hans Sachs behandelte L. Bloomfield (1911), das Vokalsystem eine Uppsala-Dissertation (Johnson 1941). Weitere Hans-Sachs-Dissertationen erschienen über das Fremdwort von H.H. Russland (1933), das Scheltwort von F.K. Heinemann (1929). Zum gesamten frühnhd. Textkorpus Nürnbergs vgl. man Straßner (1977).

4.8.2 Orthographie und Phonologie

§ 236.1 4.8.2a Orthographie

An Interpunktionszeichen finden wir Virgel und Punkt (§ 23), Großschreibung (§ 26) am Anfang aller Verszeilen, in Substantiven (*Saw, Jar, Seusecken*), dem Adjektiv *Schweinen* (Z. 38, 68). An Vokalzeichen bemerken wir o̊ ů (*wo̊llen, hůlffen, wůrt, wůrst*), kein å (vgl. Johnson 1941, § 85). *j v* stehen im Anlaut. *h* ist Längezeichen: *ohren* (35), *verehren, versthe* (76). Unter den Konsonantenzeichen ist *ck* häufig: *karckheyt* (39) neben *karg* (32), *speck, hencken, weck* (74) 'weg' usw. *e*-lose Schreibung finden wir in *abr* (35), *hetn* (71).

§ 236.2 4.8.2b Phonologie

Der Text zeigt Diphthongierung (§ 45) mit Zusammenfall: *heimlich* (mhd. *ei*), *schleichen* (mhd. *î*, 44), aber *Schmerlaib* mit *ai* (66). (Dazu vgl. Johnson 1941, § 100, Marwedel (1973) I, S. 318). Die Verwendung von ⟨ie⟩ in *viel* (70) deutet auf (ostfränkische?) Monophthongierung statt nordbairischer «gestürzter» Diphthonge (*ei, ou* für mhd. *ie, uo*). Synkopierte Formen und Kurzformen wechseln mit Vollformen (§ 49) je nach den metrischen Erfordernissen: *schickt* (25) neben *geschicket* (22), *behalts* (48) neben *bscheissen* (50). Sachs nützt Nebenformen für den Reim aus: *gehn* (35), *gahn* (42); *nicht* (62) und *nit* (76). Der Reim *wider/jeder* (25f.) spricht für [i:] in letzterem (Johnson 1941, § 101). *nachtbawrn* (75) (mhd. *nâchgebûrn*) ist Sachs' gewöhnliche Form mit *t*-Einschub (§ 65). *hinden* (45) mit *d* nach *n* ist in Nürnberg auch sonst belegt (Moser 1951, S. 170); *erfinnen* (52) 'erfinden' im Reim noch jetzt die Form der Nürnberger Mundart (Gebhardt 1901, S. 36). *spinting* (27) aus *spintigen* (§ 64) ist eine typische, geradezu regelmäßige Sachsform (vgl. J. Albrecht [1896], S. 114–9; Moser [1951], S. 21, Anm. 27; Paul [1916], S. 305, Anm. 4).

§ 237 4.8.3 Morphologie und Syntax

Substantivformen und attributive Adjektive und Pronomen zeigen wegen des *e*-Schwundes z. T. keine Flexion: *Jar* 'Jahre' (23, mit Nullflexion?), *wůrst* 'Würste', *sein* 'seine' (20), *filzig* 'filzige' (59). Der partitive Genetiv

(§ 146) *seiner wůrst* (22), *der Schweinen knocken* (68) ist nhd. nicht mehr üblich (vgl. Paul 1919, III, § 246; Behaghel 1923, I, § 411, S. 575f.). Die schwache Verbform *gehort* 'gehört' (34) im Reim auf *wort* zeigt noch den alten Rückumlaut (§ 122.2). Die Konjunktivformen (§ 134) *hůlffen* (37) und wohl *stelen* (38) 'stählen', *-nem* (53), *kem* (54) sind vom Stamm des Plurals des Prät. (Konj. II); bei Sachs reimen übrigens germ. *ë* und mhd. *æ* ständig.

In den Verszeilen zeigt die Wortstellung (§ 168) große Variation. Endstellung des abhängigen finiten Verbs ist nicht vorhanden bei *hat* (20), *hůlffen* (37), *ligt* (47) nach *da* 'wo'.

4.8.4 Wortschatz

§ 238   4.8.4a Schwein, Geiz

Inhalt und Stil der Fastnachtspiele bringen es mit sich, daß viele umgangssprachliche Wendungen und der literarisch oft schlecht belegte Wortschatz der Alltagssprache häufig vorkommen. Schimpfworte (vgl. § 212) sind dort zahlreich, bei Heinemann (1927) besprochen; *filtz* (26) wird aber nicht erwähnt. Fremdwörter, die bei H. Sachs gar nicht selten sind (Rußland 1933), kennt unser Text nicht, auch keine erotischen Wendungen (dazu vgl. Marwedel 1973, II, S. 7–9). Zum «Wortfeld» *Schwein* finden wir: *Saw, geschlagen* (20) 'geschlachtet', *speck, durch spicket, Sewsack* (72) 'Schwartenmagen' (vgl. *Deutsches Wörterbuch*), *Schweinen bachen* (*Bache*: 'Speckseite, Schinken'), *feist* 'fett' (§ 208), *gestochen* 'abgestochen', *gesaltzen ein, Schmerlaib* 'in Form eines Brotlaibs zusammengesottenes Schmalz' (*DWtb.*, Götze 1967), *Schweinen Knocken* (68) 'Knöchel' (Bahder 1925, S. 100f., Götze 1967), *brodtwůrst* 'Bratwürste' (70, mit ⟨o⟩ für mhd. *â.*). Zu *Metzker* (69) siehe § 208.

Zum «Wortfeld» *Geiz* finden wir *karckheyt, karg* 'geizig' (*DWtb.* V, Götze 1967), *filtz* 'Geizkragen' (wegen der schäbigen Lodenkleidung), *filtzig* (32, 59) 'geizig', *gnaw* (32) 'geizig, sparsam' (*DWtb.* IV). *Spinting fladen* (27) 'fettige, breiige Kotform' ist eine Beschimpfung und zeigt die derbe Sprache der Fastnachtspiele, zu der *bscheissen* (50) paßt (Grobianismen, vgl. § 212).

§ 239   4.8.4b Frühnhd. Wortbedeutungen

Bei einigen anderen Wörtern bemerken wir Verschiedenheit vom Nhd., z. B. in der Reihenfolge ihres Vorkommens: *heindt zu nacht* (36), *auff heindt* 'heute nacht, heute abend', ist nicht schriftsprachlich geworden; *streich* (48) 'eil unhörbar', *Dieweil* (44) 'unterdessen', *sinn erfinnen* (52) 'eine Erklärung ersinnen', *schwang* (53, 56) 'lustiger Streich', (Pl. *schwencken*), *weiß* (59) 'kennt', *fart* (60) 'Weg', *fehlen* (62) 'Mißerfolg erleiden, scheitern', *mich betragen* (67) 'mich begnügen', *zu gestossen* (65) '(etwas) zugesteckt' (Götze 1967), *samb* (76) 'wie wenn, als ob', sind alle nicht mehr nhd. üblich (§ 214).

§ 240   4.9 H.J.Ch. von Grimmelshausen: Der Abentheuerliche Simplicissimus (1669)

§ 240.1

und nach dem wir di[5]e **Reliquien** der Heiligen / die **Or[10]nat**, und andere sehens=würdige Sa[15]chen deß Gotteshauses genungsam beschauet / beg[20]aben wir uns nach Baden / alld[25]orten vollends außzuwintern.

ICh dingte das[30]elbst ein lustige Stube und Ka[35]mmer vor uns / deren sich son[40]sten / sonderlich Sommers=Zeit / die Bad=Gäst z[45]u gebrauchen pflegen; welches gemei[50]niglich reiche Schweitzer seyn / die mehr hin[55]ziehen sich zu erlustiren und z[60]u prangen / als einiger Gebrechen hal[65]ber zu baden; so ver[70]dingte ich uns auch zugleich in di[75]e Kost / und als Hertzbruder sa[80]he / daß ichs so herrlich an[85]griff / vermahnete er mich zur Gesparsamkeit / und[90] erinnert mich deß la[95]ngen rauhen Winters / den wir no[100]ch zu überstehen hätten; massen e[105]r nicht getraute / daß mein Ge[110]lt so weit hinauß langen würde[115] / ich würde meinen Vorrath / sa[120]gte er auff den Frühling wo[125]l brauchen / wann wir wider vo[130]n hinnen wollen / viel Gelt se[135]y bald verthan / wann man nu[140]r darvon / und nichts darzu thu[145]e: Es stäube hinauß wie de[150]r Rauch / und verspreche nimmermehr wie[155]der zu kommen / etc. Auff[160] solche treuhertzige Erinnerung kondte ich[165] Hertzbrudern nicht länger verbergen wie reich mein Seckel[170] wäre / und daß ich[175] bedacht uns beeden gu[180]ts darvon zuthun / sintemal dessen[185] Ankunfft und Erwerbung ohne das alle[190]s Segens so unwürdig[195] wäre / daß ich keinen Mäyerhof darauß zu[200] erkauffen gedächte / und wenn ichs[205] schon nit anlegen wolte / mei[210]nen liebsten Freund auff Erden da[215]mit zu unterhalten / so wäre do[220]ch billich / daß er Hertzbruder auß[225] **Oliviers** Geld vergnügt würde / um[230]b die jenige Schmach / die er[235] hiebevor von ihm vor Ma[240]gdeburg empfangen. Und demnach ich mi[245]ch in aller Sicherheit zu se[250]yn wuste / zog ich meine be[255]yde **Scapulier** ab / trennete die Du[260]caten und Pistolen herauß / und sa[265]gte zu Hertzbrudern / Er möge nu[270]n mit diesem Geld nach seine[275]m Belieben **disponiren** / und solches anle[280]gen und außtheilen / wie er ver[285]meyne / daß es uns beyden a[290]m nutzlichsten wä[292]re.

§ 240.2   4.9.1 Zum Text

Hans Jacob Christoph von Grimmelshausen (1620–1676) wurde in Gelnhausen geboren und starb in Renchen in Baden. In seinem Hauptwerk, dem Roman *Der Abentheuerliche Simplicissimus Teutsch* (1669), verwertete er z. T. eigene Erlebnisse im Dreißigjährigen Krieg. Die obige Stelle ist das Ende des 2. und der Anfang des 3. Kapitels des fünften Buchs des *Simplicissimus* nach der Ausgabe des Nürnberger Originaldruckes von J. H. Scholte (Neudrucke Nr. 302–9, 1938). Sprachliche Eigenheiten der Drucke sind bei Scholte (1915), Törnvall (1917) beschrieben. Die Stelle zeigt einen mitteldeutschen Schriftdialekt.

4.9.2 Orthographie und Phonologie

§ 241.1 4.9.2a Orthographie

Die Interpunktion (§ 23) zeigt Virgel, Strichpunkt und Punkt. Substantive sind stets groß geschrieben, auch die Wörter nach dem Punkt, einmal *Er* (268) nach Virgel. Bei einigen zusammengesetzten Substantiven werden die Komponenten durch = getrennt: *Sommers=Zeit* (42), *Bad=Gäst* (44). Fremdwörter werden durch Antiqua im Frakturtext gekennzeichnet (§ 204). Länge ist durch *h* bezeichnet: *mehr* (54), *vermahnete,· Frühling,* durch *ie: viel* (133), *wieder* (155) neben *wider* (129). *ff* ist häufig: *auff, erkauffen, Ankunfft.*

§ 241.2 4.9.2b Phonologie

Durchgeführte frühnhd. Vokalwandlungen (§ 45 ff.) sind orthographisch zu erkennen. *e*-Schwund (§ 49) findet sich gelegentlich: *Gäst* (44) 'Gäste', *Ornat* (10) 'Ornate', *ein* 'eine' (31), *sagte* (265), aber *Stube* (33), *trennete* (258) usw. und *sahe* 'sah' (80; § 130). *genungsam* (18) zeigt *n*-Einschub. *o* (§ 53) steht allgemein statt *u: sonsten* (40), *sonderlich, Sommer, kondte. beeden* (179) ist mundartliche (md.) Nebenform zu *beyden* (289).

§ 242 4.9.3 Morphologie und Syntax

Seltenheit der Apokope verdeutlicht die Flexive. Aber *erinnert* (92) 'erinnerte' ist nicht vom Präsens unterschieden. Konjunktivformen sind vom Präsens- und Präteritalstamm gebildet (§ 134): *thue* (145), *stäube, möge, gedächte, wäre.* Bei indirekter Rede werden Konj. II-Formen (§ 161) verwendet, wenn Konj. I mit dem Indikativ identisch ist (*hätten* 103, *ich würde* 117). *seyn* (52) bedeutet 'sind' (§ 135.3). Das Hilfsverb ist nach *bedacht* (177) ausgelassen, fehlt auch bei *beschauet* (19), *empfangen* (241) (§ 162.2).

§ 243 4.9.4 Wortschatz

Unter den Fremdwörtern finden wir *disponiren* (277) mit *-i(e)ren*, das auch in *erlustiren* (58) 'sich vergnügen' (§ 203) vorkommt. Zu *-i(e)ren* vgl. S. Roth (1571), S. 262–265.

Viele Wörter zeigen Unterschiede von der nhd. Bedeutung, z. B. in alphabetischer Reihenfolge: *Ankunfft* (185) 'Herkunft', *dingte* (29) 'mietete', *Erinnerung* (162) 'Mahnung', *gemeiniglich* (49, Adverb, § 198.2), 'gewöhnlich', *getraute* (107) 'glaubte, das Vertrauen hätte', *herrlich* (84) 'herrenmäßig' (Götze 1967), *lustig* (32) 'begehrlich, anziehend' (vgl. *DWtb.* VI), *massen* (104) 'weil' (§ 215), *prangen* (61) 'Aufwand treiben, prunken' (*DWtb.*), *sintemal* 'da', nhd. geschwunden (§ 214), *sonderlich* (41) 'besonders', *vergnügt* (228) 'entschädigt', *unterhalten* (217) 'unterstützen, versorgen', *Vorrath* (119) 'Ersparnisse'.

§ 244 **4.10 Schlußbemerkungen: Die frühnhd. Periode**

Unsere Untersuchung von Texten zwischen der zweiten Hälfte des 14. Jhs. und dem Anfang des 18. Jhs. hat ergeben, daß in dieser Zeit das hochdeutsche Sprachgebiet verschiedene Schriftdialekte aufweist, die im großen und ganzen noch mundartliche Verschiedenheiten des hochdeutschen Sprachraums deutlich widerspiegeln. Erst die Einigung dieser Schriftdialekte in e i n e r Schriftsprache gegen die Mitte des 18. Jhs. bedeutet auch das wirkliche Ende der frühneuhochdeutschen Periode (§ 3).

(1) Unter den Eigenheiten der frühnhd. Periode, die p h o n o l o g i s c h die Schriftdialekte charakterisieren, konnten wir den schriftlichen Niederschlag einer Reihe von wichtigen Phonemwandlungen beobachten. Darunter war das allmähliche vollständige Durchdringen der nhd. Diphthongierung von mhd. *î û* ⟨*iu*⟩ mit dem allmählichen Zusammenfall mit Lauten aus den mhd. Diphthongen *ei ou öu* (§ 45); die mitteldeutsche Monophthongierung von mhd. *ie uo üe* (§ 46); die Dehnung der Kurzvokale, besonders im Silbenauslaut (§ 47). Das Ausmaß des Schwundes von mhd. *e* in Nebensilben (Apokope, Synkope; § 49) erwies sich als das wohl augenfälligste und am längsten andauernde Merkmal der Variation in den Schriftdialekten.

Mundartliche Lautwandlungen wie der Zusammenfall der gerundeten Umlautvokale (*ö ö:, ü ü:, eu*) mit ihren ungerundeten Entsprechungen im Vokalsystem (*e e:, i i:, ei*, § 51), die Vokalsenkung von *u (ü)* zu *o (ö)* (mhd. *sumer*, nhd. *Sommer*, § 53), die Rundung von lang *a:* zu lang *o:* (*wo*, mhd. *wâ*, § 52), Kürzungen von Langvokalen (§ 48) und mancherlei phonotaktische Wandlungen (§ 65) sind in verschiedenem Umfang nur an Einzelwörtern der Schriftsprache zu belegen, wie sie aus den verschiedenen Schriftdialekten in die Schriftsprache übernommen wurden.

(2) Auch in der Morphologie ergibt sich am Ende unserer Periode nur mehr geringe Variation. Das Zusammenfallen der starken und schwachen Feminingruppen mit Beseitigung der Kasusflexion im Singular (§ 110) ist erst teilweise durchgeführt. Beim Adjektiv werden endungslose Formen (Nullflexion) immer mehr auf adverbiale und prädikative Verwendung beschränkt (§ 112). In der Verbalflexion, auch beim Hilfsverb, sind die Flexive (Endungen) einheitlich geworden (§ 126). Der fortschreitende Ausgleich in der Stammform von Singular und Plural im Präteritum ist für die Schriftsprache charakteristisch (§ 123), ist aber im Präsens nur teilweise (nhd. *nehme, nimmst* usw.) durchgedrungen (§ 127f.). Auch einige Rückumlautformen sind beim schwachen Verb erhalten geblieben (§ 122).

(3) In der Syntax wird der Gebrauch der starken und schwachen Adjektivformen geregelt (§ 152). Futur und andere Tempusformen, auch das Passiv, zeigen einheitliche Bildung durch Verbalfügungen mit «Hilfsverben» (§ 135ff.). Die Konjunktivformen I und II (*sei, wäre*) aus dem Präsens- bzw. Präteritalstamm verlieren ihre ursprüngliche Beziehung zum Tempus des Stammes (§ 161), das Partizip I trotz allen lateinischen Einflusses die zum Verbalsystem (§ 139f., 162.1). Die Wortstellung, besonders die des finiten Verbs, erreicht die nhd. Verteilung mit Zweitstellung im Hauptsatz und Endstellung im Nebensatz (§ 168).

(4) Im Wortschatz (§ 194ff.) finden wir zahlreiche Veränderungen seit dem Mhd.: Schwund, Neubildungen, Verschiebungen in Wortfeldern, «äußere» Entlehnungen aus fremden Sprachen, innere Entlehnungen aus anderen Mundarten.

Auf den erwähnten vier Teilgebieten finden wir in jedem frühnhd. Schriftdialekt fremddialektische Züge, oft als «Nebenformen» zu den eigendialektischen, manchmal als deren Ersatz. Aus solch oft ganz bewußter innerer Entlehnung hat sich aus den frühnhd. Schriftdialekten zwischen 1350 und 1750 eine einheitliche nhd. Schriftsprache im deutschen Sprachgebiet herausgebildet, die im wesentlichen keine phonologisch-orthographische, morphologische, syntaktische Variation mehr kennt, nur im Wortschatz, besonders dem des Alltags, noch stärkere landschaftliche Verschiedenheiten aufweist.

Alle diese Einzelmerkmale aus Phonologie, Morphologie, Syntax, Wortschatz ergeben in ihrer Gesamtheit überzeugende Unterschiede des Frühnhd. vom Mhd. wie vom Nhd. des späteren 18. Jhs. Es würde aber schwerfallen, durch sprachphilosophische oder geistesgeschichtliche Erwägungen eine charakteristische synchronische Stileinheit für die frühnhd. Epoche rekonstruieren zu wollen. Die Textsorten bringen, wie zu erwarten, zwar eine Stilvielfalt mit sich, die aber als solche nicht periodenbedingt, sondern textbedingt ist, und keine neuen, im engeren Sinne grammatischen Tatsachen, nur neue Beispiele für die dialektische Variation unserer Schriftdialekte. Dieselben allgemein frühneuhochdeutschen sprachlichen Merkmale finden wir in der Kunstprosa des *Ackermann,* den Verszeilen von Wittenweiler, Brant, Fischart, den Übersetzungen eines N. von Wyle, Steinhöwel, ja eines Luther, in der Fachprosa eines Schottel, ja noch des Nachzüglers Dornblüth. Das Einbeziehen einer größeren Anzahl von Texten in unsere Untersuchung hätte ein noch viel realistischeres Bild der frühnhd. Variation bieten, aber vielleicht als «Einführung» für den Leser das Gemeinsame der Periode nicht deutlicher gestalten können. Schon der Mangel einer streng chronologischen Anordnung in diesem Band zeigt, daß er nicht in erster Linie historiographische Zwecke verfolgt, aber hoffentlich auch diachronisch ein richtiges Bild der Entwicklung darzubieten versteht.

5. Bibliographie

5.1 Frühneuhochdeutsche Texte

Ackermann von Böhmen. Siehe Johannes von Tepl.

Albertus, Laurentius. 1573. *Teutsch Grammatick oder Sprach=Kunst.* Augsburg, Michael Manger. – *Ältere deutsche Grammatiken,* III. Hrsg. Carl Müller-Fraureuth. Straßburg, Trübner, 1895.

Brant, Sebastianus. 1494. *Das Narren schyff.* Basel, Joh. Bergmann von Olpe. Hrsg. Friedrich Zarncke. Leipzig, 1854. Nachdruck: Darmstadt, Wissenschaftliche Buchgesellschaft, 1964.

Buchner, August. 1665. *Anleitung Zur Deutschen Poeterey/* ... herausgegeben von Othone Praetorio, Wittenberg/ ... bey Michael Wenden/. *Deutsche Neudrucke,* Reihe: Barock, 5. Hrsg. M. Szyrocki. Tübingen, Niemeyer, 1966.

Clajus, Johannes. 1578. *Grammatica Germanicae Lingvæ M. Iohannis Claij. Hirtzbergensis: Ex Bibliis Lutheri Germanicis et aliis eius libris collecta.* Leipzig, Rhamba. – *Ältere deutsche Grammatiken in Neudrucken,* II. Hrsg. Friedrich Weidling. Straßburg, Trübner, 1894.

Dornblüth, P. Augustinus. 1755. *Observationes/oder/Gründliche/Anmerckungen/* ... Augspurg, verlegts Matthäus Rieger.

Exercitium puerorum grammaticale per dietas distributum. 1491. In: Johannes Müller, 1882 (**5.2**), S. 17–42.

Fabritius, Meister Hans. 1532. *Eyn Nutzlich buchlein etlicher gleich stymender worther Aber vngleichs verstandes.* Erfurt, Mattes Maler. – *Ältere deutsche Grammatiken in Neudrucken,* I. Hrsg. John Meier. Straßburg, Trübner, 1895.

Fischart, Johann. 1577. *Das Glückhafft Schiff von Zürich.* Straßburg [Bernhard Jobin]. *Neudrucke deutscher Literaturwerke des XVI. und XVII. Jahrhunderts,* Nr. 182. Hrsg. Georg Baesecke. Halle/Saale, Niemeyer, 1901.

Frangk, M. Fabian. 1531, *Orthographia//Deutsch/Lernt/recht// buchståbig deutsch schreiben//.* Wittenberg, N. Schirlentz. In: Johannes Müller, 1882 (**5.2**), S. 92–110.

Fuchßperger, Ortholph. 1542. *LeeßKonst.* In: J. Müller, 1882, (**5.2**), S. 166–188.

Grimmelshausen, H. J. Ch. von. 1669. *Simplicissimus Teutsch.* – *Neudrucke deutscher Literaturwerke des XVI. und XVII. Jahrhunderts,* Nr. 302–9. Hrsg. J. H. Scholte. Halle/Saale, Niemeyer, 1938.

—— [1943]. *Deß Weltberuffenen SIMPLICISSIMI Pralerey und Gepräng mit seinem Teutschen Michel/* ... Von Signeur Meßmahl. In: *Grimmelshausens Simpliciana in Auswahl,* S. 149–212. Hrsg. J. H. Scholte. *Neudrucke deutscher Literaturwerke des XVI. und XVII. Jahrhunderts.* Halle/Saale, Niemeyer, 1943.

Gueintz, Christian. 1641. *Deutscher Sprachlehre Entwurf.* Cöthen.

Helber, Sebastian. 1593. *Teutsches Syllabierbüchlein, Nemlich Gedruckter Hochteütscher sprach Lesenskunst:...* Freiburg in Vchtland, A. Gemperle. Hrsg. Gustav Roethe. Freiburg i. Br. und Tübingen, 1882.

Holland, Wilhelm Ludwig. Hrsg. *Briefe der Herzogin Elisabeth Charlotte von Orléans. Aus den Jahren 1676 bis 1706.* Stuttgart, Bibliothek des Litt. Vereins in Stuttgart, Bd. 88, 1867.

Ickelsamer, Valentin. 1534. *Teutsche / Grammatica // Darauß ainer von jm selbs mag // lesen lernen / ...* Augsburg, o.J. In: Johannes Müller, 1882 (**5.2**), S. 120–159.

—— 1534[2]. *Die rechte weis//auffs kürtzist lesen zu lernen//* Marburg, 1. Ausgabe 1527? In: Joh. Müller, 1882 (**5.2**), S. 52–64.

Johannes von Tepl. 1461. *Der Ackermann von Böhmen.* Bamberg, A. Pfister. Faksim. Ausgabe: «*Johannes von Saaz, Der Ackermann und der Tod.*» Leipzig, 1919. Hrsg. Alois Bernt.

—— 1474. *Der Ackermann von Böhmen.* Esslingen, Konrad Fyner. Faksimiledruck, Leipzig, 1924 [Hain 75].

Jordan, Peter. 1533. *Leyenschůl//Wie man kůnstlich// vnd behend/ schreyben vnnd//lesen soll lernen.* Meyntz. In: J. Müller, 1882 (**5.2**), S. 110–119.

Kaiserliche Kanzlei. 1515. Siehe Hans Moser (**5.2**).

Kolroß, Johannes. 1530. *ENchiridion://das ist/Handbůchlin//tütscher Orthographi/ ...* Basel, Th. Wolff. In: Johannes Müller, 1882 (**5.2**), S. 64–91.

Kottannerin, Helene. 1439–1440. *Die Denkwürdigkeiten der ... – Wiener Neudrucke,* Band 2. Hrsg. Karl Mollay. Wien, Österr. Bundesverlag, 1971.

Kurrelmeyer, W. Siehe Mentelin.

Langenstein, Heinrich von. 1494. *Erchantnuzz der Sund. Texte des späten Mittelalters und der frühen Neuzeit.* Heft 22, Hrsg. P. Rainer Rudolf SDS. Berlin, Erich Schmidt Verlag, 1969.

Liselotte von der Pfalz. Siehe Holland, W.L.

Luther, Martinus. 1524. *An die Radherrn. aller stedte deutsches lands: das sie Christliche schulen auffrichten vnd hallten sollen.* Wittenberg. – Faksimiledruck, Leipzig, W. Drugulin, 1883.

Luther, Martin. *Werke. Kritische Gesamtausgabe. Tischreden.* 1. Band, 2. Band. Weimar, H. Böhlaus Nachf., 1912f.

Maaler, Josua. 1561. *Die Teütsch spraach. Alle wŏrter/namen/ vñ// arten zů reden in Hochteütscher spraach ... Dictionarium Germanicolatinum novum.* Zürich. *Documenta Linguistica,* Reihe I. Hrsg. G. de Smet. Hildesheim, Olms, 1971.

Meichßner, Joh. H. 1538. *Handbüchlin gruntlichs berichts, recht vnd wolschrybens.* Tübingen, Morhart. In: Joh. Müller, 1882 (**5.2**), S. 160–166.

Mentelin, Johann. 1466. *Biblia Germanica.* Straßburg. «*Die erste deutsche Bibel. Erster Band (Evangelien)*». Hrsg. W. Kurrelmeyer. Tübingen, Bibliothek des Litt. Vereins in Stuttgart, Bd. 234, 1904.

Oelingerus, Albertus Argent. 1573. *Underricht der Hoch Teutschen Spraach: Grammatica Seu Institutio Veræ Germanicæ linguæ.* Strassburg, Nicolaus Vvyriot. – *Ältere deutsche Grammatiken,* IV. Hrsg. Willy Scheel. Halle/Saale, Niemeyer, 1897.

Opitius, Martinus. 1624. *Buch von der Deutschen Poeterey.* Breslau, David Müller. *Neudrucke Deutscher Literaturwerke,* N.F. 8. Tübingen, Niemeyer, 1966[2].

Roth, Simon. 1571. *Ein Teutscher Dictionarius...* Augsburg, M. Manger. Hrsg. Emil Öhmann. *Mémoires de la Société Néo-Philologique de Helsingfors,* Bd. 11 (1936), S. 225–370.

Sachs, Hans. 1552. *Der gestolen Pachen.* In: Theo Schumacher, Hrsg. *Fastnachtspiele,* 1970[2], S. 28ff.

Sattler, Johann Rudolph. 1607. *Teutsche Orthographey Vnd Phraseologey...* Basel, L. König.

Schottelius, Justus-Georgius. Einbeccensis. 1641. *Teutsche Sprachkunst/Darinn die Allerwortreichste/Prächtigste/reinlichste/vollkommene/Uhr alte Hauptsprache der Teutschen auß jhren Gründen erhoben ... worden.* Braunschweig, bey Balthasar Grubern.

—— 1663. *Ausführliche Arbeit Von der Teutschen Haubt Sprache/ ...* Braunschweig, Ch. F. Zilliger. *Deutsche Neudrucke.* Reihe: Barock, 11. Hrsg. Wolfgang Hecht. 1. Teil. Tübingen, Niemeyer, 1967.

Steinhöwel, Heinrich, 1480. *Esopi Fabulae et vita Esopi.* Ulm, Joh. Zeiner. «*Steinhöwels Äsop*». Hrsg. Hermann Österley. Tübingen, Bibl. des Litt. Vereins in Stuttgart, Bd. 117, 1873.

Stieler, Kaspar. 1691. *Kurze Lehrschrift Von der Hochteutschen Sprachkunst...* Nürnberg, Hofmann.

Wittenweiler, Heinrich. 1400. *Der Ring.* Hrsg. Ludwig Bechstein. Stuttgart, Bibliothek des Lit. Vereins in Stuttgart, Bd. 23, 1851.

—— 1400. *Deutsche Lit.* Reihe: Realistik des Spätmittelalters, Bd. 3. Hrsg. Edmund Wießner. Leipzig, 1931. Neudruck: Darmstadt, Wissenschaftliche Buchgesellschaft, 1964.

Wyle, Niklas von. 1478. *Translatzen.* Eßlingen, K. Fyner. Hrsg. A. von Keller. Stuttgart, Bibliothek des Litt. Vereins, Bd. 57, 1861.

Zesen, Philipp von. 1640. *Deutscher Helicon.* Wittenberg, Joh. Röhner.

5.2 Literatur zu den Texten

Ahldén, Tage R. 1953. *Der- = er-: Geschichte und Geographie.* Göteborg, Wettergren & Kerber.

Albrecht, Julius. 1896. *Ausgewählte Kapitel zu einer Hans Sachs-Grammatik.* Dissertation Freiburg i. Br.

Anderson, Robert R., Ulrich Goebels, Oskar Reichmann. 1977. «*Projekt eines frühneuhochdeutschen Wörterbuches*». *Zeitschrift für germ. Ling.* 5:1, S. 71–94.

Arndt, Erwin. 1962. *Luthers deutsches Sprachschaffen. Ein Kapitel aus der Vorgeschichte der deutschen Nationalsprache und ihrer Ausdrucksformen.* Berlin, Akademie-Verlag.

Assion, Peter. 1973. *Altdeutsche Fachliteratur. – Grundlagen der Germanistik* 13. Berlin, Erich Schmidt.

Bach, Adolf. 1965[8]. *Geschichte der deutschen Sprache.* Heidelberg, Quelle & Meyer.

Bach, Heinrich. 1934. *Laut- und Formenlehre der Sprache Luthers.* Kopenhagen.

Baesecke, Georg. 1899. *Die Sprache der Opitzischen Gedichtsammlungen von 1624 und 1625. Laute, Flexionen, Betonung.* Dissertation Göttingen. Braunschweig.

Bahder, Karl von. 1890. *Grundlagen des neuhochdeutschen Lautsystems. Beiträge zur Geschichte der deutschen Schriftsprache im 15. und 16. Jahrhundert.* Straßburg, Trübner.

—— 1925. *Zur Wortwahl in der hochdeutschen Sprache.* Heidelberg, Winter.

Bebermayer, Gustav. 1958. *Frühneuhochdeutsche Literatur.* In: *Reallexikon der deutschen Literaturgeschichte.* I, S. 507–521.

Behaghel, Otto. 1923–28. *Deutsche Syntax. Eine geschichtliche Darstellung.* 3. Band. Heidelberg, Winter.

—— 1928[5]. *Geschichte der deutschen Sprache. – Grundriß der germanischen Philologie* 3. Berlin u. Leipzig, de Gruyter.

Benware, Wilbur A. 1979. «*Zur Dentalepenthese im Deutschen*». *Beiträge z. Gesch. d. dt. Spr. u. Lit.* 101, S. 329–346.

Benzing, Joseph. 1936. *Der Buchdruck des 16. Jahrhunderts im deutschen Sprachgebiet: Eine Literaturübersicht.* Leipzig, Harrassowitz.

—— 1952. *Buchdruckerlexikon des 16. Jahrhunderts. Deutsches Sprachgebiet.* Frankfurt a. M., Klostermann.

Bernt, Alois. 1934. *Die Entstehung unserer Schriftsprache.* Vom Mittelalter zur Reformation. I. Berlin, Weidmannsche Buchh.

Besch, Werner. 1967. *Sprachlandschaften und Sprachausgleich im 15. Jahrhundert. Studien zur Erforschung der spätmittelhochdeutschen Schreibdialekte und zur Entstehung der neuhochdeutschen Schriftsprache.* Bibliotheca Germanica 11. München, Francke.

Biener, Clemens. 1929. «*Die Schreibgewohnheiten der Kanzlisten Kaiser Maximilians I*». *Teuthonista 5*, S. 241–260.

—— 1959. «*Veränderungen am deutschen Satzbau im humanistischen Zeitalter*». *Zeitschrift f. dt. Phil.* 78, S. 72–82.

Bindewald, Helene. 1928. *Die Sprache der Reichskanzlei zur Zeit König Wenzels. Ein Beitrag zur Geschichte des Frühneuhochdeutschen.* Halle/Saale, Niemeyer.

Blackall, Eric A. 1955. *"The Observations of Father Dornblüth".* *MLR* 50, S. 450–463.

Bloomfield, Leonard. 1911/1912. «*The E-Sounds in the Language of Hans Sachs*». *Modern Philology* 9, S. 489 ff.

Boucke, Ewald. 1895. *P. Augustin Dornblüths Observationes.* Dissertation Freiburg i. Br.

Brooke, Kenneth. 1955. *An Introduction to Early New High German.* Oxford, Basil Blackwell.

Brown, Kent James. 1911. *The Strong Verb in Fischart.* Thesis Univ. Pennsylvania, Harrisburg, Pa.

Burdach, Konrad. 1925. *Vorspiel. Gesammelte Schriften zur Geschichte des deutschen Geistes.* Erster Band, 2. Teil: Reformation und Renaissance. Halle/Saale, Niemeyer.

Cap(p)elli, Adriano. 1901. *Lexicon Abbreviaturarum. Wörterbuch lateinischer und italienischer Abkürzungen.* Leipzig.

Deutsches Wörterbuch (DWtb.). 1854–1960. Begründet von Jacob Grimm und Wilhelm Grimm. Leipzig.

Eggers, Hans. 1969. *Deutsche Sprachgeschichte, III. Das Frühneuhochdeutsche.*

—— 1977. *Deutsche Sprachgeschichte, IV. Das Neuhochdeutsche.* Reinbek bei Hamburg, Rowohlt.

Ehrismann, Gustav. 1904. «*Duzen und Ihrzen im Mittelalter*». *Zeitschrift für deutsche Wortforschung* 5, S. 127 ff.

Eichhoff, Jürgen. 1977–78. *Wortatlas der deutschen Umgangssprachen,* 2 Bände. Bern, München, Francke.

Eis, Gerhard. 1966². *Mittelalterliche Fachprosa der Artes.* In: *Deutsche Philologie im Aufriß,* II, Sp. 1103–1216. Berlin, E. Schmidt.

Erben, Johannes. 1954. *Grundzüge einer Syntax der Sprache Luthers.* Berlin, Akademie-Verlag.

—— 1961. *Ostmitteldeutsche Chrestomathie. Proben der frühen Schreib- und Druckersprache des mitteldeutschen Ostens.* Berlin, Akademie-Verlag.

—— 1970. *Frühneuhochdeutsch.* In: L. E. Schmitt, Hrsg., *Kurzer Grundriß der germanischen Philologie bis 1500. Band 1, Sprachgeschichte.* S. 386–440. Berlin, de Gruyter.

188

Feyl, Anita. 1963. *Das Kochbuch Meister Eberhards. Ein Beitrag zur altdeutschen Fachliteratur.* Dissertation Freiburg i. Br.

Fleischer, Wolfgang. 1966. *«Frühneuhochdeutsche Geschäftssprache und neuhochdeutsche Norm».* BGDSL (Halle) 88, S. 107–246.

Fleischmann, Charlotte Chafe. 1921. *The Strong Verb in Martin Opitz.* Dissertation University of Pennsylvania, Philadelphia.

Flemming, Willi. 1958². *Barock.* In: F. Maurer u. F. Stroh, Hrsg. *Deutsche Wortgeschichte* II. S. 1–21. *Grundriß der germanischen Philologie* 17/II. Berlin, de Gruyter.

Franke, Carl. 1913–14². *Grundzüge der Schriftsprache Luthers.* 1., 2. Teil; 3. Teil (1922³). Halle, Waisenhaus.

Frings, Theodor. 1936. *Die Grundlagen des Meißnischen Deutsch. Ein Beitrag zur Entstehungsgeschichte der deutschen Hochsprache.* Halle/Saale, Niemeyer.

Fritz, Gerd. 1974. *Bedeutungswandel im Deutschen. Germanistische Arbeitshefte* Nr. 12. Tübingen, Niemeyer.

Gebhardt, August. 1901. *Grammatik der Nürnberger Mundart. Geschichtliche Darstellung der einzelnen Laute.* Leipzig, Breitkopf & Härtel.

Gesamtkatalog der Wiegendrucke. 1925 ff. Leipzig.

Geyer, Alfred. 1912. *Die starke Konjugation bei Johann Fischart.* Dissertation Halle-Wittenberg. Halle/Saale.

Gössel, Ernst. 1933. *Der Wortschatz der Ersten Deutschen Bibel. Gießener Beiträge zur deutschen Philologie* 32. Gießen, Schmitz.

Götze, Alfred. 1905. *Die hochdeutschen Drucker der Reformationszeit.* Straßburg, Trübner.

—— 1942³. *Frühneuhochdeutsches Lesebuch.* Göttingen, Vandenhoeck & Ruprecht.

—— 1967⁷. *Frühneuhochdeutsches Glossar.* Berlin, de Gruyter.

Graser, Helmut. 1977. *Die Flexion im schlesischen Prosaväterbuch. Studien zum Frühneuhochdeutschen* I. Heidelberg.

Graser, Helmut, W. Hoffmann. 1973. *«Das Forschungsvorhaben 'Grammatik des Frühneuhochdeutschen' in Bonn».* Jahrbuch für Internationale Germanistik V/1, S. 177–187.

Graser, Helmut, Klaus-Peter Wegera. 1978. *«Zur Erforschung der frühneuhochdeutschen Flexionsmorphologie».* ZfdPh 97, S. 74–91.

Grebe, Paul u. a. 1973³. *Grammatik der deutschen Gegenwartssprache. Der Große Duden.* Band 4. Mannheim, Bibliogr. Institut.

Grun, Paul Arnold. 1966. *Schlüssel zu alten und neuen Abkürzungen.* Limburg/ Lahn, C. A. Starke Verlag.

Guchmann, M. M. 1969 f. *Der Weg zur deutschen Nationalsprache.* Teil 1: 1970². Teil 2. Übers. Günter Feudel. *Bausteine zur Sprachgeschichte des Neuhochdeutschen.* Berlin, Akademie-Verlag.

Gürtler, Hans. 1913. *«Zur Geschichte der deutschen -er-Plurale, besonders im Frühneuhochdeutschen. II».* Beiträge z. Gesch. d. dt. Spr. u. Lit. 38, 67–224.

Haage, Bernhard. 1975. *Das «Kunstbüchlein» des Alchemisten Caspar Hartung vom Hoff.* Göppingen, Kümmerle.

Hagemann, August. 1876. *Die majuskeltheorie der grammatiker des neuhochdeutschen von Johann Kolrosz bis auf Karl Ferdinand Becker.* Programm des König. Gymn. zu Graudenz, Jahrg. X. In: W. Mentrup, Hrsg., *Materialien zur historischen Entwicklung der Groß- und Kleinschreibungsregeln,* S. 118–162. Tübingen, Niemeyer, 1980.

Hain, Ludovicus. 1826–38. *Repertorium bibliographicum.* Stuttgart, Cotta.

Heinemann, Friedrich Karl. 1927. *Das Scheltwort bei Hans Sachs.* Dissertation Gießen. Darmstadt.

Henzen, Walter. 1947. *Deutsche Wortbildung.* Halle/Saale, Niemeyer. 1965[3].

—— 1954[2]. *Schriftsprache und Mundarten. Ein Überblick über ihr Verhältnis und ihre Zwischenstufen im Deutschen.* Bern, Francke.

Huldi, Max. 1957. *Die Kausal-, Temporal- und Konditionskonjunktionen bei Christian Kuchimeister, Hans Fründ und Niclas von Wyle.* Dissertation Zürich. Winterthur, Keller.

Ising, Gerhard. 1968. *Zur Wortgeographie spätmittelalterlicher Schriftdialekte. Teil I: Untersuchungen. Teil II: Karten.* Berlin, Akademie-Verlag.

Jellinek, Max Hermann. 1913f. *Geschichte der neuhochdeutschen Grammatik von den Anfängen bis auf Adelung.* 2 Bände. Heidelberg, Winter.

Johnson, Gösta. 1941. *Der Lautstand in der Folioausgabe von Hans Sachs' Werken. Ein Beitrag zur Nürnberger Druckersprache des 16. Jhs. I. Der Vokalismus.* Dissertation Uppsala.

Kaiser, Kåre. 1930. *Mundart und Schriftsprache.* Leipzig, Eichblatt.

Kauffmann, Friedrich. 1890. *Geschichte der schwäbischen Mundart im Mittelalter und in der Neuzeit.* Straßburg, Trübner.

Keller, Albrecht. 1904/5. «*Die Formen der Anrede im Frühneuhochdeutschen*». *Zeitschrift für deutsche Wortforschung* 6, S. 129–174.

Keller, R. E. 1978. *The German Language.* London, Boston, Faber and Faber.

Kehrein, Joseph. 1834–56. *Grammatik der deutschen Sprache des fünfzehnten bis siebzehnten Jahrhunderts.* Leipzig, Wigand.

Kettmann, Gerhard. 1967. *Die kursächsische Kanzleisprache zwischen 1486 und 1546.* Berlin.

—— 1971. *Frühneuhochdeutsche Texte. Ausgewählt und eingeleitet.* Leipzig, Bibliograph. Institut.

Kluge, Friedrich. 1918[5]. *Von Luther bis Lessing. Aufsätze und Vorträge zur Geschichte unserer Schriftsprache.* Leipzig, Quelle & Meyer.

—— 1960[18]. *Etymologisches Wörterbuch der deutschen Sprache.* Bearb. von W. Mitzka. Berlin, de Gruyter.

Kraft, Walter Carl. 1950. *The Phonology of Wittenweiler's Ring.* Dissertation University of California, Berkeley (Maschinenschrift).

Kranzmayer, Eberhard. 1956. *Historische Lautgeographie des gesamtbairischen Dialektraumes.* Wien, Böhlaus Nachf.

Kurrelmeyer, W. siehe Mentelin (**5.1**).

Legner, Wolfram K. 1936. *The Strong Verb in Sebastian Brant's «Narrenschiff».* Dissertation University of Pennsylvania, Philadelphia.

Leser, Ernst. 1914. «*Fachwörter zur deutschen Grammatik von Schottel bis Gottsched. 1614–1749*». *ZfdWortforschung* 15, S. 1–98.

Lindgren, Kaj B. 1953. *Die Apokope des mhd. -e in seinen verschiedenen Funktionen.* Annales Acad. Scient. Fenn. Ser. B, Tom. 78.2. Helsinki.

—— 1961. *Die Ausbreitung der nhd. Diphthongierung bis 1500.* Annales Acad. Sc. Fenn. Tom. 123.2. Helsinki.

Marwedel, Günter. 1973. *Untersuchungen zur Phonematik des Vokalsystems Nürnberger Fastnachtspiele. Ein Beitrag zur Frage ihres sprachgeschichtlichen Quellenwerts.* 2 Bde. Dissertation Hamburg.

Maurer, F. und F. Stroh. 1959. *Deutsche Wortgeschichte. (Grundriß der germanischen Philologie* 17/2.) Berlin, de Gruyter. 1974[3] (H. Rupp).

Michel, Wolf-Dieter. 1959. «*Die graphische Entwicklung der s-Laute im Deutschen*». *BGDSL* (Halle) 81, S. 456–480.

Moser, Hans. 1977. *Die Kanzlei Kaiser Maximilians I. Graphematik eines Schreibusus.* 2. Bde. Innsbruck, Inst. f. dt. Philologie der Univers.

Moser, Hugo. 1961. *Annalen der deutschen Sprache*. Stuttgart, Metzler.

—— 1969[6]. *Deutsche Sprachgeschichte*. Tübingen, Niemeyer.

—— und Hugo Stopp. 1970, 1973, 1978. *Grammatik des Frühneuhochdeutschen. Vokalismus der Nebensilben*. Erster Band: 1., 2., 3. Teil [Teil I (1970) bearbeitet von Karl Otto Sauerbeck]. Heidelberg, Winter.

Moser, Virgil. 1909. *Historisch-grammatische Einführung in die frühneuhochdeutschen Schriftdialekte*. Halle/Saale, Waisenhaus.

—— 1910. «*Sprachliche Studien zu Fischart*». BGDSL 36, S. 102–219.

—— 1912. «*Das ḁ bei Sebastian Brant*». ZfdPh 44, S. 331 ff.

—— 1915. «*Über Sprache und Orthographie Fischarts*». Alemannia 42, S. 158 bis 174.

—— 1929. *Frühneuhochdeutsche Grammatik*. 1. Band.

—— 1951. *Frühneuhochdeutsche Grammatik*. 3. Band. Heidelberg, Winter.

Moulton, W. G. 1952. «*Jacob Böhme's uvular r*». *Journal of English and Germanic Philology* 51, S. 83–89.

Müller, Johannes. 1882. *Quellenschriften und Geschichte des deutschsprachlichen Unterrichtes bis zur Mitte des 16. Jahrhunderts*. Gotha. Neudruck: Hildesheim, Olms, 1969.

Noordijk, D. G. 1925. *Untersuchungen auf dem Gebiete der kaiserlichen Kanzleisprache im XV. Jahrhundert*. Dissertation Amsterdam.

Nordström, Torsten. 1911. *Studien über die Ausbildung der neuhochdeutschen starken Präsensflexion*. Dissertation Uppsala.

Paul, Hermann. 1884. «*Vokaldehnung und vokalverkürzung im neuhochdeutschen*». BGDSL 9, S. 101–134.

—— 1916–1920. *Deutsche Grammatik*. 5 Bde. Halle/Saale, Niemeyer.

—— 1969[20]. *Mittelhochdeutsche Grammatik*. Von Hugo Moser u. Ingeborg Schröbler. Tübingen, Niemeyer.

Penzl, Herbert. 1969. *Geschichtliche deutsche Lautlehre*. München, Hueber.

—— 1971. *Lautsystem und Lautwandel in den althochdeutschen Dialekten*. München, Hueber.

—— 1972. *Methoden der germanischen Linguistik*. Tübingen, Niemeyer.

—— 1975. *Vom Urgermanischen zum Neuhochdeutschen. Eine historische Phonologie*. Grundlagen der Germanistik, Nr. 16. Berlin, Erich Schmidt.

—— 1977. «*Gottsched und die Aussprache des Deutschen im 18. Jahrhundert*». Sprachwissenschaft 1977:1, S. 61–92.

—— 1978. «*Gottsched und das 'Lutherische e'*». In: Festschrift für F. Maurer, S. 135–141.

—— 1980. *Johann Christoph Gottscheds Ausgewählte Werke VIII/3. Deutsche Sprachkunst. Varianten und Kommentar*. Berlin, New York, de Gruyter.

Pfaff, Wilhelm. 1933. *Zum Kampf um deutsche Ersatzwörter. Gießener Beiträge zur deutschen Philologie* 31. Gießen, Schmitz.

Philipp, Marthe. 1968. *Phonologie des graphies et des rimes. Recherches structurales sur l'alsacien de Thomas Murner (XVIᵉ siècle)*. Paris, CNRS.

Piirainen, Ilpo Tagani. 1968. *Graphematische Untersuchungen zum Frühneuhochdeutschen*. Berlin, de Gruyter.

Polenz, Peter von. 1970[7]. *Geschichte der deutschen Sprache*. Berlin, de Gruyter.

Quentin, Wilfried. 1915. *Studien zur Orthographie Fischarts*. Dissertation Marburg.

Reichmann, Oskar. 1978. «*Zur Edition frühneuhochdeutscher Texte. Sprachgeschichtliche Perspektiven*». ZfdPh 97: 3, S. 337–361.

Reis, Marga. 1974. *Lauttheorie und Lautgeschichte. Untersuchungen am Beispiel der Dehnungs- und Kürzungsvorgänge im Deutschen*. München, Fink.

Roloff, Hans-Gert. 1970. *Stilstudien zur Prosa des 15. Jahrhunderts. Die Melusine des Thüring von Ringoltingen. Literatur und Leben.* N.F. Bd. 12. Köln, Wien, Böhlau.

—— 1979. (Hrsg.) *Die deutsche Literatur. Biographisches und bibliographisches Lexikon.* Reihe II. *Die deutsche Literatur zwischen 1450 und 1620. Abt. B: Forschungsliteratur.* Band 1. Bern, Frankfurt, Peter Lang.

Rußland, Horst-Heinz. 1933. *Das Fremdwort bei Hans Sachs.* Dissertation Greifswald.

Sauerbeck, Karl-Otto. 1970. Siehe Moser, H. und H. Stopp.

Scherer, Wilhelm. 1878[2]. *Zur Geschichte der deutschen Sprache.* Berlin, Weidmann.

Schirmunski, V.M. 1962. *Deutsche Mundartkunde.* Berlin, Akademie-Verlag.

Schirokauer, Arno. 1957. «*Frühneuhochdeutsch*». In: *Deutsche Philologie im Aufriß,* Sp. 1013–75. Hrsg. W. Stammler. Berlin, Erich Schmidt.

Schmidt, Wilhelm u. a. 1969. *Geschichte der deutschen Sprache.* Berlin (Ost), Volk und Wissen.

Schmitt, Ludwig Erich. 1936. *Die deutsche Urkundensprache in der Kanzlei Kaiser Karls IV. (1346–1378).* Halle/Saale, Niemeyer.

—— 1936a. «*Zur Entstehung und Erforschung der neuhochdeutschen Schriftsprache*». Zeitschrift für Mundartforschung 12, S. 193–223.

—— 1966. *Untersuchungen zu Entstehung und Struktur der neuhochdeutschen Schriftsprache. Bd. 1: Sprachgeschichte des Thüringisch-Obersächsischen im Spätmittelalter. Die Geschäftssprache von 1300–1500.* Mitteldeutsche Forschungen, Band 36/I. Köln, Graz, Böhlau.

Scholte, J.H. 1915. «*Einige sprachliche Erscheinungen in verschiedenen Auflagen von Grimmelshausens Simplicissimus und Courache*». BGDSL 40, S. 268 ff.

Schröder, Edward. 1902. «*Philologische Beobachtungen zu den ältesten Meininger und Bamberger Drucken in deutscher Sprache*». Centralblatt f. Bibliothekswesen 19, S. 437 ff.

Schultze, Albert. 1903. *Die Stellung des Verbs bei Martin Opitz.* Dissertation Halle-Wittenberg.

Schumacher, Karl-Heinz. 1937. *Die deutschen Monatsnamen.* Greifswald.

Schwarz, Ernst. 1936. «*Die Grundlagen der neuhochdeutschen Schriftsprache*». ZfMaf. 12, S. 1–15.

Skála, Emil. 1967. *Die Entwicklung der Kanzleisprache in Eger bis 1660.* Bausteine zur Sprachgeschichte des Neuhochdeutschen. Berlin, Akademie-Verlag.

—— 1970. «*Süddeutschland in der Entstehung der deutschen Schriftsprache*». BGDSL (Halle) 92, S. 93–110.

Sonderegger, Stefan. 1979. *Grundzüge deutscher Sprachgeschichte. Diachronie des Sprachsystems. Band I. Einführung-Genealogie-Konstanten.* Berlin-New York, de Gruyter.

Stammler, Wolfgang. 1966[2]. «*Mittelalterliche Prosa in deutscher Sprache*». In: *Deutsche Philologie im Aufriß,* II. Sp. 749–1102.

Stopp, Hugo. 1973, 1978. Siehe Moser, Hugo und Hugo Stopp.

—— 1976. *Schreibsprachwandel. Zur großräumigen Untersuchung frühneuhochdeutscher Schriftlichkeit.* München, Vögel.

Straßner, Erich. 1977. *Graphemsystem und Wortkonstituenz. Schreibsprachliche Entwicklungstendenzen vom Frühneuhochdeutschen zum Neuhochdeutschen untersucht an Nürnberger Chroniktexten.* Hermaea 39. Tübingen, Niemeyer.

Stulz, Eugen. 1902. «*Die Deklination des Zahlworts zwei vom XV. bis XVIII. Jahrhundert*». ZfdWortforschung 2, 85–117.

Sturm, Heribert. 1961. *Unsere Schrift. Einführung in die Entwicklung ihrer Stilformen.* Neustadt a. d. Aisch.

Teudeloff, Friedrich. 1922. *Beiträge zur Übersetzungstechnik der ersten gedruckten deutschen Bibel auf Grund der Psalmen. Germanische Studien,* Heft 21. Berlin, Ebering.

Törnvall, G. Einar. 1917. *Die beiden ältesten Drucke von Grimmelshausens «Simplicissimus» sprachlich verglichen.* Dissertation Uppsala.

Trübners Deutsches Wörterbuch. 1939–1957. Hrsg. Alfred Götze u. a. Berlin, de Gruyter.

Tschirch, Fritz. 1975². *Geschichte der deutschen Sprache. Zweiter Teil: Entwicklung und Wandlungen der deutschen Sprachgestalt vom Hochmittelalter bis zur Gegenwart.* Berlin, E. Schmidt.

Urbach, Adolf. 1899. *Über die Sprache in den deutschen Briefen der Herzogin Elisabeth Charlotte von Orléans.* Dissertation Greifswald.

Volk, Manfred. 1967. *Die Sprache des Lorenz Fries im Rahmen des Würzburger Deutsch des 16. Jahrhunderts.* Dissertation Würzburg.

Volz, Hans. 1963. *Vom Spätmittelhochdeutschen zum Frühneuhochdeutschen. Synoptischer Text des Propheten Daniel in sechs deutschen Übersetzungen des 14. bis 16. Jahrhunderts.* Tübingen, Niemeyer.

Walther, Wilhelm. 1889–1891. *Die deutsche Bibelübersetzung des Mittelalters.* Braunschweig, Wollermann.

Waterman, John T. 1966. *A History of the German Language.* Revised ed. University of Washington Press.

Weimann, Karl-Heinz. 1963. *«Paracelsus und der deutsche Wortschatz».* In: *Deutsche Wortforschung in europäischen Bezügen.* Band 2, S. 359–405. Gießen, Schmitz.

Wiesinger, Peter. 1978. *«Das Verhältnis des Prager Kreises um Karl IV zur neuhochdeutschen Schriftsprache».* In: H. Patze, *Karl IV. Blätter f. Dt. Landesgesch.* CXIV, S. 847–63.

Wießner, Edmund. 1970. *Der Wortschatz von Heinrich Wittenwilers «Ring».* Hrsg. Bruno Boesch. Bern, Francke.

Wilhelm, Friedrich. 1931 ff. *Corpus der altdeutschen Originalurkunden bis zum Jahre 1380.*

Wilmanns, W. 1899 ff. *Deutsche Grammatik: Gotisch, Alt-, Mittel- und Neuhochdeutsch.* Straßburg, Trübner.

Wolf, Herbert. 1971. *«Zur Periodisierung der deutschen Sprachgeschichte». GRM* 21, S. 78–105.

Wolf, Norbert Richard. 1975. *Regionale und überregionale Norm im späten Mittelalter.* Innsbruck.

Worstbrock, Franz Josef. 1976. *Deutsche Antikenrezeption 1450–1550.* T. 1. *Veröffentlich. zur Humanismusforschung.* Boppard a. Rh.

Wunderlich, Hermann. 1901². *Der deutsche Satzbau.* 2. Bde. Stuttgart, Cotta.

Zarncke, Friedrich. 1854. Siehe Brant (**5.1**).

Zedler, Gottfried. 1911. *Die Bamberger Pfisterdrucke und die 36zeilige Bibel. Veröffentlichungen der Gutenberg-Gesellschaft.* X–XI. Mainz.

6. Sprachwissenschaftliche Terminologie

(Auswahl aus diesem Band. Zum Vorkommen siehe **7.**)

Ablaut ist der Wechsel zwischen langem und kurzem **e* und **o* (auch **a* und **o*) als Einzelvokalen und in Diphthongen bzw. ihren Folgevokalen, in verwandten Wortformen indogermanischer Sprachen, z. B. griech. *légo* 'ich rede', *lógos* 'Wort'.

Affrikata (Affrikate) heißt die Verbindung eines *Verschlußlautes* mit dem an der gleichen Stelle artikulierten *Reibelaut* (Spiranten), z. B. *pf* (Lippenlaut), *ts* (Zahnlaut).

Aktionsart (engl. *aspect*) ist beim Verbum neben Person, Numerus, Tempus, Modus eine, z. B. im Slawischen obligate, grammatische Kategorie, die den Handlungsablauf (einsetzend, andauernd, abschließend) charakterisiert: z. B. engl. *I was working* 'ich war beim Arbeiten', *I worked* 'ich arbeitete'.

Alemannisch ist eine ursprüngliche Stammesbezeichnung, die man für westoberdeutsche Mundarten mit den Unterteilungen Hochalemannisch (Zürich, Bern), Niederalemannisch (Straßburg), Schwäbisch verwendet. Siehe auch Oberdeutsch.

Allomorph ist die durch die lautliche Umgebung bedingte Variante, besonders eines grammatischen Morphems (Flexivs), z. B. nhd. 2. Person Sing.: *-est, -st, -t* in *(du) redest, machst, läßt*. Ein Teil der Forschung bezeichnet alle Morpheme mit gleicher grammatischer Bedeutung, z. B. *-e, -er, -en* usw., (Nom. Pl.) des Substantivs, als Allomorphe.

Allophone sind die von der lautlichen Umgebung («Stellungsvariante») und anderen Faktoren der Aussprache bedingten, nichtdistinktiven Varianten eines Phonems, z. B. die

nhd. *-ch*-Laute in *ich, Recht, Löcher, Bücher* und in *ach, Loch, Buch* nach der Zungenlage der vorhergehenden Vokale (*i e ö ü a o u*).

«analogischer» Wandel ist der Morphemwandel (Übertragung, «Ausgleich») unter dem Einfluß (der «Analogie») von Gesamtsystem oder sprachlichen Parallelen: z. B. im Pl. Prät. *banden* (aus frühnhd. *bunden*) zum Sing. Prät. *band* wegen der Stammesgleichheit in *fielen* (Pl. Prät.) und *fiel* (Sing. Prät.), *machten* und *machte* usw.

Apokope ist, wie die *Synkope* im Inlaut, der Schwund (die «Ausstoßung») des schwachakzentuierten *e* am Wort- oder Silbenende: z. B. frühnhd. *Gnad* aus *Gnade*, *lebet* aus *lebete*.

Auslautverhärtung ist die Aufhebung («Neutralisierung») der Opposition von Starkkonsonant (Fortis) und Schwachkonsonant (Lenis) am Silbenende (Silbenauslaut) durch die Verdrängung (den Ersatz) des letzteren: z. B. *Dieb* [di:p], aber *Diebes* [-b] usw.

Diphthongierung ist die Entwicklung eines Zwielauts (Diphthongs) aus einem Einzellaut (Monophthong): z. B. frühnhd. *ei* aus mhd. *î*.

distinktive Merkmale eines *Phonems* sind dessen relevante phonetische Eigenschaften, z. B. bei /d/ [+alveolar] (Artikulationsort), [+apikal] oder [+prädorsal] (Artikulationsorgan), [+verschließend] (Artikulationsweise), [+ stimmhaft], [+ lenis].

Entrundung ist ein Wandel der Vokalphoneme, bei dem das distinktive Merkmal Lippenrundung ([+rund])

194

verlorengeht: z. B. *ü* zu *i* usw. *Rundung,* z. B. *a* zu *o,* ist die umgekehrte Entwicklung.

Flexiv ist die Bezeichnung für ein *Morphem* mit grammatischer Bedeutung, z. B. *-est* (siehe oben Allomorph) «2. Person Singular».

Formativ ist die Bezeichnung für ein *Morphem* mit wortbildender, nicht grammatischer (Flexiv) oder lexikalischer (Lexiv) Bedeutung: z. B. nhd. *-ung* in *Zeitung, -bar* in *wunderbar.*

Gaumenlaute sind Konsonanten mit dem Gaumen als Artikulationsort (Palatale, Velare), z. B. [k g χ]; *Lippenlaute* (Labiale) haben die Lippen als Artikulationsort oder Artikulationsorgan, *Zahnlaute* (Dentale, Alveolare) die Zähne oder die Alveolen (den Zahndamm) als Artikulationsort.

Graphem ist ein distinktives Schriftzeichen, das Varianten in System und Schreibung haben kann, z. B. 〈s〉 als Majuskel («Großschreibung») und Minuskel, in Handschrift und Druck, Fraktur und Antiqua, auch als *Allographe* eines Schreibers, z. B. im Anlaut und Auslaut usw. *Graphematik (Graphemik)* ist die wissenschaftliche Analyse der Grapheme. 〈 〉 bedeutet Graphem(e) oder Schreibung gegenüber // für *Phoneme,* [ ] für Laute oder Lautung. *Graphie* ist ein bestimmtes Schriftzeichen in einem Text, *Digraphie* eine Verbindung von zwei graphischen Zeichen.

heterographisch bezieht sich auf Schreibungen in verschiedenen Texten, *homographisch* auf solche im gleichen Text. Diachronisch können wir auch relativ spätere Schreibungen etwa desselben Morphems als *postgraphisch,* relativ frühere als *prägraphisch* bezeichnen.

Hochlautung ist als «rein» und «gemäßigt» die Aussprache nhd. Laute, die im wesentlichen der von Siebs u. a. beschriebenen Norm entspricht, z. B. nhd. *eu* als [oö] usw.

Hyperform ist eine («hyperkorrekte») Form, die in erweiterter Anwendung eines Analogieprinzips über die normalen Entsprechungen hinaus entstanden ist: z. B. *löffel* (aus mhd. *leffel*) in einem frühnhd. *Entrundungs*gebiet, wo meist [e] heterographisch 〈ö〉 entspricht.

hypotaktisch bedeutet 'untergeordnet, mit Unterordnung', z. B. die Konstruktion eines Gliedsatzes (Nebensatzes) in Abhängigkeit zum «Hauptsatz». Das gegensätzliche *parataktisch* bedeutet 'beigeordnet, mit Beiordnung'. Die nhd. Konjunktionen *und, denn* sind z. B. beiordnend, *weil, daß* unterordnend.

Kanzleisprache ist die Geschäfts- und Verwaltungssprache in den frühnhd. Urkunden verschiedener Art, die besonderen Stil und Wortschatz aufweist.

Kongruenz in indogermanischen Sprachen ist die Übereinstimmung der grammatischen *Morpheme* in Kasus, Genus, Numerus, Person in Wortgruppen sowie zwischen Subjekt (Nominalgruppe) und Prädikat (Verbalgruppe) im Satz.

Konjunktiv I, Konjunktiv II sind die Bezeichnungen für die nhd. Konjunktivformen vom Stamm des Präsens bzw. Präteritums: z. B. *er nehme, er nähme,* die sich auf die gleiche Zeitstufe (Gegenwart) beziehen. Nur Konjunktiv II kann als *Modus* Unwirklichkeit bezeichnen.

Lehnübersetzung ist ein Typus der Entlehnung (der «Lehnprägung»), bei dem eigensprachliche Morpheme fremde direkt übersetzen, z. B. Schottels *Ruffall* aus *casus* ('Fall') *vocativus* u. dgl.

Lexikalisierung bedeutet die Entwicklung von Formen mit bestimmten flexivischen (grammatischen) oder formativen Morphemen zu Einheiten des Wortschatzes mit vorwiegend lexikalischer Bedeutung: z. B. nhd. *freilich* aus *frei + lich* (Formativ, eine Art Flexiv als Adverbialform des Adjektivs).

Lexiv ist ein Morphem, das lexikalisch, d. h. der Bedeutung nach definierbar, ein Element des Wortschatzes darstellt.

Mitteldeutsch bezeichnet die ostmitteldeutschen Mundarten (wie Schlesisch, Obersächsisch, Thüringisch) und die westmitteldeutschen (wie Mittelfränkisch, Rheinfränkisch, Rheinpfälzisch).

Modus ist neben Aktionsart, Person, Numerus, Tempus, Genus des Verbs (Aktiv, Passiv) eine verbale grammatische Kategorie, welche die Handlungsweise bezeichnet, nämlich als wirklich (Indikativ), möglich, unwirklich (Konjunktiv), befohlen (Imperativ).

Monophthongierung ist die Entwicklung eines Einzellauts (Monophthongs) aus einem Zwielaut (Diphthong), z. B. frühnhd. [i:] aus mhd. *ie*.

Morphem ist in der Morphologie die kleinste Einheit, die entweder lexikalische (Lexiv) oder wortbildende (Formativ) oder grammatische (Flexiv) Bedeutung trägt und deren Varianten *Allomorphe* heißen.

Morphologie ist die wissenschaftliche Lehre von den sprachlichen Formen («Formenlehre»); oft ist damit auch deren Gegenstand, das F o r - m e n s y s t e m einer Sprache gemeint.

Nebenform ist ein in der Form ähnliches Morphem oder Wort gleicher Herkunft oder gleicher Bedeutung, das neben einem anderen als historische oder synchronische Variante auftritt, z. B. frühnhd. *wenn*, *wann*.

Nebensatz ist ein von einem «Hauptsatz» durch Konjunktion, Pronomen, Wortstellung als abhängig bezeichneter Satz, der semantisch als Ergänzung oder Erweiterung eines Satzgliedes (Subjekt, Prädikat, Objekt, Adverbiale Bestimmung) aufgefaßt werden kann («Gliedsatz»).

Nebensilben sind neben der Stammsilbe (mit Lexiv) die schwächer

akzentuierten Silben mit formativen und flexiven Morphemen.

Oberdeutsch (oberd.) heißen die bairischen und alemannischen Mundarten und (nicht ahd.) das Ostfränkische Bambergs und Würzburgs. Ostoberdeutsch ist Südbairisch (Innsbruck), Mittelbairisch (Wien, München), Nordbairisch (Eger), Westoberdeutsch das Alemannische und Schwäbische.

parataktisch siehe **hypotaktisch.**

Phoneme sind die konstitutiven, gegenseitig kontrastierenden Einheiten im Lautsystem (Vokalsystem und Konsonantensystem) einer Sprache, mit distinktiven Merkmalen und Allophonen; z. B. das Phonem $/\chi/$ ist ein velarer, frikativer (spirantischer) Gaumenlaut mit vorderen (palatalen) Varianten, z. B. in *ich*, und hinteren (velaren) Varianten, z. B. in *ach*. *Phonemisch* bedeutet lautlich (= phonetisch) relevant oder distinktiv.

Phonologie ist im wissenschaftlichen Sprachgebrauch die Lehre von den Phonemen (Phonemik) oder von Lauten (Phonetik) u n d Phonemen.

phonotaktisch bezieht sich auf die Stellung eines Lautes oder Phonems in Morphemen. Ein *phonotaktischer Wandel* ist durch diese Stellung der Phoneme hervorgerufen, z. B. der Einschub von [p] in frühnhd. *nimpt*.

pragmatisch bezieht sich auf Sprachhandlungen und Sprechakte in der Verwendung der Sprache in der menschlichen Kommunikation.

Reibelaute oder Spiranten (Frikative) sind durch «Reibung» erzeugte Laute, z. B. in der Enge zwischen Zungenrücken und Gaumen wie nhd. *ch* oder zwischen Unterlippe und Zähnen wie [f v]. Sibilanten (Zischlaute) wie nhd. /s/ /z/, ⟨sch⟩ («Schibilant») sind ein besonderer Typ der Reibelaute.

Rückumlaut bedeutet synchronisch den Mangel des Umlauts im Präteritum eines Verbs (nhd. *wandte*) gegenüber dem Umlaut im Präsens (nhd. *wenden*). Diachronisch ist damit als Vorgang der Ersatz eines früheren Umlauts im Präteritum, also von **e* (aus germ. **a*) durch *a* gemeint, was historisch wohl richtig ist (Penzl 1971, § 11.3 b).

Schreibungsumwertung oder **Zeichenumwertung** ist ein Schreibungswandel, bei dem das unveränderte Schriftzeichen einen anderen Lautwert annimmt, z. B. ⟨ie⟩ für mhd. [iə], dann für frühnhd. [i:] (siehe oben Monophthongierung).

Sproßvokal ist ein «phonotaktisch» im Übergang (zwischen im Artikulationsort verschiedenen Konsonanten) entwickelter Vokal, z. B. *varib* (§ 225) 'Farbe'.

Synkope z. B. *lebte* aus *lebete.* Siehe Apokope.

Tempus oder *Zeit* ist die grammatische Kategorie des Verbs (siehe oben Modus), in der die relative Zeitstufe wie Gegenwart (oder Gleichzeitigkeit), Vergangenheit (oder Vorzeitigkeit), Vorvergangenheit, Zukunft ausgedrückt wird.

Umgangssprache ist ein Sprachtyp oder Sprachstil zwischen Mundart und Hochsprache, der «pragmatisch» in den meisten deutschen Landschaften besonders in der mündlichen Kommunikation des Alltags Verwendung findet.

«umgekehrte Schreibung» zeigt meist Graphien, die besonders bei einem Phonemzusammenfall (z. B. spätmhd. *s/z*) statt des sonst durchgedrungenen Neuzeichens (⟨s⟩) das «umgewertete» Altzeichen (⟨z⟩) aufweisen: frühnhd. *waz* 'war', eine graphische *Hyperform* statt *was*.

Umlaut bedeutet im Deutschen den *i*-Umlaut, d. h. die durch *i*-Laute [i i: j] in Folgesilben durch Angleichung hervorgerufene «palatalisierende» (= zum Vordergaumen führende) Veränderung von velaren gerundeten oder von niedrigen Vokalen wie kurzem und langem *u o a,* einzeln und in Diphthongen. Der spätere Schwund oder Wandel der *i*-Laute bei Beibehaltung des Palatallautes ([ü ö] usw.) macht aus den zuerst nichtdistinktiven Varianten (Allophonen) Phoneme: ahd. *ubil* [übil] zu mhd. *übel* ([ü] zu /ü/).

Valenz (Wertigkeit) wird die Eigenschaft der einzelnen Verben genannt, Sätze entweder mit oder ohne persönliches Subjekt (nhd. *es regnet*), entweder mit oder ohne ein (nhd. *er schläft*) oder mehrere Objekte bilden zu können.

Verschlußlaute sind die Konsonanten, bei deren Artikulationsweise die Lösung eines gebildeten Verschlusses, z. B. zwischen Hinterzunge und Hintergaumen (*k g*) oder zwischen den beiden Lippen (*b p*), gehört wird. Vgl. oben Reibelaute.

Wortarten sind in der traditionellen Grammatik die grammatisch und lexikalisch verschiedenen Worttypen. Sie sind nominal (Substantiv, Adjektiv mit Numerale, Pronomen) und verbal (Verb), flektierend (Nomen, Verb) und nichtflektierend (Partikel: Präposition, Konjunktion, Adverb, Interjektion).

Wortfeld ist eine semantische Gruppe von Wörtern, die in ihrer Gesamtheit ein «Feld», beinahe ein System von lexikalisch verbundenen oder verbindbaren Bedeutungen darstellen, z. B. Farbwörter, Verwandtschaftsnamen, Rangbezeichnungen u. dgl., aber auch die Modalverben.

7. Personen- und Sachregister

Die Hinweise beziehen sich auf die entsprechenden Absätze
(Paragraphen)

6. = Teil **6** (S. 194 ff.)

ä 30, 236.1
Ablativ 106, 110.1, 156
Ablaut 123; **6.**
Ackermann von Böhmen 3.2, 29, **66–75**, 109.1, 110.3, 112.3, 116.2, 121, 127, 129, 132.1, 143, 145, 146, 149, 152.2f., 154, 157.2, 158, 159.4, 160.1, 196.1, 201.1, 213
Adjektiv 145, 149, 150, 151, **152**, 197, 198.2, 200.2(1), 201.1, 222
Adjektivflexion **112**, 220
Adverb 106, 112.3, 116.2, 151, 157.1, 195, 198.2f., 200.2, 216.1
Adverbial, Adverbiale Bestimmung 148, 149, 151
Affixierung **195 ff.**
Affrikate 32, 34.1f., 36, 55, 57, 59, 61, 219, 226.2; **6.**
Akkusativ 110.1, 148, 149, 156, 163, 175
Aktionsart 159.3; **6.**
Akzent 24, 28, 43, 44.2, 114
Albertus, Laurentius (1573) 7, 34.3, 42, 46, 49, 51, 52, 60, 91.2, 109.1, 3, 4, 110.2, 3, 112.1, 113.1, 115.1,2, 117, 118.1,2, 119.2, 120, 123.1,2, 127, 130, 135, 136.2, 137, 145, 152.3, 156, 196.4,5, 197.1,2, 202.1
alemannisch 3, 36, 217.2; **6.**
Allegroform, Schnellform 41, 115.1, 153, siehe Kurzform
Allomorph **105; 6.**
Allophone 22, 35, 39, 44.2, 55, 60, 62, 105; **6.**
Althochdeutsch (Ahd., ahd.) 1, 39
«analogischer» Wandel 107; **6.**
Anrede 152.3, 154, 232
Antiqua 22, 27, 90, 99, 111, 204, 241.1

Apokope **49,** 71.2, 81.1, 86, 109.1, 110.1,2, 126.2, 153, 172, 183.1, 189.1, 219, 242; **6.**
Artikel 115.1f., 153, 155.1, 180.1, 190.1
Augsburg 7, 78
Ausgleich 7, 107, 122.2, 123, 131, 183.2, 244.2
Auslautverhärtung 34.3, 56, 73, 81.1; **6.**
Aussprache 3, 42, 101
Aventinus, Johannes 202.2

Bairisch 7, 45.2, 49, 57, 117, 217.2, 220
Bamberg 68
Basel 7, 45.2, 76.2, 78
Böhme, Jakob 63.2
Brant, S. 18, 43, **76–81,** 110.2, 112.3, 115.2, 116.2, 118.2, 123, 129, 133, 135.1, 141, 144, 148, 161, 163, 212
Buchner, August 14, 94

Clajus, Joh. 9, 49, 53, 56, 65.5, 109.1,2, 110.2, 112.1, 113.2, 115.1,2, 116.2, 118.1, 120, 122.2, 123.1,3, 124, 125, 127, 128, 131, 132.1, 133, 135, 136.2, 137, 138, 156

Dativ 110.2f., 118.2, 156
Dehnung, frühnhd. 2, 44.1, **47**, 71.1, 78, 85, 92, 101, 171, 178.2, 188, 192.2, 244.1
Deklination **108 ff.**
Demonstrativ 116, 157.1
Dentale s. Zahnlaute
Diphthongierung, frühnhd. 2, 8, 44.1, **45**, 47, 70.1, 78, 85, 92, 101, 123.1, 171, 182.2, 219, 226.2, 231.2, 236.2, 244.1; **6.**

Monophthongierung, frühnhd. 2, 37, 44.1, **46**, 70.2, 78, 85, 92, 101, 171, 219, 226.2, 231.2, 236.2, 244.1; **6.**

Morphem 105; **6.**

Morphemschwund; Morphemwandel; Morphemzusammenfall 107

Morphemspaltung 107

Morphemübertragung 107, 117, 120

Morphologie 104, 172f., 179, 183, 189, 227, 232, 237, 242, 244.2; **6.**

Murner, Thomas 12, 15, 40, 51, 212

Narrenschiff s. Brant, S.

Nasal 36, 55, 64

Nasalschwund 192.2f.

Nebenform 6, 8, 35, 37, 38, 39, 43, 48, 51, 53, 58, 65, 65.6, 72.1, 79.2, 80, 85, 94, 114, 117, 118.2, 134, 137, 182.2, 223, 231.2, 236.2, 241.2, 244; **6.**

Nebensatz, Gliedsatz 161, 163, 164, 165–167, 168, 176, 180.3, 185, 190.2, 200.3, 232; **6.**

Nebensilben 1, 35, 39, 43, 44.1, **49**, 86, 94; **6.**

Negierung 158, 175, 227

Neuhochdeutsch (Nhd.) 21, 31, 35, 45.1, 52, 53, 57, 86, 105, 109, 112.1, 115.1, 135.1, 136, 151, 160.1, 168, 190.2, 239

Neutralisierung 73, 81.1

nicht, nit 78, 158, 175, 236.2

Niederalemannisch 7, 45.2, 52, 76.2

Niederdeutsch 4, 56

-nis/nus 7, 196.3, 233

Nominativ (Singular) 110.1, 121, 144, 152.3

Nordbairisch 46, 236.2

Nullflexion (Adj.) 112.1, 145, 151, 152.2f., 172, 198.2, 244.2

Nullplural 109.1

nun 64

Nürnberg 3.2, 7, 14, 52, 78, 160.1, 169.2, 202.2, **235**

Oberdeutsch (obd., oberd.) 47, 49, 53, 88.1, 128, 160.1, 179.1, 196(3), 208; **6.**

Objekt 147

Ölinger, A. (1573) 46, 49, 51, 61, 64, 65.4,5, 109.1ff., 110.2, 113.1,2,

115.1f., 117, 118.2, 119.2, 121, 123(1, 3, 4, 7), 124, 125, 126.2, 127, 128, 129, 130, 132.1, 133, 134, 135, 136, 142.2, 146, 156, 157.1,2, 163, 198.1f.

Opitz, Martin 3, 8, 9, 14, 40, 63.2, 65.4, 103, 111, 112.3, 115.1, 116.2, 130, 133, 151, 152.1, 154, 156, 157.1, **186–190**, 195, 198.4, 205.1, 207

Orthographie 69, 77.1, 83, 90, 99, 170, 178.1, 182.1, 187, 192.1, 201.2,3, 218, 226, 231.1, 236.1, 241.1

Ostfränkisch 3, 51, **66**, 72.1, 160.1, 236.2

Ostmitteldeutsch (Omd., Ostmd.) 7, 9, 10, 46, 47, 49, 65.2, 199.3, 208

Palatale s. Gaumenlaute

Paracelsus 11, 195

parataktisch 164, 176, 227

Partizip des Präsens (1. Partizip) 126.1, 139, 140, 150, 159.3, 162.1, 175, 197.3, 221, 233

Partizip des Perfekt (2. Partizip) 123, 126.2, 133, 138, 150, 159.4, 162.2, 163, 173, 197.3

Passiv 138, 175, 179.2, 221

Perfekt 136.1,2, 160.1, 175, 190.2, 193.2, 232

Periodisierung; Periode 1, 2, 3, 21

Personalpronomen 106, 117f., 155.1, 156

Petri, Adam 208, 216

Pfister, A. 7, 26, 29, 68, 129

Phonem 22, 35, 44.2, 107; **6.**

Phonemspaltung 39, 40

Phonemsystem 22, 35, 36, 39

Phonemverschiebung 39, 40, 45.1, 46

Phonemwandel 38, 39, 44.2, 244.1

Phonemzusammenfall 39, 40, 45.1, 46, 51, 53, 60, 70.1, 85, 95, 101, 182.2, 226.2

Phonologie; phonologisch 171, 178.2, 182.2, 188, 192.2, 219, 226.2, 231.2, 236.2, 241.2; **6.**

phonotaktisch 22, 32, 36, 49, 57, 63.1, 86, 105; **6.**

phonotaktische Wandlung 39, 41, 44.2, 48, **65**, 75, 88.3, 97, 103, 113.2, 188, 192.2

Germanistische Lehrbuchsammlung

Herausgegeben von Hans-Gert Roloff (Berlin)

Abteilung I · Sprache

Abteilung II · Literatur

Reihe A · Literaturgeschichte

Reihe B · Literaturwissenschaftliche Grundlagen

Reihe C · Interdisziplinäre Aspekte

Reihe D · Deutsche und europäische Sprache und Literatur

Bitte, richten Sie Ihre Bestellung an Ihre Buchhandlung oder direkt an den Verlag Peter Lang AG, Jupiterstrasse 15, CH-3000 Bern 15

Verlag Peter Lang   **Bern · Frankfurt am Main · Nancy · New York**

Sprachkunst und Übersetzung

Gedenkschrift Ernst Sander

Herausgegeben von Hans-Albrecht Koch

1983. 203 Seiten   Brosch./ Lam. Fr. 46.–

Ernst Sander (1898–1976) gehört zu den hervorragendsten Vermittlern französischer und englischer Literatur in unserem Jahrhundert. Sein übersetzerisches Werk umfaßt mehr als 150 Übertragungen allein aus dem Französischen – darunter Werke von Balzac, Maupassant und Montherlant. Aus dem Englischen übersetzte er u.a. literarische Arbeiten von Pater und Oscar Wilde – auch sie ein Spiegelbild der außergewöhnlichen Sprachkunst Sanderscher Übersetzungen.

Sanders eigenes schriftstellerisches Werk reicht von Bühnenbearbeitungen über Romane und Erzählungen bis zu meisterhafter Essayistik. Seine Tätigkeit als Kritiker und Lektor – u.a. bei Reclam – brachte ihn mit zahlreichen bedeutenden Autoren wie Thomas Mann, Hugo von Hofmannsthal und Stefan Zweig in Verbindung.

«Ernst Sander gehört zu den deutschen Schriftstellern, die in den Betrachtungen und Würdigungen der neueren deutschen Literatur übergangen zu werden pflegen», bemerkt W. Wilk 1958 anläßlich einer Besprechung von Sanders Roman «Ein junger Herr aus Frankreich». Die vorliegende Gedenkschrift möchte das bisher Versäumte nachholen und damit an jene öffentliche Anerkennung anschließen, die Sander schon früh in der französischen Kritik fand – etwa bei Robert Minder oder René Montigny, dessen subtile Auseinandersetzung mit dem Werk Sanders in der Feststellung gipfelt: «Humaniste par l'esprit, classique par la forme, dont les affinités avec l'art de Hofmannsthal sont indéniables, un lyrisme châtié et d'une ferveur rayonnante imprègne des méditations sur la nature, l'homme, la confrontation entre la jeunesse et la viellesse et sur la mort.»

Die unter dem Titel «Sprachkunst und Übersetzung» erschienene Gedenkschrift enthält neben Texten von Sander selbst Würdigungen von Nino Erné und Hans Leip, eine Untersuchung des Sanderschen Werks, zahlreiche Dokumente, darunter Briefe Hofmannsthals und Stefan Zweigs an Ernst Sander, eine Beschreibung der Ernst-Sander-Sammlung in Braunschweig und eine umfassende Bibliographie.

Verlag Peter Lang   Bern · Frankfurt am Main · Nancy · New York

Ulrich Weisstein

Vergleichende Literaturwissenschaft
Erster Bericht: 1968–1977

Jahrbuch für Internationale Germanistik – Reihe C · Forschungsberichte
Band 2. 1981. 218 Seiten   Brosch./ Lam. sFr. 78.–

Dieser Bericht, vom Verfasser der ersten deutschsprachigen «Einführung in die Vergleichende Literaturwissenschaft» (Stuttgart 1968) erstellt, erfaßt in Form einer kritischen Übersicht die im Laufe eines Jahrzehnts veröffentlichten Arbeiten zur Geschichte, Theorie und Methodologie des Faches, basierend auf dem Einteilungsschema der oben genannten «Einführung». Sachlich-kritische Übersicht über die Forschungssituation in der gegebenen Berichtsperiode zu vermitteln, ist das erklärte Ziel dieser Arbeit. Sie will und kann kein Katalog von Einzelstudien sein. Besonders betont wird die Forschungslage in denjenigen Spezialgebieten der Komparatistik, die in der Berichtszeit entweder neu erschlossen worden oder erneut auf den Plan getreten sind – so etwa die Imagologie, die Thematologie und die wechselseitige Erhellung der Künste. Auch der internationalen Literaturgeschichtsschreibung wird, vor allem unter Hinweis auf die «Histoire comparée des littératures de langues européennes», Aufmerksamkeit geschenkt. Etwaige Überschneidungen mit den Forschungsberichten zur Poetik und Allgemeinen Literaturwissenschaft sind bewußt vermieden worden. Insgesamt sind über 300 in über einem Dutzend Sprachen verfaßte Arbeiten im Hinblick auf ihren Beitrag zur Forschung charakterisiert und bibliographisch erfaßt worden.

«Dieses Buch ist für die Komparatistik eines der verdienstvollsten, die in letzter Zeit erschienen sind: Randvoll angefüllt mit Material, aber alles andere als eine bloße Kompilation; überaus reich an Gedanken und Anregungen, zugleich ein hilfreiches Nachschlagewerk für zukünftige Forschungsarbeiten – kurz, ein dezidiert komparatistischer Forschungsbericht. – Weissteins Bericht ist aber auch ein ausgesprochen engagiertes und persönliches Buch, das darauf abzielt, die jeweils neuen Aspekte zu betonen, hingegen an denjenigen Momenten und Perspektiven, die das schon gewonnene Bild verunklären, Kritik zu üben. Es vermittelt dem Leser einen ausgewogenen Gesamtüberblick über das von 1968–1977 in der Komparatistik Geleistete, wobei es nicht Absicht des Autors sein konnte, etwas von Grund auf Neues zu schaffen. Indes stößt seine Kritik vielfach Türen ins Neuland auf. . .» (Manfred S. Fischer).

NOTTINGHAM UNIVERSITY LIBRARY

Verlag Peter Lang   Bern · Frankfurt am Main · Nancy · New York